政府创新研究丛书

RESEARCH ON LOCAL GOVERNMENT
INNOVATION IN NORTHEAST CHINA

东北地区
地方政府创新研究

刘雪华 ● 主编　　董伟玮 ● 副主编

社会科学文献出版社
SOCIAL SCIENCES ACADEMIC PRESS (CHINA)

《政府创新研究丛书》总序

对政府部门的绩效进行科学评估，依据评估的结果对政府部门及相关人员进行适当的奖惩，是推进国家治理现代化、促使政府不断提供优质公共服务、更好地为人民服务的重要激励机制。由相对独立的权威学术机构，而不是由政府及其附属机构，依据一套科学的评估标准和严格的评估程序，对政府行为进行研究、评估和奖励，是世界上许多国家的普遍做法。这种做法不仅有利于评估活动的科学性、客观性和公正性，有助于消除评估过程中容易产生的腐败和不公正；更重要的是能够促进政府不断完善自身的制度和行为，增强公民对政府的认同和信任，推动学术界对政府改革创新进行理论研究。

2000 年，原中共中央编译局比较政治与经济研究中心、中共中央党校世界政党比较研究中心和北京大学中国政府创新研究中心联合发起了"中国地方政府改革创新研究与奖励计划"，其中的主体内容之一，便是设立中国历史上第一个专业性的学术奖项"中国地方政府创新奖"。发起该奖项的主要目的有以下五个：第一，通过"中国地方政府创新奖"的评选活动，发现地方政府在制度创新、机构改革、公共服务和社会治理中的先进事例，宣传、交流和推广地方政府创新的先进经验。第二，通过对政府创新项目的评奖，鼓励地方党政机关积极进行政府管理体制改革，推进地方的善政和善治。第三，通过对政府创新实践的理论研究和理论总结，逐步建立起一套立足中国改革开放实际的政府创新理论，为中国的社会主义政治文明和民主政治建设提供理论支持。第四，建立一套适合中国国情的科学的政府绩效评估体系，为建立科学的政绩观奠定切实的知识基础。第五，加入世界政府创新网络，推介中国的政府创新经验，分享其他国家和国际组织在政府管理体制方面的创新成果。

该奖项每两年举办一届，先后共举办了 8 届。从中央到地方，总计有2004个政府创新项目申报此奖项，其中有效申报项目1334个；共有178个项目获得入围奖，其中80个项目获得优胜奖。这些获奖项目遍布政治选举、反腐倡廉、行政管理、公共服务、政治透明、基层民主、党内民主、科学决策、公民参与、法治建设、环境治理、社会治理和扶贫济困等诸多领域，像"两票制选举""户籍制改革""经济责任审计""行政审批改革""一站式服务""居家养老""人大代表联络站"等一大批获奖项目，成为引领中国政府创新的模范案例，对推进政府治理和社会治理现代化起到了重要的示范作用。

在我的提议下，"中国地方政府创新奖"组委会在2015年正式停止了该奖项。为了全面了解2000~2015年全部8届"中国地方政府创新奖"共178个获奖项目的后续情况，2015年我主持了"中国地方政府创新奖获奖项目跟踪研究"大型课题。设立该课题的直接目的，是弄清楚以下三个问题：哪些"中国地方政府创新奖"获奖项目已经终止，哪些项目持续存在并在更大范围内得到推广？是什么原因导致获奖项目的终止或持续？当年那些获奖项目的当事人现在是如何看待政府创新及其前景的？

我们当时定下的目标是，对所有178个获奖项目的后续情况逐一进行追踪调查，不能有任何遗漏。但是，这是一个几乎无法完成的任务，因为在过去15年中，中国社会和中国政治发生了重大变化，众多当年的政府创新项目已经物是人非了。这一大型课题的承办单位是新成立的北京大学中国政治学研究中心，显而易见，仅靠该中心的这几位老师是完全无法完成这一艰巨任务的。为此，我们组建了由北京大学、浙江大学、上海交通大学、吉林大学、四川大学、厦门大学、兰州大学、华中师范大学和深圳大学这9所大学组成的协作研究网络。幸赖协作研究网络同仁的鼎力支持，我们得以成功地在3年时间中先后派出数十个调研小组，对所有178个获奖项目做了直接的或间接的调研，基本弄清楚了这些获奖项目的现存状态。

"中国地方政府创新获奖项目跟踪研究"大型合作课题，主要有两个最终成果，一是获奖项目的数据库，二是基于这些调研数据之上的研究报告。我们这套"政府创新研究丛书"便是课题总报告和几个子课题分报告的汇集。作为长期主持"中国地方政府改革创新研究与奖励计划"的总负责人，我有足够的理由相信，这套丛书在相当大的程度上反映了中国政府创新的最新进展，集聚了中国地方政府创新的典型数据，是研究中国政府治理和社会治理改革创新不可或缺的参考资料。

历时3年，遍及中国大陆30个省份的这一大型调研课题的顺利完成，以及最终研究成果的出版，要感谢众多的单位与个人，我无法在这里一一列举。在此，谨向所有支持和帮助过"中国地方政府改革创新研究与奖励计划"的党政机关、科研院校、社会组织、公司企业、基金会和相关人员表示衷心感谢，感谢他们为推进中国的政府创新和国家治理现代化所做出的努力与贡献。

俞可平

2019年9月20日于北京大学燕东园

目 录

创新机理探讨

论地方政府创新性的生成机理与提升进路 ………… 张舜禹 李 靖 / 3
营商环境建设中的政府责任：历史逻辑、理论逻辑与
　　实践逻辑 …………………………………… 郭燕芬 柏维春 / 20
数字政府治理的回应性陷阱
　　——基于东三省"地方领导留言板"的考察 … 于君博 李慧龙 / 37
社会组织行动推动政社关系重构
　　——以辽宁省 RE 学会为例 ……………… 张力伟 李慧杰 / 60
政府创新可持续性：概念界定、判断标准及必要条件
　　——基于东北地区"中国地方政府创新奖"获奖项目的
　　　跟踪调查 ………………………………… 董伟玮 李春生 / 78

创新可持续性研究

治理转型视域下国有林权发展创新的持续性分析
　　——以伊春市国有林权制度改革为例 ………… 陈 希 潘 博 / 97
"哈尔滨市行政复议机制改革"项目的可持续性
　　研究 ………………………………………… 刘雪华 贺晶晶 / 117
辽宁省民心网实践创新及其持续性 ……………………… 李慧龙 / 143
安图县群众诉求服务平台创新项目的可持续性研究 ……… 贺晶晶 / 154
共建共享视域下城市基层社会治理创新的持续性研究
　　——以大连市西岗区"365 工作体系"为例 …………… 陈 希 / 182

创新实践展望

地方政府社会治理创新的可持续性提升路径研究
　　——以制度伦理为视角 ………………………… 钟　哲 / 207
县级政府管理创新的财力保障：相关性
　与对策思路 ………………………… 刘桂芝　张　赫　韦红云 / 222
政府治理现代化视域下东北地区简政放权改革的困境
　与出路 ……………………………………………… 高洪贵 / 243
"政企合作、管干分离"的环卫管理新体制研究
　　——以盘锦市环卫一体化为例 …… 林　丽　李慧杰　张昕婧 / 257
网络民意的政府创新性回应
　　——以大连"中山民情互连网"为例 ……………… 徐　炎 / 272

创新机理探讨

论地方政府创新性的生成机理与提升进路[*]

张舜禹 李 靖[**]

一 创新性：地方政府创新研究的关键变量

（一）地方政府创新本体的质疑之声

在新时代建设中国特色社会主义、实现国家治理现代化的背景下，如何通过地方政府创新的有效推进将我国建成富强民主文明和谐美丽的社会主义现代化强国成为学术界与实务界共同思考的议题。学者们不遗余力地对地方政府创新进行着理论解读，但是对如何推进创新内在逻辑的探析仍待揭示，以规范的概念分析为代表的理论进展也不尽如人意。主流研究通过对成功创新经验的数理统计或个案分析诠释地方政府创新的生成机理，既包括对地方政府创新的基本态势和发展规律的整体性研判，又包括不胜枚举的以学理探讨创新某一侧面或阶段为主的创新动力、创新持续和创新扩散等专题性微观研究。微观具体研究与宏观抽象探讨之间存在断裂，终究无法还原事物之本质。此外，政府实务者对地方政府创新的态度晦暗不明，一种声音认为在没有对地方政府创新本身进行充分概念解析的前提下，先验肯定创新的存在价值和积极意义，造成了几乎所有的政府活动都可被解释为具备一定程度的创新。另有部分实务者认为创新并非地方政府的应有之义。作为公共权力的行使者，地方政府活动应当是稳定的、合法的、可预测的，创新失败的风险偏差与政府

---

[*] 本文刊载于《宁夏社会科学》2018年第5期。
[**] 张舜禹，广东财经大学公共管理学院讲师，博士；李靖，吉林大学行政学院教授、博士生导师，博士。

循规蹈矩的繁文缛节之间是扞格难通的。可见，地方政府创新研究本体存在合法性与合理性危机，既有研究结论的驳杂无章在理论界和实务界都招致了一定的争议。

组织研究将"创新性"这一关键变量作为各类组织创新活动的出发点与落脚点，在地方政府创新领域却未得到充分的学理探讨。由此诱发的创新认知方面的不尽如人意或莫衷一是削弱了创新动力，更无从谈及愈发步履维艰的创新行动，创新制度化建设缺失亦无法撑持地方政府创新的有效推进。在全面深化改革的背景下，深度改革牵涉事项愈发重大、试错纠偏成本升高、政治规矩缜密严谨等使地方政府更是以慎之又慎的观望态度看待创新。党的十八届五中全会提出"创新、协调、绿色、开放、共享"五大发展理念。创新位于五大理念之首，也是国家治理最活跃行动者——地方政府所应秉持的首要理念。因此，理论层面，如何破除地方政府创新研究本体的争议，形成学术共识、搭建对话平台迫切要求探索一套行之有效的理论工具，缜密分析创新的实质与推进路径是现阶段地方政府创新研究迫在眉睫的使命。实务层面，如何准确认识创新，如何有效贯彻创新，如何破除创新实践的阻滞，发挥地方政府作为实现现代化基本单元的主观能动性与自主创新精神是亟待攻克的关键议题。

（二）创新性的历史溯源与学理使用

"创新"（innovation）二字古已有之，在《说文解字》中："创（創），刃或从仓。从刀，仓声也。""知者创物，巧者述之"所表达的"用刀斧砍凿木料，巧建圆形粮仓"即为"创"的本意。此外，更有"创，始也""创，创业""为命，裨谌草创之"等，表达"赋予想象力地新建、开辟、始作"之意。"新"的本意在《说文·斤部》载"新，取木也。从斤，亲声"，即"用刀斧劈开原木，备作柴薪"。"新"亦有形容"开辟性的，前所未有的，刚出现的"的含义，如"温故而知新，可以为师矣""必为新圣笑矣"等。"创新"二字中的"刂"与"斤"即"刀斧"，表达着大刀阔斧地改革旧制与开辟新世界的寓意。有关创新的学理研究肇始于经济学家有关"创新对经济增长和经济发展之作用"的探寻。传统创新理论研究对"创新"的解释在1912年约瑟夫·熊彼特（Joseph

A. Schumpeter）所著的《经济发展理论》一书中首次出现，后在其《经济周期》和《资本主义、社会主义与民主主义》两论著中形成了较为系统的"创新理论"，创新即"生产要素或生产条件的重新组合"。[1] 其后，以克里思·弗里曼（Christopher Freeman）为代表的经济学家进一步发展了创新理论，集大成于对"技术创新如何影响经济增长"所进行的学理阐释。这一时期主流观点强调生产技术和生产方法的革新之于经济发展至高无上的作用。从20世纪80年代开始，经济学家越来越关注国家应当如何推动技术创新的进步，肯定了政府推动对促进技术创新的正向作用，如技术—经济长波理论、国家创新系统理论等。进入21世纪，对公共价值的倾向、用户体验的关注、科学发展的强调赋予了创新更多新的意义。

与创新相比，创新性（innovativeness）是一个新鲜词语，是创新实践与创新研究进步的产物。创新性的英文释义为"The characteristic of being innovative"，即"创新的特征"。创新性之于企业绩效和经济增长的影响吸引了大量经济学家、管理学家的研究兴趣。萨尔特曼（Zaltman）等认为创新性即不论是属于设备、体系、过程，抑或是政策、程序、产品服务，只要是相对于采纳组织而言是新颖的观念或行为。[2] 创新性意味着摒弃传统习惯并尝试未经验证的观念。赫尔利（Hurley）等从综合性的视角出发，将企业创新性界定为组织对新观念的开放性，是组织文化的一个方面。[3] 罗杰斯（Rogers）等第一次较为系统地界定了"创新性"的概念，即个体或群体相较于其他主体较早地采纳新观念或新技术的倾向（偏好）。[4] 因其能够使企业提供有价值的、稀缺的、不可复制的以及有差异的产品种类[5]，长期以来与更高的企业绩效相关[6]。生产过程中有消费

---

[1] 〔美〕约瑟夫·熊彼特：《经济发展理论》，商务印书馆，1990，第43页。
[2] Zaltman et al., *Innovation and Organizations* (New York: John Wiley and Sons, 1973), p. 38.
[3] Hurley, R. F., "Innovation, Market Orientation, and Organizational Learning: An Integration and Empirical Examination," *Journal of Marketing*, No. 62 (1998), pp. 42 – 54.
[4] Rogers, E. M., *Communication of Innovations: A cross-cultural Approach*, 2nd ed. (New York: New York Free Press, 1971), p. 476.
[5] Barney, J. B., "Firm Resources and Sustained Competitive Advantage," *Journal of Management*, No. 17 (1991), pp. 99 – 120.
[6] Garcia, R., Calantone, R., "A Critical Look at Technological Innovation Typology and Innovativeness Terminology: A Literature Review," *Journal of Product Innovation Management*, No. 2 (2002), pp. 110 – 132.

者创新性、供应商创新性、产品创新性等,按照组织分类有大学创新性、企业创新性、部门创新性等,根据不同的组织层次还有个体创新性、群体创新性和组织创新性。创新性是创新行为和过程必然存在的变量。尽管近十年私营部门创新性研究、组织创新性研究大获成功,但是国内外对(地方)政府创新性的专门研究却疲软乏力。

二 理论溯源:创新性研究的系统梳理与评析

(一)创新能力论

能力论主张地方政府创新性即创新能力。创新是组织生存发展的主要因素,所以政府管理者学习如何建立创新能力则显得愈发重要。[1] 专门探讨政府创新性的文献也认为创新性是塑造和影响政府创新能力的第一步。[2] 能力论的研究并非将创新性与创新能力二者完全等同,其论证思路主要有:一是创新性是政府创新能力的一种"准能力",创新性越高的组织便会具有越强的创新能力[3],创新性是组织对创新的文化倾向性,而创新能力是实现创新的行动积极性,二者分布在创新过程初始与实施的不同阶段;二是从政府公共服务供给的基本属性出发,创新性是政府机构改变其向选民或消费者提供服务的方式而产生新观念、新程序、新实践、新规划的能力[4];三是将创新性作为因变量,在探究影响创新性的因素时得出了政府能力(如行政能力、富裕资源、组织学习能力、创新能力等[5])对

---

[1] Jaskyte, K., "Transformational Leadership, Organizational Culture, and Innovativeness in Nonprofit Organizations," *Nonprofit Management and Leadership*, No. 2 (2004), pp. 53 – 68.

[2] Kim, S. E., Chang G. W., "An Empirical Analysis of Innovativeness in Government: Findings and Implications," *International Review of Administrative Sciences*, No. 2 (2009), pp. 293 – 310.

[3] 赫尔利与哈特(Hult)试图从创新过程角度来区分创新性与创新能力,认为创新性对创新能力具有积极的促进作用,即创新初始阶段组织成员对创新的开放与接受的态度即为创新性,而在创新实施阶段组织能切恰地成功落实新观念、新事物则是组织的创新能力。

[4] Mone, M. A., Mckinley, W., Barker, V. L., "Organizational Decline and Innovation: A Contingency Framework," *The Academy of Management Review*, No. 1 (1998), pp. 15 – 32.

[5] Damanpour, F., "The Adoption of Technological, Administrative, and Ancillary Innovations: Impact of Organizational Factors," *Journal of Management*, No. 4 (1987), pp. 75 – 88.

(地方）政府创新性具有积极作用之结论。[①] 可以发现，当前创新性研究中存在创新性与创新能力概念之间颇为混乱的使用情况。实际上，创新能力是地方政府能够成功发起、促动与实现创新所具备的综合素质，而创新性是创新结果所反映出的政府对创新目标的实现程度。所以，即便是拥有较强创新能力的地方政府，其创新结果并不必然形成与之相应的强劲创新性。我国大部分中部地区地方政府从当地发展水平、资源禀赋、现实条件等客观情况来讲，比西部地区地方政府更具创新能力，但是，从实际获得中国地方政府创新奖项目的数量统计结果来看却是西部地区的创新数量远多于中部地区。

（二）新颖创造论

创造论认为地方政府创新性是新颖创造。该范式将创新性看作地方政府为达成目标而进行的一种崭新而激进的颠覆性发明创造。有关研究认为创新性是新颖观念的成功形成、发展与实施，是引进新产品或新战略带来商业成就和市场领导地位以及为利益相关者创造价值。创造论关注的是创新所反映的差异性与颠覆性、激进性与先进性。尽管政府创新研究者普遍强调创造性是地方政府创新的必要条件，如俞可平指出政府创新就是公共权力机关为了提高行政效率和增进公共利益而进行的创造性改革[②]，有所不同的是创造论观点几乎将创造性（creativity）、独创性（uniqueness）和稀有性（rarity）作为界定政府创新性唯一的充要条件，正如安蒂罗里科（Anttiroiko）等所述，稀有性和必要性对于创新来说是一个根本性的前提，细微的变化仅仅是精细的调整，但是激进的转变或突破才能被认定为真正的创新。[③] 就此"首创"而非复制效仿的新颖创造成为解读政府创新性的唯一尺度。创造论首肯了创新性的重要性，但该

[①] Walker, R. M., Berry, F. S., Avellaneda, C. N., "Limits on Innovativeness in Local Government: Examining Capacity, Complexity, and Dynamism in Organizational Task Environments," *Public Administration*, No. 3 (2015), pp. 663 – 683.

[②] 俞可平：《我们鼓励和推动什么样的政府创新——对113个"中国地方政府创新奖"入围项目的小结》，载氏著《政府创新的中国经验：基于"中国地方政府创新奖"的研究》，中央编译出版社，2011，第3页。

[③] Anttiroiko, A. V., Bailey, S. J., Valkama, P., "Innovations in Public Governance in the Western World," *Innovation and the Public Sector*, No. 15 (2011), pp. 1 – 22.

观点对创新性的解释是偏执而苛刻的。创造论的界定存在崭新性、创造性、稀有性以及创新性概念之间的混沌。同时，决策与行为本身的独创性是相对的，而绝大部分地方政府的创新往往要通过对类似领域创新经验的学习、采纳甚至模仿才得以形成，即使是颠覆性的创新，也是以更好地实现公共价值与社会善治为前提，而这些美好愿景是政府自诞生之日起就在不遗余力地追求。地方政府并非发明家、科学家，尽管偶被视作"政治企业家"，但创新只是地方政府实现其目标的重要手段而非终极目的。

（三）引进速率论

速率论强调地方政府创新性是引进速率。创新性也是地方政府引进先进成果和治理经验的数量与时间早晚的速率。该论点根植于私营部门尤其是大型企业创新性测量对产品创新性、市场创新性、过程创新性、行为创新性、策略创新性等方面引进和采纳创新的速率，创新测量研究者们往往运用该原理来衡量组织创新性，认为组织创新性是组织就创新而言其思想接受与行动实现快慢的综合体现。[①] 同样地，地方政府创新性也可以通过对先进创新理念、科学技术的引进速率来测量。此外，政策扩散或创新扩散的研究者们为了解释某种创新得以扩散的影响因素、模型构建，增强创新的扩散性与稳健性，将扩散速率作为衡量政府创新性的重要指标。[②] 以美国政府创新研究为代表的部分学者运用州政府创新政策采纳的数量来测量州政府的政策创新性和政策回应性。[③] 速率论和当前大部分创新性研究一样借鉴了私营部门创新性研究的经验。然而，公共组织与私营组织有根本不同，公共组织是在政治领导下发挥多种功能的，并且大多数公共组织是无法在市场规则中正常运转的……同时它们通常

[①] 张国良、陈宏民：《关于组织创新性与创新能力的定义、度量及概念框架》，《研究与发展管理》2007年第1期，第42~50页。

[②] Ma, L., "Political Ideology, Social Capital, and Government Innovativeness: Evidence From the US States," *Public Management Review*, No. 2 (2017), pp. 115-133.

[③] Boushey, G., *Policy Diffusion Dynamics in America* (New York: Cambridge University Press, 2010), p.77. Boushey 在考察从1960年到2006年的46年间美国政府政策创新动力时也对州政府的政策回应性进行了分数排名。

也不得不面对部分冲突的各种因素。① 而速率论恰好迎合了私营部门追求经济利益的目标单一性。同时,也有学者指出对创新数量直接测量以判断创新性会导致我们忽略了政府的情境,因为相关研究没有表达政府创新过程无法估量的复杂性。速率论的界定无法解释公共组织面临的目标和情境的复杂性时,形成强劲的创新性却并没有与之相称引进速率的情况。

三 关键节点:孕育地方政府创新性的现实基础

(一)回归地方政府的组织天然属性

作为典型的公共组织,地方政府既存在公共组织的一般属性又兼具有别于其他组织的特殊性,如诸多相互制衡因素所带来的压力②,更为强调公开、透明、平等、公平和可预见性,以及政治—行政体制组织方式与运作模式的影响。③ 作为一般公共组织的地方政府,任何组织要素都是确保目标实现的工具。组织结构、文化、制度、人口统计要素(组织成员的年龄、任期、教育背景、性别、工作经验、种族/民族)、地域背景等都具有工具维度,如组织结构的纵向或横向变化所形成的分工或协作就是地方政府以组织结构变迁的方式探索高效承担公共任务的工具。④ 根深蒂固的组织文化所形成的路径依赖通过制度的模式维持方式成为确保组织稳定性的工具,而组织人员素质与构成的弹性调整亦是增进组织机体灵活性的工具。作为特殊公共组织的地方政府是多重公共治理与公共服务关系的关键衔接。地方政府是顶层设计落地生根的实施者,也是代表和维护当地公共利益的守夜人,向当地社会提供优质的公共产品和服务以实现善治。同时,在中央政府、地方政府、市场主体、社会主体间

---

① Christensen, T., et al., *Organization Theory and the Public Sector: Instrument, Culture and Myth* (New York: Routledge, 2007), pp. 23, 26, 79.
② 如民主考量、宪法价值、公共福利的追求之间的平衡与维护。
③ Christensen, T., et al., *Organization Theory and The Public Sector: Instrument, Culture and Myth* (New York: Routledge, 2007), pp. 23, 26, 79.
④ 张舜禹:《我国地方政府机构化的影响因素、演变逻辑与发展策略》,《天府新论》2017年第3期,第106~115页。

协作博弈所构成的社会协同治理网络中地方政府位于核心地位。地方政府的天然属性决定了其求索创新性的必然性。创新对实现政绩目标的正向作用使地方政府成为创新先行者，创新亦赋予了地方政府成功扮演国家意志执行者、地方公共利益代表者、社会协同治理网络主导者等复合角色的可能性。

（二）嵌入地方政府的公共任务环境

瞬息万变的国际环境与高潮迭起的改革浪潮使地方政府的公共任务环境复杂化。全球化浪潮的冲击、信息通信技术的更迭、研究与开发的进步、国际交流合作的便捷在潜移默化中倒逼地方政府针砭时弊、革故鼎新地适应国际环境以保持地方政府的生命力。同时，国际公共部门创新的先进经验在中国广为传播扩散，我国地方政府采纳了大量的先进方案。另外，中国特色地方政府创新的现实土壤使公共任务环境特殊化。经济社会转型阶段、政治行政文化变迁的宏观治理环境，"中国特色财政联邦主义"、"分权化威权主义"[①]、干部人事管理制度等中观体制环境，府际竞争与学习氛围、部门行政文化、政府系统的社会契约等形成了孕育创新性的中观文化环境。广袤疆域下霄壤之别的发展程度、现实地域条件等微观地域环境，增大了地方政府复杂挑战与进步空间的特殊性。同时，个别地方政府的宏观与中观环境在一定时期内是相对稳定的，微观环境却颇具嬗变性，不同地方政府在不同时期所面对的公共任务、资源禀赋、现实条件、危机情形等微观情境是影响创新性的关键。地方政府针对公共任务环境的变化而进行的创造性调适是最有可能产生创新性的。

（三）融合各方期待的政府创新特征

20世纪80年代以降，各国政府开始尝试将私营部门管理领域业已成熟的奖项评选运用到公共部门当中。[②] 这些奖项因其评选的独立专业、公

[①] 郁建兴、高翔：《地方发展型政府的行为逻辑及制度基础》，《中国社会科学》2012年第5期，第95～112、206～207页。

[②] 陈振明、孙杨杰：《公共服务质量奖的兴起》，《湘潭大学学报》（哲学社会科学版）2014年第4期，第7～12页。

平公正拥有极高的美誉度，创新性均是参评的必需。对创新性的要求融合了专家学者、政府官员、不同政治与文化传统的民众对创新性的认知与期待，因此这些奖项是观察政府创新性的直接实证资料库，也是凝练社会各界所期待的政府创新性特征的抓手。"联合国公共服务奖"（UNPSA）是其中最负盛名的奖项，其创新性标准是独特的想法，鲜明的方式，或者创新的政策实施在特定国家或地区能实现可持续发展目标（SDGs）或者解决相关问题。① "欧洲公共部门奖"（EPSA）之创新性标准是：新颖的解决方案，在实践中表现出创造性飞跃的程度（包括智能的适应、更新以及扩展过去的实践或行动），以及对当下存在有所超越的不同。② "加拿大卓越公共服务奖"（PSAE）③对创新性的要求是：运用独创的、创造性的观念去提升以及（或）创造出新的方法，对唯一的、先进的或新颖的事物提高绩效，以某种方式产生突破性的想法、新的观点、新的行动机会，短期内和/或短期内实现成本和/或时间的节约（或两者兼有），改变组织文化或传统的管理方法。④ "美国政府创新奖"（IAGA）⑤指出，创新性是实现创造性飞跃的程度，即治理、管理、引导或特定管辖权的政策方法（途径）的根本性的变化，公共服务供给的显著提升，引进了大量新技术或服务概念。2000年以来，以"中国地方政府创新奖"（后更名为中国政府创新最佳实践）为代表的中国政府创新与公共服务质量评价逐渐兴起。对"创新程度"的要求是独创性，而不是机械模仿他人或照搬上级指示。此外，（地方）政府系统也开始组织奖项评选鼓励创新，如中国改革年会⑥主办的"中国改革年度案例"评选，虽然每年选定

---

① 联合国公共服务奖提名规则：https://publicadministration.un.org/unpsa/Portals/0/Submission_rules/Submission_rules_2018_ZH.pdf。
② 创新（innovation）、利益相关者参与（stakeholder involvement）、行动采取的相关性（relevance of actions taken）、影响或结果（impact/results）、可持续性（sustainability）、可移植性与学习能力（transferability and learning capacity）、社会融入（social inclusion）。
③ 数据来源：美国哈佛大学肯尼迪政府学院网站，"美国政府创新奖"栏目简介，http://www.ash.harvard.edu/Home/Programs/Innovations-in-Government/Awards.
④ Innovation in the public service，加拿大政府网站，https://www.canada.ca/en/government/publicservice/modernizing.html。
⑤ https://www.canada.ca/en/treasury-board-secretariat/services/innovation/awards_recognition_special-events/public-service-award-excellence-2018.html.
⑥ 中国改革年会简介：http://news.hexun.com/2010-01-06/122269482.html。

的主题有所不同,但创新性的标准始终是不照搬他人成果、取得实际效果、贡献突出等。浙江省的"公共管理创新案例评选"提出了独创性、原创性,不是机械模仿他人或照搬上级指示的标准。"湖南省创新奖"(包括管理创新奖类别)[①],在创新性上倾向于在政府管理模式、制度、机制、方法等方面具有原创性的改革。可见,非照抄照搬的简单复制是创新性在创造性方面的基本现实要求,在此基础上能够实现"飞跃"的突破则更能够体现创新性。同时,研判政府创新性须以积极的实效性为条件,正如"中国政府创新最佳实践"要求创新方案须执行运转一年以上,以真实地落实执行为基础和前提。同时,执行结果的正向性更不可或缺,故不同创新奖项都专设实地(专家)调研小组考察申报项目运作实效。此外,目标的多元复杂性要求在提升效率的同时反映对人类共同体历久弥新的公共价值共识的追求(如公共效益最大化、表达参与的平等性、社会导向的公益性),价值共识形成了一种超级基准制约或引导着创新实践。

四 逻辑建构:生成地方政府创新性的基本原理

(一)生成逻辑:结果有效与情境适当

效率内核的结果有效逻辑。目标是组织未来希冀获得或实现的,组织所面临的问题在于其所处的当前态势与预期结果之间的可视距离,问题解决意味着这一距离的缩短或消除,这一过程即组织的工具理性行动。组织会基于对组织目标或问题的认知,以手段—目的(means-end)的思维,根据理性计算方案可能的结果来评估每一种可能行动方案的价值并做出选择、开展行动。结果逻辑下创新性表现为地方政府在工具理性行动中能够以非传统的方式"多、快、好、省"地实现组织目标或解决问题的程度,可见,结果逻辑的内核追求是全方位的效率进步。实际上,大量的政府创新是基于结果逻辑的出发点而形成的。如2000年以来,部

---

① 湖南省首届创新奖网页:http://www.hnst.gov.cn/bsfw/ggfw/hjxmmd/201705/P020170524569409872133.pdf。

分地方政府开展了机关效能建设[①]，将效能建设举措同"中国地方政府创新奖"获奖项目进行比较，发现2/3的行政改革类获奖项目涉及效能建设。效能建设是政府一系列创新活动的集大成。[②] 效能建设就是在结果逻辑下，地方政府以提升效率与效益为目的，以改善传统工作方式、工作作风，建立有效工作机制为手段而开展的工具理性行动。

价值考量的情境适当逻辑。公共任务环境构成了地方政府重要的组织要素——情境（context），情境即在不同的变量之间，对组织行为和功能关系造成影响的当下机会或限制条件，或是联结一系列具有相关性的事实、事件或观点，使具有可能性的研究和理论成为更大环境整体的一部分，相较于环境情境更加具有稳定性。创新过程也是地方政府的情境适应化过程，其关键在于"适应性"（adaptation）。情境既包含组织周遭公共任务的执行环境，也涵盖其所属的组织系统和组织外社会赋予组织的超级标准（super standards）或社会符号的要求。超级标准实际上是在组织理论中被称为"迷思"（myth）[③]的发展成熟的管理方案或治理手段，地方政府对符号的吸纳和外化会释放"政府符合民众对政府的期待"的信号。情境当中蕴含着组织文化的深刻影响、民众与社会对政府的高度期待以及广为接受的公共价值要素。地方政府与现实情境的联结以及对社会符号赋予的外化反应都遵循了组织理论的适当逻辑，它是与美好价值、主流文化实现有机对接的过程。如机关效能建设经历了最开始从福建省的生发到扩散至其他省市的过程，该创新扩散不仅说明其他省市对地方政府效率提升的情境要求，也表明流行方案的蔚然成风已演化为其他地方政府学习的符号。同时，机关效能建设不仅追求办事效率的提高，更强调客体满意的公共服务，遵从法律规范的公共效用、推崇服务承诺的公益导向，体现了效能建设追求公共价值的侧面。

[①] 吴建南、张攀、刘张立：《"效能建设"十年扩散：面向中国省份的事件史分析》，《中国行政管理》2014年第1期，第76~82页。

[②] 吴建南、马亮、杨宇谦：《比较视角下的效能建设：绩效改进、创新与服务型政府》，《中国行政管理》2011年第3期，第35~40页。

[③] Christensen, T., et al., *Organization Theory and the Public Sector: Instrument, Culture and Myth* (New York: Routledge, 2007), pp. 23, 26, 79.

（二）必要条件：组织目标与创新能力

精确明晰的地方政府创新目标。一切创新性都缘起于公共组织追逐目标、维持发展的本质，地方政府创新性直接表现为目标执行结果的创新性，具体的目标为生发与之相应的创新性勾勒了特定界域。地方政府根据上级指示、辖区境况、行政层级、发展规划等制定了相应的发展规划型目标，目标实现过程中所遇到的现实障碍又形成了地方政府的问题解决型目标，两种目标之间互为表里。设置合理而富于挑战的发展规划型目标有益于实务工作者们打破陈规、解放思想，破除路径依赖的弊端，使行动者产生想要达到该目标的成就需要并输出创新性决策与行为来达成目标。同时，精准定位、运筹帷幄的问题解决型目标对地方政府形成了问题倒逼机制，地方政府在面对突发状况、危机情形等阶段性治理困境时，问题解决的紧迫性会激发实务工作者调动政治智慧、理论知识、专业技能等一切可能另辟蹊径地回应问题。

稳健灵活的地方政府创新能力。创新能力为酝酿地方政府创新性提供充分可能。创新能力是稳健地应对挑战与突破创新的综合实力，是将创新理念与方案成功转化为创新行动的能动保障。具体来看，包括地方政府依据其发展与规划需要，敏捷运用现有资源和优势条件自主开拓创造性地实现目标方式的能力；在创新过程中能够调动一切可能条件辅助与维持创新的能力；积累流行改革创新经验、学习先进技术并迅速化为己用的吸收创新的能力。此外，地方政府的全局把握与问题甄别的认知能力，制度设计与方向引领的规划能力，需求整合与问题解决的协同共治能力，危机应对与矛盾处理的救济回应能力等与地方政府创新能力之间构成了地方政府能力体系，在相互配合、动态调整中才能够确保创新性实现的稳健性与灵活性的平衡。[①]

（三）充分条件：新颖创造与引进速率

新颖创造为彰显地方政府创新性制造标识。新颖创造并不在于标新

[①] 张舜禹、李靖：《社会治理创新过程中的城市社区精神培育研究》，《观察与思考》2018年第3期，第80~88页。

立异，而在于与时俱进的突破性与协调发展的适应性，因此它是一个相对概念。其前提是创新过程与结果的外化，纵向上主要体现在地方政府在某一时刻的创新活动相较于组织自身之前的惯有思路或方案有所突破的程度。创新并不一定是地方政府原创的，甚至是汲取模仿其他优秀做法，地方政府的做法却相对于历史中的自我有所突破或进步。横向上主要体现在同一行政层级的地方政府或同一领域的部门在面对雷同问题或履行类似职能的过程中，相较于其他同类主体，创新的过程和结果所凸显的稀缺程度和原创程度。此外，推陈出新释放了政府更具政治合法性、民众信任感的信号。这些信号最为明显地表现于地方政府创新口号或标语中，如浙江省的"最多跑一次"行政效能改革、安徽省南陵县的农村公共建设"三会四自一平台"治理模式、四川省"量体裁衣"式残疾人服务模式、北京市的"三效一创"绩效管理体系等诸多成功的地方政府创新都有一个横贯的新颖符号。

引进速率为夯实地方政府创新性增添资本。引进速率实质上是地方政府保持活力、与时俱进的自我更新速率的部分体现。地方政府向外"求助"援引的内容如先进理念、科学技术、新兴产品、管理方法等十分具有广泛性。引进速率一方面在于地方政府对引进内容的接触与理解的"去情境化"（de-contextualization）速率。"去情境化"是剥离原有引进内容的特殊性，对其他行动者经验的一般化的过程，目的是检验引进内容与地方政府本身的相关性、切恰性，发掘"彼之长处"与"此之短板"之间的联结点。另一方面在于地方政府对引进内容的衔接与应用的"情境化"（contextualization）速率。"情境化"是地方政府将一般化的经验或模型在其面临同样的情况下加以应用的过程。地方政府通过高效地完成去情境化与情境化两个过程来实现援引外在经验或模型而增强创新性的过程。

总之，地方政府在其所处的公共任务环境中，以实现特定组织创新目标为目的，在充分发挥其创新能力的基础上，通过高效地自主创造或引进先进理念、技术或方案以期达到的结果有效与情境适当即创新性的生成机理。创新性既表现为地方政府决策与行为结果所表现出的属性，又表现为随着具有创新性的决策与行为的积累而具备的组织特征上的创新性。

五　提升进路：以增强创新性为核心策略推进新时代的地方政府创新

（一）储备创新知识

一方面，实现地方政府创新性的观念化。创新之于地方政府实务工作者并不陌生，但该群体对创新性的认知却莫衷一是，故理解与内化创新性是观念化的第一步，实务工作者增强创新性意念系统的建立是观念化的结果。首先，对地方政府创新性概念的认知接纳。认知形成关键在于对地方政府创新性概念关键要素的把握，需要注意的是：创新性无法脱离公共组织界域，也并非贪大求全的价值集合，创新性要体现多元主体美好需要，也应主张理性工具的合理使用。其次，地方政府创新性概念的思维训练。结果有效逻辑与情境适当逻辑就是增强创新性的思维逻辑，实务工作者在创新活动中思考如何并行或对接双重逻辑是观念化的重点。培养运用创新性思维的情绪，根据创新的不同阶段调整情绪会加速创新性的观念化。最后，地方政府创新性概念的时代内涵。历史传统、发展阶段、顶层设计等赋予了新时代多重意义，应当既有利于解决"人民日益增长的美好生活需要和不平衡不充分的发展之间的矛盾"，又符合建设创新型国家战略的部署要求。

另一方面，促进地方政府创新性的能力化。创新能力奠定了地方政府实现创新性的综合实力，创新理念的应用导向就是从观念化到能力化的过程。首先，熟识地方政府组织的基本属性。组织属性是形成创新能力的基础架构，地方政府既要考虑其有别于其他组织的特殊性，又要考虑地方政府兼具的公共组织一般属性[1]对创新能力的影响。其次，掌握组织固有要素的工具维度。组织理论视角下组织的结构、文化等诸多组织因素都是目标实现工具，如组织结构的纵向或横向变化所形成的分工或协作就是地方政府以组织结构变迁的方式探索高效承担公共任务的工

---

[1] Egeberg, M., "How Bureaucratic Structure Matters: An Organizational Perspective," in B. G. Peters and J. Pierre, eds., *The SAGE Handbook of Public Administration* (London: Sage Publish Press, 2012), p. 341.

具。① 最后，通晓流行创新方案的运作原理。有学者论证中国当下的大部制改革、反腐监察改革、社会与医疗改革等表明中国正融入世界范围后新公共管理改革浪潮。② 跨越组织边界与行政层级、培养强劲统一的价值文化认同等后新公共管理浪潮所形成的一站式商店、一站式服务、联合政府等流行方案日益风靡。然而，如何使改革潮流适应中国文化传统仍有赖于吸收方案的运作原理并转化为创新能力的情况。

（二）甄别创新情境

一方面，完成地方政府创新性的目标化。地方政府创新性直接体现为目标执行与结果的创新性，明晰的目标是形成与增强创新性的前提。地方政府根据其辖区境况、行政层级、发展规划等制定了相应的发展规划型目标，目标实现过程中所遇到的种种困境又形成了地方政府的问题解决型目标，两个目标之间互为表里。设置合理而富于挑战的发展规划型目标最有益于实务工作者们打破陈规、解放思想，摆脱路径依赖，输出创新性决策与行为来达成目标。同时，精准定位、运筹帷幄的问题解决型目标实际上形成了一种倒逼，地方政府在面对突发状况、危机情形等阶段性治理困境时，问题解决的紧迫性会激发实务工作者调动政治智慧、理论知识、专业技能等以全新的方式回应问题。

另一方面，注重地方政府创新性的情境化。公共任务环境的复杂化与特殊化、发展不均衡的矛盾导致了当前我国地方政府创新情境的复杂性，因此不同情境的创新性是相对的。政府系统中运行的政治与行政文化、府际竞争与学习氛围、政府系统的流行方案等形成了孕育创新性的中观情境。然而，不同地方政府在不同时期所面对的公共任务、资源禀赋、现实条件、危机情形等微观情境是影响地方政府创新性的关键。某一特定地方政府的创新情境尤其是宏观情境和中观情境在一定时期内是相对稳定的，然而微观情境却最具嬗变性。地方政府要监测创新环境的

---

① Christensen, T., Fan, Y., "Post-New Public Management: A New Administrative Paradigm for China?," *International Review of Administrative Sciences*, No. 2 (2018), pp. 389–404.

② Christensen, T., Fan, Y., "Post-New Public Management: A New Administrative Paradigm For China?," *International Review of Administrative Sciences*, No. 2 (2018), pp. 389–404.

实时变化、跟踪创新目标的实现进展、创新工具使用的阻滞疏浚，进而研判与掌握地方政府创新情境的细微变化与影响。当前全面深化改革、供给侧改革、"互联网＋"就是针对新时代情境复杂性而展开的一系列调适性改革。

（三）善用创新工具

一方面，加强地方政府创新性的工具化。组织的结构、文化与迷思都可转化为组织的正式规范或非正式规范并成为实现目标的组织工具。首先，地方政府的结构变化而构筑的组织形态丰富了职能实现的方式。组织结构由谁应该或者能够做什么的职位和规则构成，决定了如何执行各种各样的组织任务。不同组织形态下的层级节制、劳动分工与日常规范等相互配合，弹性组织形态（如网络结构、任务小组、专门办公室等）成为保证创新性的结构工具。其次，地方政府的文化变迁所彰显的组织身份更新了情境对接的方式。文化是组织真正拥有的东西，变化中的领导者可以利用文化来实现其所预期的结果，组织文化是制度化的非正式规范、公共价值的组织社会化，也是组织身份的维持模式。组织理论中经验学习、价值聚类、价值时间接近、情境化与去情境化等方式都是将组织文化变迁化为实现创新性的工具。最后，地方政府的迷思标签营造了组织充分符合社会要求的氛围。地方政府在广为流传的社会标准以及时髦流行的组织方案中通过量体裁衣的对接联合，找到针对目标或问题的方案，也实现了组织社会标签的符号传播。

另一方面，推进地方政府创新性的操作化。掌握如何操作创新工具是地方政府提升创新性的关键。首先，地方政府要实现不同工具之间的融合使用，为最大限度增强创新性提供可能。地方政府可以将组织核心要素之间关系的理顺作为基点，保持生成逻辑的并行为原则，实现组织工具与组织外工具的结合以及组织工具之间的结合，运用工具配合的"组合拳"确保实现创新所要达到的预期效果。其次，紧跟当下创新理念与科学技术的最新进展，将先进理念与专业知识置于地方政府的组织目标和情境中，地方政府创新者通过对技术引进与方式创新的经验学习，为充分发挥专业技术人员的能力提供空间，辅之以政治智慧，将其转化为组织所需的治理方案或创新手段加以应用。地方政府也要构建创新型政府以鼓励技术创新对地方经济社会发展的核心驱动作用，加大对科技进步与技术创新的投入，鼓励自主创新、重点跨越、支撑发展、引领未来。

营商环境建设中的政府责任：历史逻辑、理论逻辑与实践逻辑[*]

郭燕芬　柏维春[**]

营商环境是经济高质量发展的重要基础。当前我国经济发展面临国际和国内环境的深刻变化：国际层面上，全球经济贸易格局发生变化，投资竞争更加激烈；国内层面上，社会主要矛盾发生转变，经济发展进入新常态。为应对国内外发展环境变化对营商环境提出的新要求，党的十八大以来，党中央与国务院在推动全面深化改革和创新体制机制中多次论及优化营商环境：党的十八届三中全会通过的《中共中央关于全面深化改革若干重大问题的决定》首次提出"建设法治化营商环境"[①]，党的十八届五中全会明确营商环境的法治化、国际化、便利化建设目标。习近平总书记在博鳌亚洲论坛、深入推进东北振兴座谈会等多种场合多次强调优化营商环境的重要性。李克强总理在全国深化"放管服"改革电视电话会议上做出"营商环境就是生产力"[②]的重要论断。营商环境建设对减少行政审批环节，转变政府职能，创新政府监管方式，建立公平透明的市场规则具有十分重要的作用和意义，在某种程度上，营商环境建设是新时代国家治理现代化的关键突破口。

---

[*] 基金项目：中国博士后科学基金资助项目"营商环境协同治理模式的理论构建与实现机制研究"（2018M641756）。

[**] 郭燕芬，东北师范大学政法学院讲师，博士后；柏维春，东北师范大学政法学院教授、博士生导师，博士。

[①]《十八大以来重要文献选编》上册，中央文献出版社，2014，第517页。

[②] 中国政府网，http://www.gov.cn/xinwen/2017-06/13/content_5202207.htm，最后访问日期：2019年8月6日。

一 现有研究综述及问题提出

国外和国内关于营商环境建设相关问题的研究较为丰富。对现有研究进行梳理，一方面，可以更加全面、客观地认识营商环境建设，另一方面，可以从现有研究中发现并弥补研究不足。笔者在中国知网等中文数据库和Springer、Wiley、ProQuest、Sage等英文数据库中以"营商环境""投资环境""经济发展环境"等作为关键词进行文献搜索与筛选，对搜索的文献进行梳理与评述。

（一）国外研究现状

国外关于营商环境建设问题的研究多以实证研究为主，主要有以下三个路向。①关于营商环境价值和意义的研究。这类研究一般依托验证营商环境对经济发展（对外贸易、外资直接投资、区域发展等）的实质影响，如Balchin, L.等人以8个非洲国家为样本，分析了与贸易相关的营商环境对贸易出口绩效的影响[①]；Arbatli, E.以G7国家为分析样本，分析了营商环境中政治环境和制度、经济政策等因素对国外直接投资流入的影响等[②]。②关于营商环境评价的研究。这类研究以世界银行集团（World Bank）发布的《营商评价报告》最被广泛认可，该报告以企业生命周期为基础开发评价指标体系，在全球范围内筛选大量样本展开评价。经济学人智库（Economist Intelligence Unit）也形成了一套结合宏观环境与市场重点要素开发的评价指标体系并对全球82个经济体开展评价研究。此外，瑞士洛桑国际管理学院（International Institute for Management Development）发布的《全球竞争力报告》以及日本都市战略研究所发布的《世界都市综合竞争力排名》也非常权威。③关于营商环境影响因素的研究。这类研究以全球或某一地区的跨国文献与数据分析为主。如

[①] Balchin, L., Edwards, N., "Trade-Related Business Climate and Manufacturing Export Performance in Africa: A Firm-Level Analysis," *Journal of Development Perspectives*, No. 2 (2008), pp. 32 – 66.

[②] Arbatli, E., "Economic Policies and FDI Inflows to Emerging Market Economies," *International Monetary Fund*, 2011, pp. 14 – 18.

Carlin, W. 和 Seabright, P. 通过数据调研和案例分析，认为社会制度是营商环境的主要影响因素[①]；Klapper, L. F. 等对112个发展中国家进行调研，认为稳定的政治环境、良好的治理、现代化商业注册等要素对企业进入意愿有较大影响，政府应从这些变量入手提升营商环境治理能力[②]；Bah, E. 和 Fang, L. 认为监管环境、犯罪、腐败、基础设施可及性、金融发展等因素对营商环境有重要影响，是营商环境建设的关键要素[③]。

（二）国内研究现状

近年来，国内关于营商环境建设问题的相关研究也逐渐丰富，主要有以下四个研究路向。①关于营商环境价值意义的理论解析和实证研究。理论解析的研究思路，一些是结合时代背景和政策导向，挖掘营商环境对经济发展的价值与意义[④]，另一些是通过深度解析营商环境与国家治理的关系，阐明营商环境在国家治理中的重要地位[⑤]；实证研究则侧重分析营商环境对经济发展[⑥]、企业家经济活动时间[⑦]、产业联动发展[⑧]、直接投资[⑨]、服务业发展[⑩]等方面的影响以及营商环境中某一要素对经济社会

[①] Carlin, W., Seabright, P., "Bring Me Sunshine: Which Parts of the Business Climate Should Public Policy Try to Fix?," *Annual World Bank Conference on Development Economics—Global 2008: Private Sector and Development*, 2009, p. 99.

[②] Klapper, L. F., Lewin, A., Delgado, J. M. Q., "The Impact of the Business Environment on the Business Creation Process," *Entrepreneurship and Economic Development*, 2011, pp. 108–123.

[③] Bah, E., Fang, L., "Impact of the Business Environment on Output and Productivity in Africa," *Journal of Development Economics*, 2015, pp. 159–171.

[④] 何立胜：《改善营商环境建设开放型经济新体制》，《现代国企研究》2018年第5期，第60~62页。

[⑤] 娄成武、张国勇：《治理视阈下的营商环境：内在逻辑与构建思路》，《辽宁大学学报》（哲学社会科学版）2018年第2期，第59~65页。

[⑥] 董志强、魏下海、汤灿晴：《制度软环境与经济发展：基于30个大城市营商环境的经验研究》，《管理世界》2012年第4期，第9~20页。

[⑦] 魏下海、董志强、张永璟：《营商制度环境为何如此重要？——来自民营企业家"内治外攘"的经验证据》，《经济科学》2015年第2期，第105~116页。

[⑧] 张季平、骆温平、刘永亮：《营商环境对制造业与物流业联动发展影响研究》，《管理学刊》2017年第5期，第25~33页。

[⑨] 周超、刘夏、辜转：《营商环境与中国对外直接投资——基于投资动机的视角》，《国际贸易问题》2017年第10期，第143~152页。

[⑩] 江静：《制度、营商环境与服务业发展——来自世界银行〈全球营商环境报告〉的证据》，《学海》2017年第1期，第176~183页。

发展某一要素的影响。① ②关于营商环境评价的研究。国内学者对营商环境评价的研究起步较晚，一部分研究是基于世界银行的评价指标体系开展的。② 近两年，一些学者也开始逐步探索我国营商环境评价指标体系，如娄成武、张国勇以市场主体主观感知为视角构建了营商环境评价指标体系③；魏淑艳、孙峰以宏观环境为框架构建评价指标体系并对东北地区营商环境进行评价④；杨涛细分营商环境构成进行指标体系构建并对鲁、苏、浙、粤四省进行了对比评价与分析⑤。③关于地方政府营商环境治理中的现实问题分析。张威提出营商环境政策缺乏稳定性和连续性、透明度不足、执行不一致、政府与市场及政府内部各部门之间的关系尚未理顺等问题⑥；洪海认为存在对营商环境指标体系的片面认识，政府积极主动而特定行业反应滞后，对营商环境成效评价缺乏全面性等问题⑦；娄成武、张国勇从治理理论视角提出政府营商环境建设意识偏差、合作理念不强、治理的制度化手段尚未形成、评估重量不重质等问题⑧；王晓玲认为优化营商环境的持续性建设有待加强⑨。④关于优化营商环境的策略研究。张波对比中国与其他国家企业营商环境指数差距后，提出行政改革

---

① 袁宁：《东北文化环境对民营企业家成长的影响解析》，《东北亚论坛》2008 年第 5 期，第 68~72 页。
② 许可、王瑛：《后危机时代对中国营商环境的再认识——基于世界银行对中国 2700 家私营企业调研数据的实证分析》，《改革与战略》2014 年第 7 期，第 118~124 页；笪可宁、彭一峰、郭宝荣：《基于熵权法的城市营商环境问题研究——以沈阳市为例》，《沈阳建筑大学学报》（社会科学版）2018 年第 3 期，第 250~255 页。
③ 娄成武、张国勇：《基于市场主体主观感知的营商环境评估框架构建——兼评世界银行营商环境评估模式》，《当代经济管理》2018 年第 6 期，第 60~68 页。
④ 魏淑艳、孙峰：《东北地区投资营商环境评估与优化对策》，《长白学刊》2017 年第 6 期，第 84~92 页。
⑤ 杨涛：《营商环境评价指标体系构建研究——基于鲁苏浙粤四省的比较分析》，《商业经济研究》2015 年第 13 期，第 28~31 页。
⑥ 张威：《我国营商环境存在的问题及优化建议》，《理论学刊》2017 年第 5 期，第 60~72 页。
⑦ 洪海：《从世界银行评价指标体系入手全面优化营商环境》，《中国市场监管研究》2018 年第 3 期，第 72~74 页。
⑧ 娄成武、张国勇：《治理视阈下的营商环境：内在逻辑与构建思路》，《辽宁大学学报》（哲学社会科学版）2018 年第 2 期，第 59~65 页。
⑨ 王晓玲：《辽宁自贸试验区营商环境评价与优化》，《东北财经大学学报》2018 年第 4 期，第 90~97 页。

与司法改革同步的治理思路[①]；史长宽、梁会君对我国30个省级横截面的数据进行分析，提出优化中西部贸易环境、提高政府办事效率等策略[②]；魏淑艳、孙峰提出调整工作思路、调动激活可利用资源、扩大和培育技术市场、鼓励技术配套和创新、破除体制机制障碍等治理策略[③]。除了宏观性策略外，也有学者深入探讨了某一项具体的优化策略，如拓展行政公益诉讼范围以启用监察机关的异体监督来配合和保障营商环境治理[④]，充分发挥行业协会和异地商会作为政府和企业的桥梁纽带作用[⑤]。

（三）研究评述与问题提出

上述文献梳理显示，现有关于营商环境建设的研究是理论与实践相结合、定性与定量兼具的，为开展营商环境建设的相关研究奠定了基础。但现有研究也存在一些问题。国外研究主要是基于对跨国数据或案例的实证探索，但将其应用于国情差异较大的我国，其解释力和调适力有限。国内研究更切合我国实际，但多侧重于价值研究和影响分析。大部分价值研究和影响分析是从时代背景解读营商环境建设与优化的必要性，或从实证研究中证实营商环境对经济社会发展的重要影响，对营商环境建设中政府责任的研究明显不足。

总结现有文献观点，就营商环境的基本属性而言，营商环境作为制度集合体这样一种特殊的公共产品，政府必然是其建设的首要和主要责任主体；就营商环境存在的问题而言，政府责任履行越位、缺位和偏差是造成营商环境存在问题的根源；就解决策略而言，政府责任的有效履行是保障营商环境建设与优化的主要途径，而现有关于营商环境建设政

[①] 张波：《企业营商环境指标的国际比较及我国的对策》，《经济纵横》2006年第10期，第62~65页。

[②] 史长宽、梁会君：《营商环境省际差异与扩大进口——基于30个省级横截面数据的经验研究》，《山西财经大学学报》2013年第5期，第12~23页。

[③] 魏淑艳、孙峰：《东北地区投资营商环境评估与优化对策》，《长白学刊》2017年第6期，第84~92页。

[④] 方世荣：《东北振兴中的营商环境治理——关于拓展行政公益诉讼范围的思考》，《社会科学辑刊》2018年第4期，第49~54页。

[⑤] 李新宝：《行业协会、异地商会在优化营商环境中应发挥好桥梁纽带作用》，《辽宁经济》2018年第4期，第60~61页。

府责任的研究呈现碎片化取向,将政府责任零星散布在上述问题、对策等研究中,对营商环境建设政府责任的系统化研究明显不足。基于此,本文认为,对营商环境政府责任的系统研究迫在眉睫:一方面,新时代营商环境建设已成为刻不容缓的治理任务,只有理顺营商环境政府责任的内在逻辑,才能清晰把握当下营商环境建设中政府责任的边界;另一方面,营商环境建设中政府作为首要责任主体,必须从理论层面探析其责任逻辑,才能更加深入地分析当前营商环境建设中政府责任存在的问题,进而提出改进策略。

二 营商环境建设中政府责任的历史逻辑

营商环境建设中政府责任的历史逻辑体现了对营商环境建设中政府责任发展规律的深刻认识,也呈现了营商环境建设中政府责任得以形成的历史轨迹。整体而言,营商环境建设的政府责任是与我国经济体制改革相适应的、由混沌到清晰的发展历程。我国营商环境建设始于1978年,在此之前,为了巩固社会主义制度,尽快恢复国民经济,我国选择实施计划经济体制。在计划经济体制下,政府通过指令性和指导性计划管理和调节国民经济,完全把控经济。这一时期的营商环境政府责任实质上并没有分化出来,而是蕴含在政府对经济发展的全面责任中。因此,从严格意义上说,自1978年改革开放以来,政府才开始营商环境建设活动。

(一)营商环境政府责任的起步

1978年,党的十一届三中全会确立了以经济建设为中心,实行改革开放政策。改革开放初期,为改变我国社会贫困的现实,发展经济成为政府的当务之急,使国家和社会富裕起来的目标是促成政府全力发展经济的动力。这一时期营商环境建设中的政府责任处于起步阶段,主要表现为政府招商引资的责任。

与计划经济体制不同,改革开放政策提出后,地方政府改变了计划经济时期"一统天下"的管理模式,积极培育市场经济,推动了政府与市场分化的雏形,但政府与市场之间并未有明确的边界,这使政府主导和深度干预经济成为可能。同时,"唯 GDP"政绩考核和官员升迁的紧密联系导致在提升招商环境的进程中,地方政府表现出了较强的"经济人"特征。因此,这一时期营商环境的政府责任是不余遗力地推进招商引资,地方政府围绕 GDP 考核指标需求,通过推出经济开发区、税收优惠、扶持政策以及廉价的土地供给等方式来提高地区招商环境的竞争力,吸引投资,促进地方经济发展。

由于这一时期的招商引资工作推进尚处于探索和起步状态,政府的各种招商引资的制度设计和政策实验都处于摸索阶段,具有中央政府主导、地方政府跟随的特征。中央政府通过设立经济特区、下放经济管理权,使一部分地方政府在招商引资领域进行政策实验。如 1980 年,全国人大常委会批准《广东省经济特区条例》,该条例规定"特区为客商提供广阔的经营范围,创造良好的经营条件,保证稳定的经营场所,一切在国际经济合作和技术交流中具有积极意义的工业、农业、畜牧业、养殖业、旅游业、住宅和建筑业、高级技术研究制造业,以及客商与我方感兴趣的其他行业,都可以投资兴办或者与我方合资兴办"[①]。地方政府招商引资工作的积极行动局限在中央批准的率先开放的地区,范围较小,而经济特区的地方政府也主要是通过税收优惠、降低土地价格和提供廉价劳动力等粗放型履责手段提升地区的招商引资竞争力。

(二)营商环境政府责任的拓展

随着改革开放的推进,尤其是 1992 年邓小平同志的南方谈话指明中国经济改革的方向后,地方政府招商引资工作范围从特区向全国铺开。这一时期尽管政府营商环境的主要责任内容仍是招商引资,但责任范围开始拓展。

这一时期营商环境政府责任范围的拓展表现在两个方面。一方面,从改革开放初期的少量经济特区的设立拓展到大量的经济园区的建立。据不完全统计,从 1984 年到 2002 年,大约有 5000 个各式各样的经济园

---

① 参见 1980 年 8 月颁布的《广东省经济特区条例》。

区建立。这些经济园区包括开发区、高新技术区、出口加工区、保税区等。另一方面，政府开始从招商引资战略、政策和组织实施等多方面促进我国招商引资实践与理论的结合，不再局限于推出碎片化的招商优惠政策。例如，1992年商务部外国投资管理司在北京召开全国第一届招商引资工作会议；1996年与世界银行合作，在沈阳举办招商引资研讨班等。[①] 中央政府层面的上述全局性、统筹性的工作推进，帮助地方政府全面、深入理解招商引资相关的理论与实务。此外，与招商引资直接相关的机构改革开始在地方政府层面开展。具体表现为，一些地区成立了招商引资机构，如招商局、经济发展局等或直属于地方政府，或作为地方政府商务部门的下属事业单位。这些专门的招商引资机构改变了以往仅靠行政权力实施的粗放型招商优惠政策，结合市场变化和投资者需求，灵活调整工作方法，推进我国招商引资工作从粗放型向精准化方向发展。整体而言，与起步阶段中央政府主导、地方政府跟随的特征相比，这一时期的招商引资工作，地方政府发挥了更大的作用，逐渐成为招商引资工作的主角。

（三）营商环境政府责任的调整优化

进入21世纪后，随着经济全球化发展趋势和2001年我国加入世界贸易组织（World Trade Organization，WTO），我国经济发展与国际接轨进一步加强，原有的招商引资工作在很大程度上不能适应经济社会发展的需要，这一时期营商环境政府责任内容和结构也随之有了新的调整和优化：从单纯推出粗放型、浅表性的优惠政策转向以行政体制、经济体制和社会体制改革为核心的优化策略。

WTO按照市场经济要求设计了以自由、平等、公开、公正为核心的贸易规则。作为WTO的成员国，我国必须努力达到WTO所要求的营商环境治理体系和相应的政府治理能力。为此，营商环境政府责任不仅要推出优惠政策，也要推动以政府与市场关系为主要内容、以政府改革为主导的系统改革：以改革自身为主导，同时推动大型国有企业和银行改

---

① 潘同人：《嵌入关系：中国招商引资中的政府与市场》，上海人民出版社，2017，第77页。

革，逐渐解决我国长期存在的"政企不分"问题。此外，这一时期营商环境政府责任的另一个重要方面是调整和解决政府招商引资过程中累积的一些弊端和问题。例如，地方政府为争夺投资项目而盲目让利，恶性竞争危害可持续发展和宏观经济的平稳发展，更有重形式轻实效、重外资轻内资、重招商轻服务、过度承诺等现象。这一时期，WTO等国际外部动力和改革开放以来解决招商引资弊端的内部动力共同推动地方政府逐渐从低门槛的优惠政策模式转变为以改革促进服务提升、改善营商环境的模式。

（四）营商环境政府责任的全面协同

进入新时代，国内社会主要矛盾发生变化，人民美好生活的需求同发展不充分不平衡成为社会主要矛盾。国际上，贸易保护主义抬头、全球治理体系发生重大变动。面对国内外环境的深刻变化，实现经济高质量发展，营商环境建设不再仅局限于企业"进入"的问题，而是包含企业从进入到退出的全过程，从招商引资到营商环境建设转变成为必然。因此，营商环境政府责任定位、内容和方式也随之发生变化。

随着经济发展进入新常态和我国地方政府政绩考核的逐渐科学化和均衡化，唯GDP的经济政绩考核不再独占鳌头，地方政府主要靠招商引资发挥其经济职能已经不能适应经济发展新常态的现状和新时代共享、均衡的发展理念。政务环境、市场环境和社会环境为核心的营商环境成为吸引企业进入并长久发展繁荣的关键，这直接影响了营商环境的政府责任定位从直接参与招商引资具体政策活动到退居幕后积极提供服务，营造良好的政务环境、市场环境和社会环境。本质上而言，我国改革开放的进程就是一系列渐变的制度变迁过程，政府在这一过程中始终担负着主导责任，新时代营商环境建设也不例外。但有所不同的是，这一时期政府主导责任内容不再是直接参与经济活动，而是以提供服务为主导的责任内容：无论是与政府服务直接相关的政务服务，还是政府发挥重要制度引导、法律规制的市场环境和社会环境，甚至地区的自然环境保护与改善都离不开政府服务责任的履行。就责任方式而言，政务环境、市场环境和社会环境，乃至自然环境的改善都需要系统、全面和协同的改革。这一时期政府在履行其营商环境责任时也表现为从规制、管理转变为协同治理：纵向上中央与地方政府协同治理，横向上政府内部各部门之间，政府与市场主体、社会主体之间以及区域政府之间协同推进改革，共建优质的营商环境。

营商环境的政府责任随着我国经济体制改革的推进不断演化，经历了起步、发展、优化调整和全面协同四个历史阶段，这四个历史阶段实质上也是营商环境政府责任边界从混沌到明晰的演变过程。

三　营商环境政府责任的理论逻辑

理论逻辑始于实践问题。营商环境政府责任的理论逻辑涉及两个核心问题：一是政府是否需要承担营商环境建设责任，二是政府如何承担营商环境建设责任。回答第一个问题需要从营商环境的根本属性入手，而回答第二个问题则需要从政府与市场关系及政府在市场经济中的角色定位入手。

（一）营商环境的公共属性

营商环境是"一种特殊的公共产品，也是政府公共治理的结果呈现"。[①] 从广义视角界定，营商环境是一个地区整体的政治要素、经济要素、社会要素和文化要素等各种要素交会而成的制度环境，具有强烈的公共属性。这种公共属性一方面表现为营商环境作为公共产品所蕴含的非排他性、非竞争性技术特征和社会公共需求的本质特征；另一方面表现为营商环境作为公共治理的结果呈现，蕴含着复杂性与多元性。

1. 作为特殊的公共产品

经济学界公认的是萨缪尔森对公共产品的界定：具有非排他性和非竞争性等基本特征的产品。随着社会科学技术的进步，公共产品的范围逐步扩展。乔治·恩德勒（Georges Enderle）从经济伦理的角度提出了更广义的公共产品界定，即"社会和个人生活以及追求经济活动的可能性

---

① 娄成武、张国勇：《治理视阈下的营商环境：内在逻辑与构建思路》，《辽宁大学学报》（哲学社会科学版）2018年第2期，第59~65页。

的条件",并指出定义公共产品的两条原则:非排斥原则和非敌对原则。其中,"非排斥原则是指,与私人物品比较,对受公共产品影响的和受个人或集团权力限定的'消费'不排斥其他人的消费,无论是出于技术的原因、效率的原因,还是出于法律或伦理的原因。非敌对原则是指一个消费者与其他消费者之间缺乏敌对性或竞争性"。[①] 按照这一界定,营商环境与其他公共环境(如自然环境、法治环境等)类似,是一种公共产品,其非排他性原则体现在营商环境不能被特定企业占有,是面向特定区域内所有企业的系统环境,排除特定企业或存在技术困难,或导致效率损失,或违反相关法律或伦理,具有较高的代价;其非敌对性(或非竞争性)原则体现在一些企业享有并受益于营商环境并不会影响另一些企业的享有与受益,即营商环境受益对象之间不存在利益冲突。"非排他性与非竞争性,抑或非排斥性原则和非敌对性原则是公共产品的技术性特征,社会公共需求才是公共产品的本质特征。"[②] 在我国进入新时代,社会矛盾发生转化,经济高质量发展成为必然趋势的背景下,社会、企业和公众对良好的营商环境的需求越来越强烈,营商环境的本质特征越来越凸显。政府的一个重要职能即提供公共产品,满足公众需求,这使政府成为营商环境建设的首要责任主体。

2. 作为公共治理的结果呈现

营商环境是随着经济社会发展,市场与政府、社会相互分化的结果,是随着社会经济不断发展而衍生的社会总体环境的子系统,是由政府、市场主体、社会公众等多元主体共同构建的一种制度环境。由此,营商环境可以被看作公共治理的结果呈现。作为公共治理的结果呈现,营商环境具有多元复杂性。这种多元复杂性主要表现在主体、要素和功能三个方面。在主体上,随着我国市场经济的发展,营商环境涉及主体不再局限于政府与市场,各种社会组织(如商会、行业协会)等多元供给主

[①] 〔美〕乔治·恩德勒:《面向行动的经济伦理学》,高国希、吴新文译,上海社会科学院出版社,2002,第83~87页。

[②] 秦颖:《论公共产品的本质——兼论公共产品理论的局限性》,《经济学家》2006年第3期,第77~82页。

体都成为营商环境的构建主体，呈现多元性与异质性。在要素上，营商环境不仅包括生态环境、自然环境等天然要素，还包含政治要素、经济要素、社会要素和文化要素等历史与人文要素，这些数量庞大的要素之间存在较大的异质性。复杂多元的主体和复杂多元的要素之间或二者各自内部相互依赖、相互联系，且相互之间并非简单线性互动，最终导致营商环境的功能也呈现复杂多样性，具体表现在：良好的营商环境不仅通过促进企业发展使市场系统健康发展，还能带来巨大的政治、社会正外部效应。例如，良好的营商环境吸引大量企业入驻，对政府治理能力与治理体系的现代化改革起到倒逼推动作用，促进地方政府治理现代化。大量企业入驻也会带动一个地区的就业率的提升，提高人民生活水平等。

（二）营商环境的政府责任定位

从纵向历史进程来看，政府与市场关系经历了一个变化的过程。从亚当·斯密认为政府应该在经济活动中扮演"守夜人"的角色，让市场这只"看不见的手"发挥主导作用，到凯恩斯在世界经济危机时期提出政府可以通过投资促进需求，即政府应积极干预经济，到哈耶克新自由主义盛行，强调政府在市场经济活动中消极作用，再到2008年金融危机爆发背景下新凯恩斯主义诞生，强调政府在治理中的核心作用。政府在市场经济发展中的角色和职能经历了消极（萎缩）—积极（扩张）—消极（萎缩）—积极（扩张）循环往复的变化过程。从政府在经济活动中的角色和发挥作用的变化历程可知，政府角色和职能的变动与当时的社会矛盾是紧密联系的，不同历史阶段面临的不同社会矛盾要求政府角色和作用随之而变，适应经济社会发展的需求。

从横向比较维度来看，以英、美为代表的成熟资本主义国家坚持自由市场经济，认为政府应该最少干涉市场，充分尊重和发挥市场机制在经济生活中的作用；以苏联为代表的中央政府计划型经济发展模式强调政府对市场的完全控制，用行政指令计划国家经济发展；二战后，东亚地区（以韩国、日本为代表）和拉丁美洲地区基本上是一种政府主导型的经济发展模式，其发展经济的基本特点是具有持续的发展愿景、凝聚力极强的政府经济部门、良好的政商合作关系，以及选择性的产业政策；以中国为代表的社会主义市场经济体制则创造性地在社会主义国家引入市场机制，激活市场活力，促进经济发展。可以说，在不同的地区和不同的国家，由于其面临的社会主要矛盾和经济基础条件不同，政府在经济发展中的职责边界、职责内容也各不相同。

营商环境是典型的政府与市场主体互动演化形成的制度体系，由上文政府与市场关系分析可知，营商环境建设中的政府责任是必要的，但营商环境建设中政府责任应该根据不同阶段的社会主要矛盾、不同的基本国情来决定其边界、内容和方式。正如刘易斯提出的悖论所述："没有一个明智的政府的积极促进，任何一个国家都不可能有经济进步。另一方面，也有许多政府给经济生活带来灾难的例子……"[①] 这一悖论对于转型时期我国营商环境建设中政府责任也具有较强的契合性：一方面，政府控制着改革的整体过程，政府行为直接决定着营商环境改革的程度，随着经济社会对优质营商环境需求的增强，政府在营商环境改革中的职责越来越繁重；另一方面，随着社会主要矛盾变化和全面深化改革的推进，政府为了适应经济社会的发展，应该是逐步弱化其对市场和企业的直接控制。可见，转型背景下的营商环境建设中政府责任问题兼具重要性和复杂性：重要性是指如果政府责任履行不力，治理能力不佳，那么营商环境必然难以最优服务市场主体；复杂性体现在营商环境建设的政府责任的边界、内容、方式是随着国家或地区发展阶段、当前主要矛盾等特征变化的，加之我国特色社会主义政治体制和经济体制的特殊性，使营商环境建设中的政府责任具有较强的中国特色。

四　营商环境建设中政府责任的实践逻辑

"实践逻辑"这一概念源于法国社会学家皮埃尔·布尔迪厄，是基于实践者的行为与特定环境结构之间的关系，蕴含着一种认识和把握实践的思维方式。实践逻辑与理论逻辑相对应，如果说理论逻辑是推理的逻

---

① 〔美〕刘易斯：《经济增长理论》，梁小民译，上海三联书店，1994，第78页。

辑，那么实践逻辑则是事实的逻辑。营商环境建设中的政府责任不仅具有理论推演逻辑，还具有自身独特的、从政府营商环境建设的实践探索中反身抽象的实践逻辑。

（一）自上而下：中央政府顶层设计到地方政府政策落地

作为单一制国家，政治体制和行政体制的层级化和集权化特征决定了中央政府在国家治理中具有顶层设计的重要责任。中央政府在营商环境建设中的责任也不例外。深化"放管服"改革、激发市场活力，与国际经贸规则对接、进一步扩大开放程度等顶层设计不断出台。自上而下从中央政府顶层设计到地方政府政策落地是营商环境建设中政府责任的重要实践逻辑。

按照党的十九大和中央经济工作会议精神，"改革创新体制机制，进一步优化营商环境，是建设现代化经济体系、促进高质量发展的重要基础，也是政府提供公共服务的重要内容"[1]。习近平总书记在博鳌亚洲论坛、庆祝海南省经济特区30周年大会、东北三省考察等多种场合都强调了投资环境、营商环境的重要性。李克强总理更是在政府工作报告、国务院常务会议、全国深化"放管服"改革转变职能电视电话会议中，多次部署进一步优化营商环境，持续激化市场活力和社会创造力，并提出了"优化营商环境就是解放生产力"[2]的重要论断。

除了国家领导人对优化营商环境的强调号召，中央政府顶层规划责任还体现在优化营商环境的战略部署与规划上。2018年初，国务院常务会议部署，要在借鉴国际经验的基础上，构建并推行我国营商环境评价机制。为贯彻这项部署，国家发展和改革委员会有关部门在召开专题研讨会议，听取地方有关部门、专家学者、企业代表等各方意见的基础上，优化指标、完善调查问卷。确定试评价在全国东、中、西部和东北地区

---

[1] 《2018年国务院首次常务会议部署进一步优化营商环境——让提升营商环境"有章可循"》，中国政府网，http://www.gov.cn/zhengce/2018-01/07/content_5254019.htm，最后访问日期：2019年8月6日。

[2] 《李克强主持召开国务院常务会议 部署进一步优化营商环境等》，中国政府网，http://www.gov.cn/premier/2018-01/03/content_5252932.htm，最后访问日期：2019年8月6日。

22个城市分两批开展。① 2018年6月28日,李克强总理提出了"加快构建具有中国特色的营商环境评价体系"。② 7月,推进政府职能转变和"放管服"改革协调小组成立,下设优化营商环境组,并在《全国深化"放管服"改革转变政府职能电视电话会议重点任务分工方案》(国办发〔2018〕79号)中明确了牵头组织机构。

(二)自下而上:地方政府改革试点到中央政府总结推广

由于地理、历史、政策等原因,我国各个地区的营商环境客观条件存在较大差异。所以,尽管有层级性的自上而下的主导治理逻辑,但营商环境建设同其他领域的政策推进一样,离不开地方政府结合本地特征的能动性和创造性。这就形成了政府营商环境建设中自下而上的实践逻辑。

从目前全国各地政府的营商环境建设推进过程中,也可以清晰地看到自下而上的实践逻辑。一方面,在中国这样多重转型的国家治理中,仅靠中央政府的顶层设计来实现对不同区域、不同层级的政府营商环境建设的控制是不现实的,其科学性也会受到质疑。因此,中央政府的顶层设计一般为政策框架,给地方政府留有较大的政策自主探索空间,这为营商环境建设中的地方政府能动性发挥提供了可能。另一方面,相对于中央政府,地方政府更贴近于管辖区内的环境,更加了解区域内营商环境面临的客观条件和亟须解决的问题,这使地方政府能够因地制宜地落地顶层政策,发挥地方政府的能动性。

从地方政府营商环境建设的推进内容来看,根据2018年8月国务院通报的部分地方优化营商环境的典型做法,典型的落地政策包括改革投资审批等制度、便利企业开发和经营、提升贸易便利化水平、创新监管理念和方式、提供优质公共服务、推进政务服务"一网、一门、一次"

---

① 3月中旬至5月,首批在北京、上海、厦门、深圳、武汉、沈阳、成都、杭州、兰州、辽宁葫芦岛、浙江衢州、陕西延安等12个城市开展试评价。根据试评价地方反馈的意见,对指标进行了调试修正。4月下旬至6月,第二批在天津、重庆、青岛、广州、南京、合肥、贵阳、湖北襄阳、海南三亚、浙江义乌等10个城市开展试评价。
② 《中国特色营商环境评价指标体系初步构建》,中国政府网,http://www.gov.cn/xinwen/2019-04/09/content_5380775.htm,最后访问日期:2019年8月6日。

改革等方面，不同地区依据本地区客观条件，营商环境建设的侧重推进内容和推进方式也不相同。例如，北京市将营商环境改革作为加快政府职能转变、建设现代经济体系的突破口，围绕企业开办的重点环境，制定"9+N"系列政策；上海市依据营商环境评价指标，以市场主体感受为标准，结合"一网通办"的政务服务和自贸区建设等本地优势，加强改革的系统性；广州市以企业登记"免预约""零见面""全天候""无纸化"等为核心推动开办企业全面提速。这些营商环境建设的地方实践是在中央政府的顶层设计框架下的一种能动探索，这些探索在本地产生良好效果直达中央政府层面，得到中央政府的认可和推广。

（三）横向实践逻辑：地区间对标先进

在我国营商环境建设推进过程中，不仅可以看到自上而下从顶层设计到地方政策落地的实践逻辑和自下而上从地方试点改革到中央总结推广的实践逻辑，还可以看到对标先进的横向实践逻辑。

一方面，随着信息化发展，地区之间的信息交流更加便捷和充分，一个地区的营商环境推进创新信息能够更加便捷地被其他地区获取，由于同一层级不同地方政府之间存在竞争关系，获取信息的一方会积极跟进竞争对手的政策改革和创新，形成政府营商环境建设的横向模仿实践逻辑；另一方面，由于历史、地理位置和政策原因，政府营商环境建设推进存在不同梯队，以上海、广州、深圳为代表的经济发达地区可以被看作营商环境发展的较先进梯队，而西部地区、东北地区等经济欠发达地区则可以被看作营商环境发展的较保守梯队。与我国其他经济领域的政策实践逻辑相似，政府营商环境建设的推进活动同样是经济欠发达地区向经济开放发达地区"取经"，东北地区、西部地区地方政府通过各种渠道向东部发达地区学习，跟进、效仿发达地区营商环境建设的做法。

五 总结

新时代面临的国内外发展环境的挑战，使以往的"要素红利"和

"政策红利"逐渐让位于"创新红利"和"制度红利"[1],将营商环境推上了更加关键的位置。通过对营商环境建设中政府责任的历史逻辑梳理,呈现了政府责任从起步、发展、优化调整到全面协同的从混沌到清晰的发展历程。通过对营商环境建设中政府责任理论逻辑的梳理,揭示了营商环境作为特殊公共产品和公共治理产物所具有的非排他性、非竞争性、社会需求性以及多元性和复杂性特征,从政府与市场关系视角探寻了理论层面上营商环境政府责任的内容边界规则。通过对营商环境建设中政府责任自上而下、自下而上和横向平行的实践逻辑分析,揭示了营商环境政府责任的顶层设计到基层落地、改革试点到总结推广和对标先进三个实践逻辑。通过对营商环境建设中政府责任的内在逻辑分析,可以更加全面、科学地呈现营商环境建设中的政府责任边界、内容和方式,为探析政府在营商环境建设中如何有效履责奠定基础。

---

[1] 李斌:《优化营商环境就是解放生产力》,《人民日报》2018年9月5日,第9版。

数字政府治理的回应性陷阱
——基于东三省"地方领导留言板"的考察[*]

于君博 李慧龙[**]

一 问题提出

以电子政府和电子政务建设为主要内容的数字政府治理运动,在2008年到2018年的十年间成为全球政府治理改革的一个核心议题,被公共管理学界和实务界同时寄予了提升政府治理回应性的厚望。相应地,已有的相关文献非常热衷于在理论和经验层面论证数字政府治理对于改善官民互动水平、促进政务信息公开并最终提升公众对于政府的信任与信心的作用。[①] 然而,近年来也开始有研究指出这一预期和判断过于乐观了——政府的回应性并未因数字政府治理的技术魅力而脱胎换骨,相反存在"选择性回应"和"条件性回应"的痼疾[②];政府在使用互联网技术为公众开放一定互动空间的同时也在强化控制,甚至主要是为了操控

---

[*] 文章已发表于《电子政务》2019年第3期,第72~87页。
[**] 于君博,吉林大学行政学院教授、博士生导师,美国西弗吉尼亚大学区域研究研究所合作研究员,博士;李慧龙,华南理工大学公共管理学院博士后。
[①] Caroline, J., Tolbert, Karen Mossberger, "The Effects of E-Government on Trust and Confidence in Government," *Public Administration Review*, No. 3 (2006), pp. 354 - 369; Patrick D., et al., "New Public Management Is Dead-Long Live Digital-Era Governance," *Journal of Public Administration Research and Theory*, No. 3 (2006), pp. 467 - 494.
[②] 张华、仝志辉、刘俊卿:《"选择性回应":网络条件下的政策参与——基于留言版型网络问政的个案研究》,《公共行政评论》2013年第3期;Tianguang Meng, Jennifer Pan, Ping Yang, "Conditional Receptivity to Citizen Participation: Evidence from a Survey Experiment in China," *Comparative Political Studies*, No. 4 (2017), pp. 399 - 433.

公众意见与不满,而非解决公众需要①。但类似的反思普遍因关注焦点和测量方法的局限而存在规范性批判的疏漏和经验性证据的不足,例如,它们多未对网络空间的政府回应性进行规范性的解析,而将其等同于政府回复、解决问题或问责;基于"回应或者不回应"的简单维度划分对政府回应的比重、是否及时、时空特征或议题选择进行统计;鲜有基于对公众诉求和政府回应内容的深度挖掘,从有效互动的角度探讨政府是否有真实地体谅、满足或引导公众诉求,并检视其问题解决方式及背后的政府治理逻辑。

与上述研究分歧与缺憾相对应的,是实践中政府多沉迷于"有回应""快回应"或问题解决数量等公开可见的"硬性"指标统计,对更能体现政府回应水平的"软性"指标,如问题解决质量和公众满意度等却顾及不多。在回应质量上的避重就轻或"避软就硬",使各地方的数字政府建设常常沦为一种政治正确的"面子工程",而在是否凭之真正提升公共服务水平与行政效能,并进而获得更高回应性方面令人存疑。总之,研究证据与实践水平的双重不确定使我们对数字政府治理回应性的认知同样变得模糊,而要清楚地认识并解决其中存在的问题,就需要我们进一步明晰,理想中数字政府治理的回应性应当满足哪些要求,现实的数字政府回应质量究竟存在哪些不足,其原因何在,危害有哪些。有鉴于此,本文将在厘析数字政府治理的回应性内涵基础上,选取作为数字政府治理重要形式的"留言板型网络问政"为考察对象,从经验的层面寻找新的、更为充实的证据,实现对数字政府治理的回应性"黑箱"获得更加清晰而全面的认知。

二 核心概念与分析视角

学术探讨需要首先对基本概念的边界加以澄清,对数字政府治理回

---

① Rongbin Han, Linan Jia, "Governing by the Internet: local governance in the digital age," *Journal of Chinese Governance*, No. 1 (2018), pp. 67 – 85; Esarey, A., Qiang, Xi., "Digital Communication and Political Change in China," *International Journal of Communication*, 2011, pp. 298 – 319.

应性的研究亦应如此。当前对数字政府治理回应性的研究之所以存在规范性解读与实证性考察的薄弱,在很大程度上是因为对"回应性"的概念本身缺乏准确而完整的诠释。为进一步系统地考察数字政府治理的回应性质量,有必要首先在学理上明晰"回应性"的基本意涵,进而确立恰适的分析视角与目标价值体系,用以指导对数字政府治理回应性的应然性分析、实然性考察以及优化路径思考。

(一)模糊的"回应性"意涵

无论是在政治学文献中,还是在公共行政学文献中,"回应性"(responsiveness)都算得上一个高频词。从基本词义来看,回应意味着回答和反应,其对象可以是回应客体的某种态度或行为[1],其内容和方式则可视为回应主体相应的态度或行为。具体到政府治理的情境中,美国学者格罗弗·斯塔林在对政府回应性所做的经典界定中指出:作为"责任性的一种体现",回应意味着政府对民众的要求迅速做出反应,并采取措施解决问题,在某些情况下还"可以意味着政府主动提出解决问题的方案,甚至主动地确定问题"[2]。

其他学者所下定义虽在表述方式上有所差异,但观点上与斯塔林并无二致。同时,在定义中不难看出学者们在何为"好的"回应性问题上抱持的主张,如斯塔林在定义中对"责任"、"迅速"与"主动"的强调;政府回应是对公众需要和所提出问题做出"积极敏感"的反应和回复的过程[3];回应性是"责任性的延伸",符合善治标准的回应性是不仅有回应,而且应当是"及时的"和"负责的"回应,在必要时还应当"定期地、主动地"向公民征询意见、解释政策和回答问题[4];根据"好的"程度不同,还可分为职能性回应、诉求式回应、责任性回应、前瞻

---

[1] 李放、韩志明:《政府回应中的紧张性及其解析——以网络公共事件为视角的分析》,《东北师大学报》(哲学社会科学版)2014年第1期。
[2] 〔美〕格罗弗·斯塔林:《公共部门管理》(第八版),常健等译,中国人民大学出版社,2011,第136页。
[3] 何祖坤:《关注政府回应》,《中国行政管理》2000年第7期。
[4] 俞可平:《治理与善治》,社会科学文献出版社,2000,第10页。

性回应等四个由低到高的基本层次①。总体上，积极、及时、负责、主动被普遍认为是"好的"政府回应性所应具备的基本特征。

关于数字政府治理的"回应性"，现有研究总体上直接使用了上述对政府回应性的一般性界定，而并不关心对数字政府治理回应性意涵的专门性辨析与发展。这种基本概念上的"拿来主义"和不探究竟导致当前数字政府治理的回应性研究存在以下三方面的问题。

其一，衡量标准的模糊性。回应性的基本定义及其积极、及时、负责、主动等标准都是定性的主张和原则性要求，而非量化的描述或操作性指导，因而未能给衡量数字政府治理的回应性提供直接、明确和具体内容上的标准。其二，关注焦点的避重就轻。无论是将回应性作为责任性的一种体现抑或延伸，责任性是衡量政府回应性高低的核心指标。而由于实践中政府回应是否及时或主动相对较容易衡量，现有研究多聚焦于数字政府治理回应的主动或被动、速度快或慢等维度，对较难衡量但能更为真实的政府回应积极性与责任性或缺乏探讨，或将其简单等同于及时性与主动性。考虑到选择性和条件性回应等带来的高度回应假象，这一关注焦点上的避重就轻与简化显然存在缺漏。其三，对互联网空间中政府回应情境的特殊性探讨不足。互联网时代的公众需求具有多元性和异质性特征，因而难以折中满足；新媒体的发展促成了极端民意的表达，而与之相应的"沉默的大多数"的民意虽更为实际却难以甄别，并因对政府回应的不信任和无力感而缺乏表达的积极性②。此外，网络平台中的政民沟通是非面对面、非即时性和个性化的"一对多"对话，这些不同于其他回应形式的互动方式要求政府既能够处理海量的网民诉求，又要保证处理质量的高效而精准。面临如此严苛的挑战，所适用的政府回应方式、技巧或可能的误区有哪些呢？对于这些问题，现有研究尚未予以足够的关注。

有鉴于此，研究数字政府治理的回应性不应止步于对一般性"回应性"概念的笼统认知，而需要在应用中发展和明确其基本衡量维度，并

---

① 李伟权：《政府回应论》，中国社会科学出版社，2005，第60~63页。
② 何艳玲、郑文强：《"回应市民需求"：城市政府能力评估的核心》，《同济大学学报》（社会科学）2014年第6期。

考虑互联网所赋予的时代与平台特征。对此,本文将从"事实—价值"二分的理论视角加以探析。

(二)分析视角:"事实—价值"双重回应维度

"事实与价值二分法是现代道德哲学和政治哲学的根本前提。"[①] 从休谟最早提出事实("是"命题)与价值("应当"命题)二分,经过波普尔、康德、杜威、韦伯、哈贝马斯等后来者的补充与深化,事实与价值"二分法"已经发展成为成熟的认识论与方法论命题。尽管有关事实与价值"二分法"的断裂与缠结、辩护与批判始终存在,但在基本观点上存在这样的共识,即都认为事实是"客观存在的一切事物、过程、状态和属性的总和",而价值是"客体对主体的效应,是情感、态度、道德和信念的总和",二者统一于处于主体地位的"人"的实践。[②] "事实本身就是事实",而"价值为价值叙词或价值判断所表述,价值判断体现为一定个人的判断,同时,价值述词本身具有它的特性,如具有情感性的色彩"。[③] 在这一意义上,事实可以被视为客观存在的事实,而价值可以被视为主观上个体"头脑中的事实"。

本文无意介入哲学层面事实与价值间关系的论争,而力争借助这一认识论视角,来明晰数字政府治理的"回应性"在内容上所应包含的两个基本维度:事实回应与价值回应。在事实层面,数字政府治理的回应性可归结为政府对公众所反映问题的真相查证、利益协调与结果告知;在价值层面,数字政府治理的回应性可归结为政府对公众的情感关怀、理性协商与信任构建。二者统一于政府与公众间的对话实践,共同目标是达成政府与公众间的共识。事实层面的数字政府治理回应以科学性与专业性、制度理性与工具理性等去人格化特质为导向,其目标是高效地解决问题并充分告知结果信息,在形式上表现为对公众诉求"有回应"、"快回应"和解决问题。而价值层面的数字政府治理回应是在"人格化"

---

① 〔美〕希拉里·普特南:《事实与价值二分法的崩溃》,应奇译,东方出版社,2006,第197页。
② 百精:《危机传播管理》,中国人民大学出版社,2014,第83~84页。
③ 龚群:《论事实与价值的联系》,《复旦学报》(社会科学版)2015年第6期。

的维度上考察公众的个性需求，进而完善政府所认为的事实回应内容，并关注政府所供给的事实信息如何最大化地转换为公众所接收与理解到的事实信息，在形式上表现为政府回应的双向对话性、平等性和协商性，具体包括对问题解决方式的原因解释、利益补偿及结果协商等。

数字政府治理回应性的事实层面与价值层面是相辅相成的关系，二者不可偏废。一方面，充分的事实对话构成了数字政府治理回应性的根基，忽略事实根基的价值回应必将终于虚幻。因为事实中实际存在的疑惑、矛盾、生活需要等问题是导致公众情感波动、价值失序的诱因，对公众情感与认知的引领需要以事实回应为依托，在积极、及时、切实解决公众问题的基础上才能赢得并维持公众的认同。另一方面，忽视价值关怀的事实回应常常事倍功半。政府回应的事实只有为公众所信任，即从客观事实转化成为公众头脑中的事实进而达成共识，才是全面而成功的。现实中，由于公众认知能力与模式的差异性，事实在每个人面前也可能呈现不一样的"版本"或"面孔"。基于个人需要、主观判断、情感倾向或情绪化心理等价值因素的解读，决定着政府回应的事实能够在多大程度上被公众所理解、信任以及认同，要求政府通过详尽的原因解释达成相互理解。同时，缺乏价值关怀的政府回应也常常因对公众需求的体察与补偿不足、对平等协商的观念与技巧薄弱，导致公众主观体验与信任感缺乏并招致更多的不满，构成了政府总是"自以为"尽力解决了公众的诉求，却始终难以讨得公众"好评"或谅解的问题根源。因此，在必要的事实对话之外，政府还需具备价值对话的意识与技巧，通过释因、补偿、协商等方式实现对公众需要的真诚倾听与顾及、对公众认知和情感的顺应与引领，通过构筑信任与共识来保证回应效果。

综上，在对数字政府治理的回应性意涵探讨中，应当兼顾其事实回应与价值回应的双重维度，既做到"有回应"、"快回应"和解决问题，又要注重原因解释、利益补偿及结果协商，与公众间形成双向均衡的对话模式。其实，这两个维度也是各种情境或形式的政府回应都应具备的，只是在互联网情境中，多元、异质、海量以及个性化网民诉求对数字政府治理的两方面回应提出了更为现实而迫切的需要。在实践中，统合"事实—价值"双重回应维度的关键在于将作为主体的"人"置于视域的中心位置,从人本主义的角度实现政府与公众间双向、均衡、平等的对话。由是观之,当前研究与实践中对数字政府治理"有回应"、"快回应"、"多回应"或解决问题数量等的片面关注是不够的,因为它们只是涉及回应任务的"一半"而已。

三 研究设计

(一)研究逻辑

基于对数字政府治理的回应性意涵的分析,本文将以留言板型网络问政平台为考察对象,通过分析其中政府与公众间的互动特征,从事实回应与价值回应两个维度考察日常行政情境中数字政府治理的回应性现状。

伴随着我国数字政府建设步伐的加快和互联网的迅速普及,公民网络问政蓬勃发展,并已成为检验数字政府治理回应性的重要场域。从实践场地看,当前我国公民网络问政主要分布于两种类型的网络平台之中:一是以社交媒体为主的社会化媒体平台,二是各地党政机关建立的专题型或留言板型网络问政平台。以社会化媒体平台为依托,公民网络问政常常以较为激烈的网络舆情事件为表现形式,具有非制度化的社会抗争色彩。相比之下,各地党政机关建立的网络问政平台属于制度内的网络问政渠道,尤其是其中的留言板型网络问政已成为我国常态化运行且规模最为广泛的网络问政形式,既能真实反映"沉默的大多数"的现实需求和数字政府回应的丰富面貌,也有大量的在线文本作为研究素材。

在内容上,本文试图超越现有研究多在测量方式上局限于对政策输出与诉求输入一致性考察的间接测量,或在测量内容上止步于"回应或者不回应"的简单维度划分等不足,对公众诉求和政府回应文本的内容进行直接和深度地挖掘。不仅关注事实维度上政府是否回应、回应得快慢以及是否解决问题,更关注价值维度上政府解决公众诉求的方式;不仅关注数据上的描述性统计,亦挖掘其映射的政府回应逻辑,并反思其背后的政府治理观念、技术和组织性等根源。概言之,本文将从事实与价值、定量与定性相结合的角度出发寻找更为充分的证据,从一个侧面实现对数字政府治理回应性的深入检视。

（二）数据获取与描述

本文数据来源于作为唯一全国性网络问政平台的人民网"地方领导留言板"[①]。作为一个网上干群互动平台，"地方领导留言板"自2006年由人民网创办以来，已经成为广大网民向省市县三级领导干部表达诉求、反映问题、提出意见和建议的重要渠道。截至2017年9月，全国已有23个省区市针对该平台建立了制度化的网民留言办理程序，累计已有59位省委书记和省长、2300多位市县级一把手通过该平台对网民留言做出公开回复，解决了超过80万件民生诉求。[②] 鉴于其在反映社情民意、回应群众关切、推动问题解决方面的显著成效，以及全国性、较大的影响力与规模，本文以之为个案进行数字政府治理的回应性考察。

为实现对公众留言与政府回应内容进行具体的解剖，本文在数据选择上做了取舍和平衡，即不是对全国数据进行一般性描述，而是对部分城市的个案数据进行具体解剖。同时，为避免个别城市的特殊性和兼顾可比性，选取区域性数据进行考察。对此，东北地区的三个省会城市在经济与社会发展水平上既具有较大共性特征，又兼具差异性，是进行区域性数字政府治理研究的较好选择。笔者使用网页抓取工具采集了人民网"地方领导留言板"上长春、哈尔滨和沈阳自2011年至2017年党政领导接收到的所有留言及回应信息，共计12671条，经初步数据清洗（剔除内容乱码与录入错误等无效记录），获得有效记录12630条。从表1可以看出，总体上三个城市接收的公众诉求数量较多且呈逐年增长趋势，为本研究提供了丰富的样本。

表1　2011~2017年东北省会城市公众诉求数量的年度分布

单位：条，%

年份	长春	哈尔滨	沈阳	合计	百分比
2011	843	135	151	1129	8.9
2012	1038	172	68	1278	10.1

---

① 网站地址：http://liuyan.people.com.cn/index.html。
② 数据来源于人民网：http://leaders.people.com.cn/n1/2017/0914/c58278-29534932.html。

续表

年份	长春	哈尔滨	沈阳	合计	百分比
2013	990	397	115	1502	11.9
2014	916	639	172	1727	13.7
2015	1448	469	223	2140	16.9
2016	1654	385	463	2502	19.8
2017	1425	241	686	2352	18.6
总计	8314	2438	1878	12630	100.0
百分比	65.8	19.3	14.9	100.0	

（三）变量选择及编码

通过对公众留言与政府回应内容的分析，本文生成了关于公众诉求情况与政府回应质量的相关变量，并由四名研究生对公众留言与政府回应内容进行了人工编码。

1. 公众留言情况

依据地区、时间、邮箱类型以及公众留言类型与领域（人民网平台共设置5大类型、14个领域的问题选项，供公众留言时自主选择），对公众留言进行编码处理，主要情况见表2。

表2　公众留言的相关变量选取与赋值

变量	变量赋值
城市	1＝长春，2＝哈尔滨，3＝沈阳
年份	1＝2011年，2＝2012年，3＝2013年，4＝2014年，5＝2015年，6＝2016年，7＝2017年
邮箱类型	1＝书记信箱，2＝市长信箱
问题类型	1＝投诉，2＝咨询，3＝求助，4＝建言，5＝感谢
问题领域	1＝环保，2＝交通，3＝教育，4＝金融，5＝就业，6＝旅游，7＝企业，8＝三农，9＝文娱，10＝医疗，11＝政务，12＝治安，13＝城建，14＝其他

2. 政府回应情况

在事实回应层面，根据政府是否回复和解决公众留言所反映的问题，将政府的回应分为"回复""未回复"两种情况，将"回复"情况细分为公众诉求问题得以"解决"、"解决中"、"未解决"三类。若公众的建言被采纳，咨询的问题有了一个明确的结果，或求助与投诉的问题得以消除或缓解，即视为公众诉求被"解决"；若公众所反映的问题还在调查、协调或处理过程中，则视为"解决中"；在上述情形之外，若公众的诉求未得到政府支持，则视为"未解决"。在此基础上，从双向对话、平等和协商等价值回应的目标出发，根据政府在解决问题过程中是否进行原因解释、利益补偿和结果协商，分别划分出三种解决类型、五种未解决类型（见表3）。

表3 政府回应性的相关变量选取与赋值

变量	变量赋值
是否回复	1＝回复，2＝未回复
回复时间	回复时间＝回复日期－留言日期（单位：天）
是否解决	1＝解决，2＝未解决，3＝解决中
解决类型	1＝按公众要求方式解决，2＝按政府认为合理方式解决，3＝按政民协商方式解决
未解决类型	1＝不能解决，2＝难以解决，3＝难以解决但给予建议，4＝难以解决但给予补偿，5＝未解决但达成共识
未解决原因	1＝不科学或不合理，2＝人财物不足，3＝程序问题，4＝政策问题，5＝转交相关部门，6＝超出管辖范围，7＝其他

其中，三种"解决"方式分别为：①按公众要求方式解决，即政府按公众期望的方式解决公众诉求；②按政府认为的合理方式解决，即按政府认为合理的方式解决了公众诉求，而未征求公众意见；③按政民协商方式解决，即政府按自身认为合理的方式解决了公众诉求，并征得公众接受。根据政府是否具体解释客观原因、给予其他可行性建议或采取弥补性措施以及是否征得公众接受，将"未解决"类型划分为表3中的五类。上述各种情形间的逻辑关系见图1。

最后，为进一步辨别价值层面的政府回应观念与行为特征，对"未解决"情形中政府所提供的主要原因分出如下七种情形并进行编码：①不科学或不合理，问题不现实或不存在等；②人、财、物等资源限制；③程序问题，需要等待或满足要求等；④政策问题，如根据现有政策进行、暂无新政策、需要等待上级政策等；⑤转交"相关部门"处理；⑥超出管辖范围，如涉法涉诉、需要自行协商的民事纠纷以及应向其他地区或部门反映问题等；⑦其他原因，如少数因公众提供信息不详、当事人无法联系等而无法解决的情形。

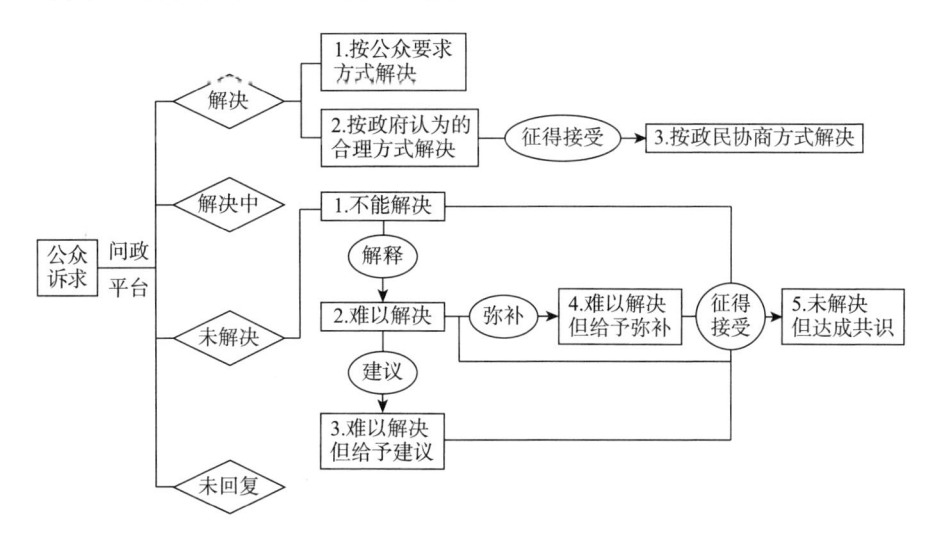

图1　政府回应的情形及其逻辑关联

四　研究发现

通过基于数据编码的文本分析和交叉表分析，本文从定性和定量相结合的角度对东北三个省会城市"地方领导留言板"的公众诉求与政府回应性进行了全面考察，获得的主要发现有以下两个方面。

（一）公众诉求概况

首先，公众对书记信箱的偏好并非绝对化，而是存在地区差异。不同于约2/3的网民更倾向书记信箱的全国平均情况[①]，长春市网民更倾向于往市长信箱留言反映诉求，且占比有60%以上；哈尔滨市长信箱接收的留言比例尽管低于书记信箱，但同样高于全国平均水平（占比近

---

① 孟天广、李锋：《网络空间的政治互动：公民诉求与政府回应性——基于全国性网络问政平台的大数据分析》，《清华大学学报》（哲学社会科学版）2015年第3期。

48%）；沈阳市与全国平均水平趋近（见表4）。作为地方"一把手"的书记往往被民间认为拥有更大的权力和问题解决能力，因而普遍更受公众青睐，但长春市完全相反的情况说明这一普遍性是存在例外的，公众对书记信箱或市长信箱的选择可能还受信箱回复率、问题解决率（见下文）等因素的影响。

表4 东北省会城市的公众诉求反映的邮箱偏好

单位：条，%

		长春	哈尔滨	沈阳	总计
书记信箱	计数	3253	1277	1280	5810
	百分比	39.1	52.4	68.2	46.0
市长信箱	计数	5061	1161	598	6820
	百分比	60.9	47.6	31.8	54.0
总计	计数	8314	2438	1878	12630
	百分比	100	100	100	100

其次，在诉求类型上，投诉类最多，建言类最少。统计中显示人民网"地方领导留言板"对公众诉求类型的设置在2013年有所变化，体现为2012年之前没有细分出投诉、求助与建言类型，而只分为咨询和感谢两大类。因此，对公众诉求类型分布的统计依据，2013年之后的数据更为准确和有代表性。笔者过滤掉2011年与2012年的数据之后，得到了2013年至2017年网民留言10223条。其中，投诉类问题最多（45.5%），其余依次为求助类（27.1%）、咨询类（20.2%）、建言类（6.7%）和极少数的感谢类（0.4%）问题（见图2）。可见，公众主要是将人民网"地方领导留言板"作为投诉举报或发泄不满情绪的一个渠道，在一定程度上也暴露出其他社会矛盾协调解决渠道的不畅。

最后，在诉求领域上，城建是公众诉求出现最多的领域，环保、交通、治安领域的诉求也比较多，四者问题总和占比高达61.3%（见图3）。其中，城建领域的诉求占公众诉求总量的近1/3，其内容主要涉及对拆迁或回迁、房产证办理、供水供热、物业管理、违建等民生问题的投诉与求助，反映出我国快速城市化进程中所面临的社会主要矛盾多发区。同时，"其他"领域所占比例过高（24.2%），暴露出对公众诉求领域的划分不够精细、全面以及存在较大模糊性空间，不利于政府精准统计和掌握公众的诉求指向。

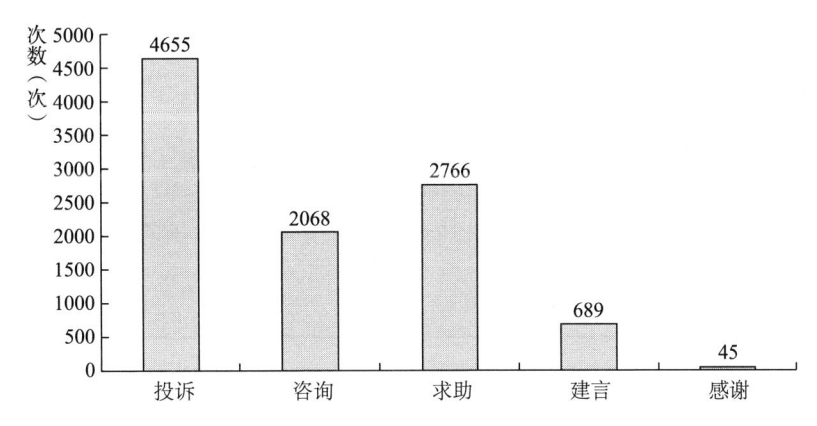

图 2　2013~2017 年公众诉求的类型及次数

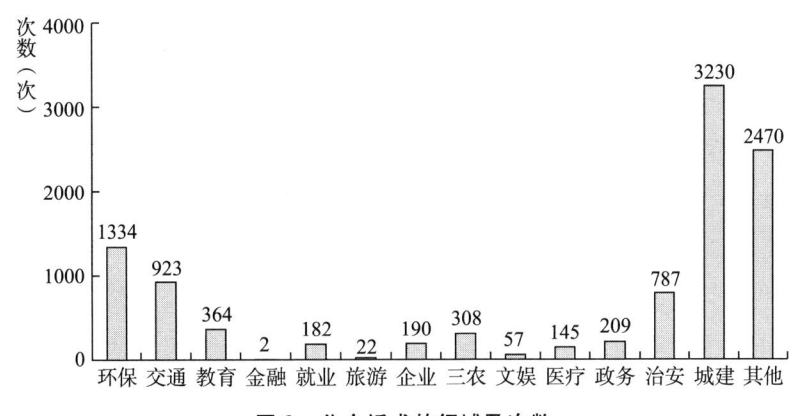

图 3　公众诉求的领域及次数

（二）政府回应质量

为便于统计政府对各类型问题的回应性差异，下文对政府回应质量的统计同样以 2013 年至 2017 年的数据为依据。

1. 事实回应层面

（1）整体回复率很低，且有较大随机性。首先，三个城市对公众诉求的回复率整体都很低，存在大量的未回复情况。三个城市中，只有长春市的回复数量多于未回复数量，在整体回复率（66.7%）上高于沈阳

（47%）和哈尔滨（3.3%）（见表5）。过低的回复率意味着整体上近1/2（49.7%）的公众诉求无法得到政府的回复，这无疑使公众通过该平台表达需求的积极性持续受挫。

表5　2013~2017年东北省会城市年度回复率

单位：%

城市	2013年	2014年	2015年	2016年	2017年	整体回复率
长春	64.0	69.3	62.7	70.9	66.0	66.7
哈尔滨	15.6	1.4	0.0	0.0	0.0	3.3
沈阳	13.0	16.9	18.8	20.5	87.2	47.0

其次，在年度变化上，各市的回复率表现出很大的随机性。长春市的年度回复率存在较大波动，沈阳市在2016年前回复率极低，但在2017年巨幅提升（高达87.2%），超过了长春市的同期水平，更为吊诡的是哈尔滨在2013年与2014年有回复，但从2015年开始便不再回复。[①] 可见，即便是在全国最广泛的网络问政平台上，各地方政府是否回复以及回复多少公众诉求还是要取决于其自觉性。

最后，从信箱类型看，长春市市长信箱的回复率（76.2%）高于书记信箱（55.0%），沈阳市则是书记信箱（49.9%）的回复率高于市长信箱（40.4%），反映出书记信箱与市长信箱在回复率上不必然存在孰高孰低的问题。同时，两个城市回复率较高的信箱类型与其公众的选择偏好一致，或许可以解释为公众对书记或市长信箱的选择偏好受信箱回复率的影响。

（2）回应速度过慢，且极其随意。在平均回应速度上，长春市与沈阳市的回应天数普遍过长。表6呈现了其回应速度的中位数为49天，众数为23天。从更为具体的分布情况看，其在15天内回应的仅占10.8%，30天内回应的仅占比31.4%；近1/2等待回复的时间超过了50天，近1/4等待回复的时间超过了100天。通过茎叶图检验极端值发现（因篇幅所限，茎叶图在此省略），还存在674个极端值（占比13.6%）超过了

---

① 考虑到哈尔滨市的特殊情况，下文有关政府对不同各类型问题的回应性分析中将过滤掉哈尔滨的数据，只考察具有一定持续性和稳定性的长春市和沈阳市数据。

199 天。此外，还不乏超过 500 天或 1000 天的情形（见图 4）。如此迟缓的回应速度已经超出了公众诉求得到及时、合理解决的正常期限，根本达不到政府回应性的及时性要求。同时，回应用时分布的散乱性与过长跨度也暴露出政府在回应时效上的随意性。更为遗憾的是，在超长且随意的回应用时个案中，政府从未对等待时间过长的公众表达出态度上的体谅或做出解释与说明。

表 6　长春市与沈阳市公众诉求的回应时间

单位：天

有效个案数	4943
平均数	109
中位数	49
众数	23
最大值	1536
最小值	1
百分位数 25	26
50	49
75	95

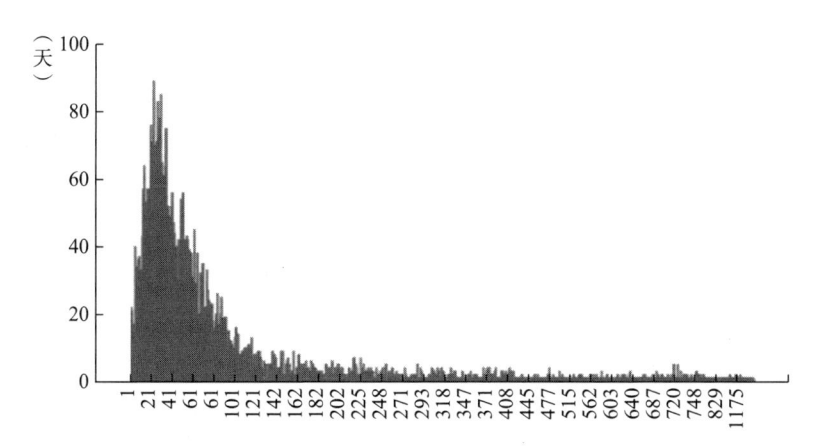

图 4　长春市与沈阳市公众诉求的回应时间分布

（3）整体解决率低，且存在选择性的维稳导向。整体来看，长春市和沈阳市公众诉求得到解决的比例仅为 37.9%，即使在政府有回复的情况下也仅达到了60.8%（见表7）。可见，大量的公众诉求即使得到了政府的回复，也并不意味着问题能够得到解决。

表7　长春市与沈阳市公众诉求的整体解决率

单位：次，%

		次数	占比	有效占比	累计占比
有效	解决	3069	37.9	60.8	60.8
	未解决	1255	15.5	24.9	85.6
	解决中	725	9.0	14.4	100.0
	总计	5049	62.4	100.0	
遗漏	系统	3043	37.6		
总计		8092	100.0		

从不同的诉求类型看，不同类型问题所收获的政府解决率有较大差异。其中，投诉类诉求的解决率最高（44.1%），显示出政府选择问题回应类型时具有一定的维稳导向；感谢类诉求可能由于政府认为"不必"回复而在解决率上表现较低。在感谢类诉求之外，解决率最低的是建言类诉求（28.7%），这在一定程度上反映出政府对待网络公众的建议与建策更多地报以否定性态度（见表8）。

表8　不同公众诉求类型的解决率

单位：条，%

	投诉	咨询	求助	建言	感谢	总计
诉求量	3817	1697	2084	464	30	8092
解决量	1684	565	684	133	5	3071
解决率	44.1	33.3	32.8	28.7	16.7	38.0

从不同问题领域看，数量较多且解决率较高的分别有环保（50.8%）、治安（41.8%）和交通（38.0%）类诉求。相比之下，城建领域处于"解决中"的个案远多于其他领域，达到345条，说明政府对于城建领域的问题予以办理的比例也是相对较高的，也说明其所涉及的拆迁、房产证办理等问题的协调难度较大。而环保与治安领域之所以有较高的解决率，可能与其多涉及噪声扰民、环境卫生投诉和求助等相对简单的问题，

事实清楚、容易处理且不涉及包括政府在内的多元利益相关方，解决起来的成本也相对较低有关。此外，环保、治安以及城建领域问题相对更多涉及社会矛盾冲突和社会稳定，政府对这三个领域问题的偏重也显示出其选择性回应中的维稳导向（见表9）。

表9 不同公众诉求领域的解决率

单位：条，%

	环保	交通	教育	金融	就业	旅游	企业
诉求量	1075	692	280	2	129	11	151
解决量	546	263	72	0	39	4	38
解决率	50.8	38.0	25.7	0.0	30.2	36.4	25.2
	"三农"	文娱	医疗	政务	治安	城建	其他
诉求量	216	41	91	163	653	2643	1945
解决量	63	15	26	35	273	947	748
解决率	29.2	36.6	28.6	21.5	41.8	35.8	38.5

2. 价值回应层面

（1）解决方式的协商性匮乏。首先，协商性极为欠缺。根据表10，在得到解决的公众诉求中有近30%未能顺应公众要求或与公众协商。再考虑到整体偏低的解决率，意味着整体上有接近3/4的公众诉求是没有得到解决或按政府所倾向的其他方式解决的，其中，只有122件征得了公众的同意或认可，有904件是按照政府单方认为合理的方式解决的。这暴露出政府对公众诉求问题的解决更多地体现为方式上的裁断性而非协商性、与公众信息关系上的单向告知而非双向沟通模式。

表10 政府解决公众诉求的方式及有效率

单位：次，%

		次数	占比	有效占比	累计占比
有效	按公众要求方式解决	2039	25.2	66.5	66.5
	按政府认为合理方式解决	904	11.2	29.5	96.0
	按政民协商方式解决	122	1.5	4.0	100.0
	总计	3065	37.9	100.0	

续表

		次数	占比	有效占比	累计占比
遗漏	系统	5027	62.1		
总计		8092	100.0		

其次，咨询类和建言类诉求的解决存在较大的规避性和傲慢性。表11呈现了按公众要求或政民协商方式解决比例最高的是投诉类诉求，其次为求助类，而咨询类和建言类比例极低，合计仅为投诉类的1/2（感谢类诉求无法判别，在此省略）。对于公众的政策咨询，政府多按照自己愿意提供或适合提供的信息，而非根据公众的需要予以直接、完全、翔实的回答。建言类不仅整体解决率极低，按公众要求或政民协商方式解决的比例也是最低的，可见政府对待公众的建言不仅更多地未予以采纳，也很少寻求与公众达成应有的"共识"。总体上，咨询类和建言类诉求解决方式的协商性尤为欠缺，进一步暴露出政府并非开放性地将进行咨询或积极提出建议的公众视为平等对话的合作治理者，而更多地表现为一种"偷懒"、简单、规避性的回应行为模式以及傲慢、否定性的回应态度。

表11 各诉求类型中按公众要求或政民协商方式解决的数量及比例

单位：条，%

	投诉	咨询	求助	建言
诉求总量	3817	1697	2084	464
按公众要求方式解决量	1221	269	476	70
按政民协商方式解决量	59	14	47	2
合计百分比	33.5	16.7	25.1	15.5

（2）未解决方式的有释因而无共识。首先，在不能解决的情形中，政府基本给予了解释，但并不注重是否与公众达成了共识。但在解释的同时给予其他可行性建议或采取弥补性措施的比例，分别只有38.6%和18.6%。通过征得公众接受而与公众达成共识的比例更低，只有1.3%。也就是说，政府更多是以简单给出原因的方式，直接拒绝解决公众诉求并结束对话；对于政府自身不能解决但仍真实存在的公众诉

求，政府为之寻找其他出路的比例不到1/2；对于公众是否能接受诉求未被解决的结果、是否会因之产生负面情绪，政府更加缺乏体谅和顾及，极少通过沟通、问询及协商的方式去进行了解、疏导或达成共识（见表12）。

表12 政府未解决公众诉求的处理方式及比例

单位：次，%

		次数	占比	有效占比	累计占比
有效	不能解决	5	0.1	0.4	0.4
	难以解决	517	6.4	41.2	41.6
	难以解决但给予建议	484	6.0	38.6	80.2
	难以解决但给予补偿	233	2.9	18.6	98.7
	未解决但达成共识	16	0.2	1.3	100.0
	总计	1255	15.5	100.0	
遗漏	系统	6837	84.5		
总计		8092	100.0		

其次，政府做出的解释体现出较强的精英主义思维以及有限的受理意愿与能力。在图5呈现的政府给出的原因中，不科学或不合理是最为常用的解释（占比23.7%）。而结合图6可以看出，这一原因的使用多出现于"难以解决"类型中，亦即在以科学性、合理性的原因拒绝解决公众需求之后，政府很少进一步给予公众其他解决建议或采取弥补措施，暴露出政府在回应过程中存在较强的精英主义思维和专业主义至上观念。此外，排在第二位的是政府认为超出了自身管辖范围，需要公众进行民事协商、涉法涉诉、应向其他地区或部门反映（占比20.1%）；程序问题（占比16.8%）和转交"相关部门"（占比15.1%）也是比较多的未解决原因（见图5）。如果将转交"相关部门"与超出管辖范围都视为广义上的"其他部门负责"，那么政府以其他部门负责为原因拒绝受理公众诉求的比例将达到35.2%，显示出政府在网络问政回应中存在受理范围狭窄以及较多的推诿现象，政府对公众所提出问题的受理能力和协调意愿都十分有限。

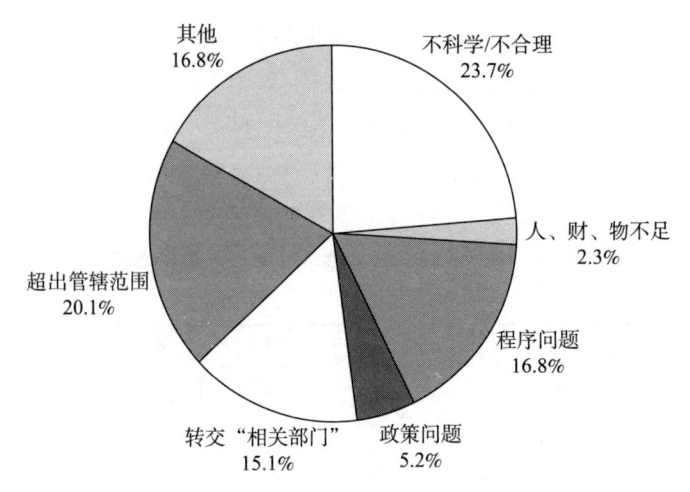

图 5 "不科学或不合理"的解决类型分布

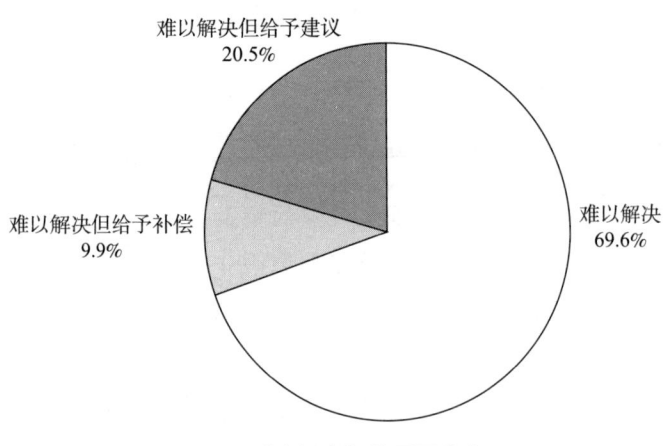

图 6 "未解决"的原因分布

五 结论与讨论

对于任何政府治理实践来说，其成效如何都首先取决于预先确立的目标导向与价值支撑体系。透过现阶段充满张力样态的数字政府回应行为，厘析其内在的回应逻辑，进而予以合理价值取向上的反思与调适，是有效衡量与提升数字政府治理回应性的根本所在。本文通过回归数字政府治理的回应性意涵，从事实与价值兼顾的二维视角对尚不明晰的"回应性"进行了确定性的辨析，在学理上指明了数字政府治理回应性的双重目标取向：一是于事实之维做到有回应、快回应和解决问题；二是于价值之维做好原因解释、利益补偿（建议提供或措施弥补）及结果协商。以此为指导，本文在经验的层面上全面考察了以东三省省会城市为代表的政府在网络问政中的回应性，发现数字政府治理不仅在事实回应层面存在各种失范问题，更在价值回应层面处于缺位状态，而失范与缺位的背后所潜藏的是当前我国数字政府治理的回应性陷阱。

首先，本文的一个主要贡献是在事实回应的层面，展现出政府对不同类型、不同领域公众诉求的回应方式与质量，证实了已有研究中论证不够充分的"选择性回应""条件性回应"等数字政府治理的回应性痼疾。同时，本文进一步发现政府在这一过程中呈现较强的随机性和随意性特征，并反映出一定的维稳导向。其次，本文的另一个重要贡献是揭示了数字政府治理在价值回应层面可能普遍存在的缺位，体现为政府在问题解决与回应方式上对公众的需求与情感缺乏体谅和顾及，与公众沟通过程中的双向对话性和协商性极为匮乏。检视这些事实回应与价值回应实践中的深层次缺陷与原因，可以发现，数字政府治理亟须走出两个思维与行为中的回应性陷阱。

一是"裁断型"回应的思维桎梏。过于迟钝而随意的回应、回应方式上缺乏协商、回应文本上缺乏"人情味"等问题的背后，是政府在回应过程中淡漠的对话观念和薄弱的对话能力；原因解释中的不耐烦说教、不顾及公众是否接受的单方面结果告知等，反映出政府对公众的认知、情感与信任既"不关心"又"不懂得"。而之所以长期且普遍存在这些问题，是因为已经僵化了的精英价值观使政府陷入"裁断型"回应的思维桎梏中难以脱身。当前科层制下支配政府治理的精英价值观依然盛行，导致数字政府治理的官方话语体系普遍是精英化、科学化和理性化的，其回应方式不仅很难从价值层面顾及普通公众的认知能力和模式，还充满了对"普通公民知识的贬抑"[1]。政府与公众在信息关系上的单向告知、权力关系上的支配性说教替代了双向、平等以及协商性的对话，使政府既不关心互联网时代多元公众诉求的真实解决，长期以来也未能掌握与

---

[1] 肖滨、费久浩：《政策过程中的技治主义：整体性危机及其发生机制》，《中国行政管理》2017年第3期。

网络公众进行双向沟通、情感对话的有效技能，因而数字政府治理中的事实回应失范，价值回应持续缺位，理想中的官民和解亦难达成。

二是"粗放型"回应的行为惯性。如果说数字政府治理的"裁断型"回应思维是观念上对"人"的轻视，那么"粗放型"的回应惯性就是行为中对"人"的懈怠。在政治心理测绘学、大数据方法与人工智能技术的综合运用将大众传播变为小众传送政治与社会生态中[1]，数字政府治理的回应性仍因对公众认知与体验不重视而陷于一种僵硬、呆板和偷懒的"粗放型"回应状态，并形成路径依赖。数字政府缺乏足够的动力在价值层面琢磨如何人性化地回应，也懒于学习和应用个性化、智能化的互联网技术进行小众精准回应，而只希望简单地借助互联网实现模板化的"一对多"。在这种"粗放型"回应模式下，数字政府往往不乏较大的回应规模，但在回应率、回应时效和问题解决质量等方面缺乏基本的规范性，表现出回应数量多而质量低的有"量"无"质"问题。数字政府对公众诉求的回应惯于"对事"而较少"对人"，缺乏"以人民为中心"进行精细化的问题解决和共识构筑[2]，其回应目标也主要不是解决公众需求，而是表现出极强的随意性、随机性和维稳导向。这些问题都鲜活地展现于本文的网络问政案例中，构成了行为上数字政府治理亟待跳出的又一重回应性陷阱。

总体而观，上述数字政府治理的回应性陷阱不仅制约着网络空间中政府与公众间的对话效果，也在更深层面影响着政府治理体系与治理能力现代化的整体良性发展。而归根结底，这两个陷阱都源于政府未能在回应过程中做到事实层面与价值层面兼顾，尤其是价值层面的回应尤为孱弱。数字政府治理的回应性研究与实践应当以事实与价值的双重维度为指向，在以"人"为核心的根本遵循下进行事实与情感、数量与质量并重的回应。最后，需要指出的是本文的不足在于所选数据是区域数据而非全国性数据，留言板型网络问政也只是数字政府治理的实践领域之

---

[1] 房宁、丰俊功：《2016年美国总统选举中的技术革命与选民行为控制》，《比较政治学研究》2017年第2期。

[2] 胡鞍钢、杭承政：《论建立"以人民为中心"的治理模式——基于行为科学的视角》，《中国行政管理》2018年第1期。

一而非完全性图景，因而无法展示数字政府治理的回应性全貌。同时，对数字政府治理回应性的事实与价值层面的考察也只是划分出了可供评估的基本维度，各维度的变量及其权重等指标有待在进一步的具体测量过程中细化，这也构成了未来对数字政府治理回应性研究有待探寻的方向。

社会组织行动推动政社关系重构

——以辽宁省 RE 学会为例*

张力伟 李慧杰**

一 引言

随着公共事务复杂性以及多元化主体积极性的不断延伸，寻找"协同"是新时代多元主体共同发展的基本策略，也是国家治理现代化的基本要求。这一方面要求政府通过一系列的体制机制创新实现赋权（empowerment），另一方面依赖其他治理主体承接相应职能的能力。在政社互动的演进中，政府与社会组织的合作衍生出了不同形式。例如，世界上应用范围较广的框架是强调政府与社会资本合作的 PPP（Public-Private-Partnership）模式，换言之，就是更为广泛意义上的政府购买公共服务。[①]我国也颁布了一系列政策文件支持社会组织发展以及推进政社合作。例如国务院发布的《关于政府向社会力量购买服务的指导意见》（国办发〔2013〕96 号）对政社合作提出了政策指导；《中共中央关于全面深化改

---

* 基金项目：国家社科基金青年项目"中德地方环境治理模式比较研究"（18CZZ010）。本文发表在《中国第三部门研究》2019 年第 1 期，有删改。

** 张力伟，男，吉林大学行政学院博士研究生，美国伊利诺伊大学厄巴纳—香槟分校访问学者；李慧杰，女，吉林大学行政学院讲师，德国斯图加特大学博士。

① 目前，关于中国的政府购买服务和 PPP 模式是否完全等同存在争议，本文认为，虽然二者在具体应用时存在差异，但 PPP 模式主要表现为政府通过特许经营、购买服务、股权合作等方式，与社会资本建立利益共享、风险分担及长期合作关系，由此可见二者存在交叉关系。不过本文主要想探讨广义上的政府购买服务，并不关注二者的细节差异，故对用词并未做切区分。二者具体的含义划分参见中国政府采购网，http：//www.ccgp.gov.cn/ppp/llyj/201704/t20170417_8122646.htm。

革若干重大问题的决定》也指出"激发社会组织活力。正确处理政府和社会关系,加快实施政社分开,推进社会组织明确权责、依法自治、发挥作用。适合由社会组织提供的公共服务和解决的事项,交由社会组织承担"[①]。鉴于社会组织正成长为越来越成熟的治理主体,政府与社会组织双方也在根据客观环境的变化不断探索新的合作机制,寻找理想的合作关系,并时时推动国家治理现代化迈出新步伐。

截至目前,不少地区开始以试点推动的方式将社会组织引入治理过程,并在国家治理现代化的宏观指引下渐进设计与落实新的模式。不同于政府购买服务的政社合作逻辑,辽宁省的社会组织发展表现出了一定程度的独特性,是社会组织自主发展、逆向推动政府职能改革的进程。社会组织的积极行动在不断贡献社会效益的同时探索出政府协调、社会组织主动同企业开展科技服务与成果转化的新模式。这种模式拓宽了政府促进科技创新与职能转移的思路,也取得了政府、社会组织与企业三方共赢的良好效果。因此,本文的行文逻辑是:首先,简要回顾中国政社关系的模式、价值与问题,提出本文的研究重点与分析框架;其次,介绍辽宁省 RE 学会运作的案例,归纳其互动结构与特点;最后,总结 RE 学会所能提供的经验与存在的问题,尝试提出解决思路。

二 研究回顾

政府—社会组织关系变革是适应外部环境的体现。19 世纪末 20 世纪初,国家被视为公共服务的唯一提供者,其地位不仅不可撼动,反对社会组织参与公共服务供给的声音也不绝于耳。这种观点被称为政府—社会组织的"冲突关系理论"。随着现代社会的发展,社会组织参与公共服务供给的有效性逐渐得到认可,片面强调国家作用的政社关系模式不再适应社会的发展要求[②],一种强调社会组织补充作用的观点应运而生:非营利组织(Non-profit organisation)可以弥补政府在公共服务供给中的缺

---

① 《十八大以来重要文献选编》上册,中央文献出版社,2014,第 539~540 页。
② 张文礼:《合作共强:公共服务领域政府与社会组织关系的中国经验》,《中国行政管理》2013 年第 6 期,第 7~11 页。

陷，发挥政府与市场都发挥不了的作用。① 受20世纪80年代行政改革浪潮的影响，各国政府开始寻求政府转型的路径。由此，政府与社会组织的合作被提上日程。目前，政府与社会组织之间最为主导性的关系为合作。在公共物品和公共服务的提供方面，政府的单一主体状态正逐步被政府与社会组织的伙伴关系取代，例如广被知悉的"政府向社会组织购买公共服务"（Purchase of Service Contracting）。以适应客观环境为基准，社会组织作用的凸显主要基于以下四个事实：一是政府提供公共物品与公共服务的低效，二是新公共管理运动的影响，三是社会组织自身的发展，四是公众需求的增长。② 在此背景下，世界各国形成了多样化的合作经验，这些经验也被译介至中国，推动着中国政府—社会组织关系的重塑。

（一）政府—社会组织合作的基本模式

针对中国政府—社会组织的合作关系的研究，本文主要归纳出两种主要框架。

其一，当海外关于社会组织研究的理论框架难以解释中国问题时，中国的国家社会的复杂关系促使学者们将政府与社会组织的能动性统合起来加以考释。尤其是十八大以来，政府全面主导的模式已不再适应新时代的需要，因此"国家治理现代化"的提出就是要打破政府一元化的治理方式，通过简政放权、职能转移等方式引入多元主体。与西方不同，中国政府与社会组织之间表现出一种"调适性合作"的模式：传统政府对社会组织所采取的双重管理、限制竞争等单一控制策略逐步转向政府购买服务与转移政府职能等合作互动逻辑，而社会组织利用这一契机，根据政府需求调整自身服务内容与职能，通过一系列的策略性手段拓展其影响力。简言之，这是政府主动调适和社会组织策略性能动的结果。③

---

① Kingma, B. R., "Public Good Theories of the Non-Profit Sector: Weisbrod Revisited," *Voluntas: International Journal of Voluntary and Nonprofit Organizations*, No. 2 (1994), pp. 135 – 148.
② 王浦劬、莱斯特·M. 萨拉蒙等：《政府向社会组织购买公共服务研究：中国与全球经验分析》，北京大学出版社，2010，第3~4页。
③ 郁建兴、沈永东：《调适性合作：十八大以来中国政府与社会组织关系的策略性变革》，《政治学研究》2017年第3期，第34~41、126页。

其二,"依附性合作"这一概念从另一个角度描述了中国特殊的政府—社会组织关系。同"调适性合作"一道,采用这种框架的前提也是承认中国政府和社会组织关系的变革性蜕变,合作取代了原有的控制模式。然而,"依附性合作"更加强调社会组织对政府的依赖。学者针对上海市政社合作的案例研究发现,社会组织与政府存在三种关系类型,分别是"依附式合作"、"独立式合作"以及"独立不合作",其中"依附式合作"占绝对多数——大量社会组织通过参与政府购买服务获得政府资源,但方方面面也受到行政部门的干预或控制,是以牺牲独立性和自主性为代价的合作形式。合作缘于政府在提供公共服务上的有责无能以及社会组织的有心无力,但政府依然占据主导地位,而社会组织所需的制度空间和发展资源仍被政府牢牢把持。[1] 也就是说,社会组织的成长依然处在矛盾的制度环境中,所以形成了如此特殊的政社关系。

(二)政府—社会组织合作的价值与困境

从价值维度看,政府与社会组织合作对于提升递送公共服务能力、提高服务效率与推进政府改革具有积极意义。以中国的政府购买公共服务为例,这种合作关系主要源于一元化管理思路和多元化服务供给之间的矛盾、重要的公共服务责任与匮乏的行政资源之间的矛盾以及政府考核任务同政府财政保障能力之间的矛盾。[2] 从效率方面看,与政府垄断性直接生产相比,引入市场竞争机制进行外部购买不仅可以大幅度提升公共服务的生产效率,还可以及时恰当地满足公共服务对象的多样化需求。[3] 从政府改革角度看,新公共管理运动倡导的"划桨而不是掌舵"为政府改革锚定了新的航向。由此,政府与社会组织合作是通过打破垄断、引入市场机制来克服"理性官僚制"弊端的举措,与治理理论强调多元

---

[1] 彭少峰:《依附式合作:政府与社会组织关系转型的新特征》,《社会主义研究》2017年第5期,第112~118页。
[2] 王浦劬、莱斯特·M. 萨拉蒙等:《政府向社会组织购买公共服务研究:中国与全球经验分析》,北京大学出版社,2010,第15~17页。
[3] 叶托:《超越民营化:多元视角下的政府购买公共服务》,《中国行政管理》2014年第4期,第56~61页。

主体对公共事务的有效治理相契合，也是建立多元参与、共同建设、达于良治的多中心、无缝隙的合作治理网络体系的基本体现。① 从实际运作层面看，目前上海、北京、重庆、无锡等地的政府与社会组织合作都取得了良好的效果。②

在困境方面，目前的研究以问题为导向剖析政社合作的内在问题，这些问题主要聚焦阻碍二者合作的制度困境、结构困境与资源困境。面对这些困境，相关研究也提出了对策建议。有的研究重点关注宏观领域的政社合作，认为政社合作的困境源于四个方面：其一是二者在性质上的差异造成的信任危机，其二是二者在结构上的差异造成的沟通难题，其三是二者在资源上的差异导致的地位不平等，其四是二者在文化上的差异导致的行为冲突。从对策来看，建议既要明确划定双方职责，又需要建立相关的协调管理机构，并且借鉴成熟经验，创新政府与社会组织的合作机制等。③ 更多的研究则关注微观层面，再以政府购买公共服务为例，现有研究认为，政府购买公共服务并非总是遇到合格的"卖家"④，也可能会缺失竞争性的市场。为此，有学者建议建立服务购买问责制度，以提高政府服务合同监管能力，规范服务购买市场环境等。⑤ 有的研究则从案例入手，认为我国政府购买公共服务缺乏法律保障，购买服务过程尚不规范。⑥ 具体表现为购买合同不规范、购买方式选择的标准不清、评估环节不完善等。为此，要加强法律法规建设、制定法定标准流程。总

---

① 李军鹏：《政府购买公共服务的学理因由、典型模式与推进策略》，《改革》2013年第12期，第17~29页。
② 关于这些案例的介绍，可参见王浦劬《政府向社会力量购买公共服务的改革意蕴论析》，《吉林大学社会科学学报》2015年第4期，第78~89页；李永战，张翔《政府购买公共服务模式比较——基于典型案例的分析》，《中国民政》2015年第15期，第54~57页；储亚萍《政府购买社区公共卫生服务的模式与成效研究——基于国内五个典型案例的分析》，《东北大学学报》（社会科学版）2014年第2期，第170~175页。
③ 曹丽媛：《政府与社会组织合作关系构建面临的挑战与对策》，《中国特色社会主义研究》2016年第5期，第78~82页。
④ Donald F. Kettl, *Sharing Power: Public Governance and Private Markets* (Washington, DC: Brookings Institution Press, 1993), pp. 180 – 181.
⑤ 詹国彬：《需求方缺陷、供给方缺陷与精明买家——政府购买公共服务的困境与破解之道》，《经济社会体制比较》2013年第5期，第142~150页。
⑥ 徐家良、赵挺：《政府购买公共服务的现实困境与路径创新：上海的实践》，《中国行政管理》2013年第8期，第26~30页。

之，无论是宏观考察还是微观研究，基于中国特有的政社关系，不同的研究都指向了政府主动"放权让利"的主线，例如加快政府创新步伐、界定政府—社会组织权责关系等。

（三）小结

总的来看，关于中国政府和社会组织关系的研究已经形成了一个较为完整的框架，具有时代导向与问题意识，强调了新时代背景下政社关系的变革及其现代治理价值，凸显了效率优先的目标和民生导向的本质。整合现有研究，社会组织的行动往往受制于政府，无论何种合作模式，社会组织的脚步往往都紧跟政府之后。然而，田野调查中发现，社会组织自身的主动作为/积极行动亦是影响政社关系的重要变量，在现有主要以政府为导向的分析框架中，社会组织的行动能力被低估了。社会组织被嵌入的外部环境对社会组织经营策略所产生的影响，也在一定程度上因受制于宏观层面的叙事而被忽略。根据资源依赖理论，理解组织的行动，必须要了解组织所在的情境，组织的生存是获取和维持资源的过程，同时组织也会策略性地适应环境甚至主动影响环境。也就是说，社会组织的行动是与外部环境交互作用的结果，社会组织如何生存，也取决于其如何同外部进行互动以获取资源。[1] 在公共治理中，政府与社会组织都是行动者，外部环境与行动者相互塑造，面对着不同的形势、情况、问题，不同主体之间构建着多样的互动关系，也造就了上述不同的政社关系模式。那么，社会组织的自主行动得益于哪些条件？社会组织的自主行动又如何推进政社关系重构？这些都是需要进一步回答的问题。文本将以辽宁省 RE 学会为个案，通过深描 RE 学会在运作中形成的新型协作模式来探讨其促成因素，在总结其经验的基础上思考此模式未来的发展前景，为专业性社会组织承接政府相关职能的实现路径提供参考。

---

[1] Jeffrey Pfeffer and Gerald R. Salancik, *The External Control of Organizations: A Resource Dependence Perspective* (Stanford: Stanford University Press, 2003), p. 2.

三 辽宁省 RE 学会的个案研究

（一）辽宁省 RE 学会基本概况[①]

辽宁省 RE 学会成立于1987年，是辽宁省内具有一定社会知名度与学术影响力的社会组织。[②] 根据 RE 学会的章程，其主要从事新能源相关的研发与服务。起初，RE 学会只是隶属于辽宁省某科研单位的名义上的社会团体，受辽宁省科学技术厅的领导，其职能定位与运作机制比较模糊。RE 学会有着敏感的环境洞察力，随着国家对社会组织定位与功能的强调和科技产业的勃兴，RE 学会开始主动自我改革。根据辽宁省对社会组织的管理办法，RE 学会作为具有政府背景的社会组织率先变更隶属关系，上级主管部门从科技厅转变为辽宁省科学技术协会（以下简称"辽宁省科协"），并在辽宁省民政厅备案注册登记。

根据辽宁省科协的自身定位，其并不对下辖的社会组织进行具体领导，而只是"业务指导"，即宏观发展方向的把握和具体事务的安排协调。虽然隶属于科协的社会组织一般具有共同特点：①都具有官方背景，曾经均隶属于某政府机关或事业单位；②都是针对不同领域的学术性专业化组织。不过，这些组织虽然具有官方色彩，但是其自身并未体现出掌握明显的政治权力资源，而且独立性已经显著增强，各自拥有一套完整的运作制度和自收自支的财务制度。隶属关系改变后，RE 学会的主体意识不断增长，目前已拥有500余名个人会员，分布于辽宁省内各级科研设计院所、大中型企业以及高校、政府能源办等部门。在2014年辽宁省社会组织评估中，辽宁省民政厅在100多个学术性社会组织中评选出5个最高层次的5A级社团，RE 学会名列其中。这一荣誉极大地拓展了 RE 学会自身的影响力。根据 RE 学会工作人员介绍，这一荣誉在肯定了学会工作业绩的同时赋予了 RE 学会承接政府职能的资质。随着中共中央、国

[①] 关于 RE 学会基本情况与职能的介绍均来自 RE 学会提供的资料，特此说明。
[②] 根据对 RE 学会办公室工作人员的访谈，RE 学会属于科协系统的群团组织，但其将自身定位为"社会团体"，在民政部门备案。由于在中国，社会团体是社会组织这个集合概念的重要组成，故本文采用"社会组织"的提法来界定 RE 学会。

务院办公厅印发的《中国科协所属学会有序承接政府转移职能扩大试点工作实施方案》的出台，RE学会继而成为辽宁省内政府购买公共服务的实施重点。

根据RE学会章程，学会目前主要业务范围分为技术研发、学术交流、政策咨询、社会服务四个方面，具体见表1。

表1 辽宁省RE学会主要业务范围

技术研发	组织会员积极开展新能源和可再生能源科学技术的研究和探索，针对全省新能源和可再生能源的合理利用、管理和节能应用技术广泛开展学术交流，提高科学技术水平
学术交流	开展学术交流活动，加强同国内外新能源和可再生能源科学技术团体和科学家的友好往来；开展技术培训和科技讲座活动，出版学术刊物和有关学术资料
政策咨询	面向经济建设，为政府部门制定新能源和可再生能源发展战略规划和技术政策，开展决策咨询，开展技术咨询和技术服务工作
社会服务	加强新能源和可再生能源科普和教育工作，面向社会，开发智力，举办为新能源和可再生能源科技工作者服务的有益活动，发现人才、培养人才、推荐人才，经常向有关部门反映科技工作者的意见和呼声

RE学会的成功表现出迥然不同的运作逻辑，与政府主导的购买服务相异，其遵循的逻辑完全是"机制构建—政府参考—应用推广"。也就是说，RE学会的成功先源于自身的积极行动，并且这种"私下协议"的模式取得了良好的效果，因而引起了政府的关注并被政府推为典型。RE学会不仅成为辽宁省社会组织运作的示范性标杆，也推动了辽宁省政社关系的改变，自此辽宁省开始逐步建立将政府部分职能转移到社会组织的试点，并资助社会组织开展相关工作。

（二）案例1：RE学会与大连市企业对接，主动拓展第三方科技服务

从宏观环境看，东北地区的政社关系不如东部发达地区活跃，因此政府对社会组织的作用并不敏感。政府同社会组织的关系仅仅是根据法律法规的管理，并没有其他形式合作，因此许多经验尚不成熟，不仅没有成型的政府购买案例，政府职能转移的号召也迟迟没有落实。

虽然政府的态度并不明确，但在2015年前，RE学会就根据国家与

辽宁省的有关政策开展相关服务，但由于活动范围小，并没有形成示范效应。2015年的一个偶然机会，辽宁省大连市一家从事节能环保技术研发的企业需要相关技术服务与科研成果鉴定推广，但苦于没有类似的合作框架，所以一直求助无门。在这种情况下，企业负责人通过人脉资源联系到了RE学会的负责人，咨询学会能否提供相关服务。RE学会认为这是一个良好的契机，便成立了专家组赴企业调研，开展技术咨询与鉴定服务。

这一举措得到了辽宁省科协与大连市X区政府的高度重视，由于企业直接同社会组织对接在辽宁省尚属首次，因此这一机制如何运作是政府关注的焦点。根据辽宁省科协和X区政府的要求，整个鉴定需要相对完整的运作流程和公平公正的评价体系。RE学会在把握要求的基础上，根据其章程开展了有关工作。为了保证评价鉴定的客观公平，RE学会在专家库中随机抽取相关领域专家组成鉴定组，以汇报—质询的流程完成了鉴定任务。由于此次合作属于"首开先例"，所以整个评价过程受到了电视台的关注，电视台对技术评价进行了全程跟踪报道。

整体来看，这一案例中企业与RE学会对接的运作简单，但是对于辽宁省来说具有重要意义，开创了社会组织提供科技服务的先河。在国内较为成熟的案例中，社会组织提供的产品多集中于涉及民生的公共服务，涵盖医疗、环卫、文化等公益性质领域，虽然有向特定行业拓展的趋势[1]，但在较高技术含量的专业化领域中仍属罕见。因此，这一案例开启了辽宁省政府科技部门创新的大门，为简政放权、激发社会组织活力提供了新的思路。这预示着，原来属于科技部门的技术评价职能能够有序地转移到社会组织，"第三方"承接政府转移职能、开展科技成果评价工作的前景可期。

（三）案例2：通过"学会专家服务站"同A厂进行长期技术服务对接

RE学会起步于其精英群体在业界的影响力及其关系资源，继而逐步

---

[1] 王浦劬、莱斯特·M.萨拉蒙等：《政府向社会组织购买公共服务研究：中国与全球经验分析》，北京大学出版社，2010，第12~15页。

打造学会品牌，专业服务能力亦大大助其拓展发展空间，实现从点对点的对接到主动出击大企业的招标项目，创新合作模式，让政府看到社会组织承接相应职能的可能性。

继大连市X区购买公共服务的尝试后，RE学会又在同政府的合作下完成了多项技术支持与技术鉴定服务。2017年，辽宁省某大型国企卜辖的A厂遇到技术难题，需要多方面的技术服务。在该大型国企科协和辽宁省科协的沟通下，RE学会组成专家组同A厂达成了技术对接协议。RE学会的专家组在实地调研的基础上同A厂的技术人员进行了深度的探讨，针对企业的3项技术问题需求提出了建设性的意见。据RE学会的工作人员介绍，专家组的构成形成了"系统性的专业化"。专家们来自不同行业、不同专业，具有丰富的理论水平与实践经验，对生产过程中的产业技术更新、局部设施调整、污染源头管理等多方面提出了精细化的指导。

然而，生产活动的长期性预示着技术服务也是长期动态的过程，需要时时面对生产中突发的新问题与新情况。为了保证技术对接的稳定性和连续性，在辽宁省科协的协调下，RE学会在A厂成立了"学会专家服务站"，采取制度化的合作机制，实现学会对A厂长期稳定的技术服务。自此，RE学会开始提供企业直接购买模式，而政府在其中扮演的是协调人与监管人的角色。"政府—社会组织"的二元互动结构被拓展为"政府—企业—社会组织"的三元互动，社会组织在其中扮演着主要角色。除了A厂之外，RE学会的"学会服务站"还在其他地区成功复制，足迹遍及辽宁省营口市、辽宁省沈阳市等地。在这一过程中，RE学会也在不断转变角色，凭借拥有的社会资本，对企业高校合作、企业与企业联合提供支持。

由于RE学会在技术服务方面的特殊表现，2017年，辽宁省科协出台了《关于推进辽宁省科协所属学会有序承接政府转移职能工作指导意见》（辽科协发〔2017〕15号），将RE学会确定为承接政府转移职能与公共服务试点示范学会，并给予财政补贴，代替政府履行新能源与可再生能源领域科技成果评估评价职能。这意味着，RE学会已经开始从政府购买服务中的承接方延伸至履行政府相关职能的新领域。

（四）"政府—社会组织—企业"三元互动基本模式

RE学会在公共服务提供和承接政府职能方面已经取得了一系列的成绩和荣誉，对于自身发展也起到了积极的推动作用。在政府、社会组织、企业的三元互动结构中，RE学会处于核心位置。在具体运作方面，三个主体的互动结构如图1所示。

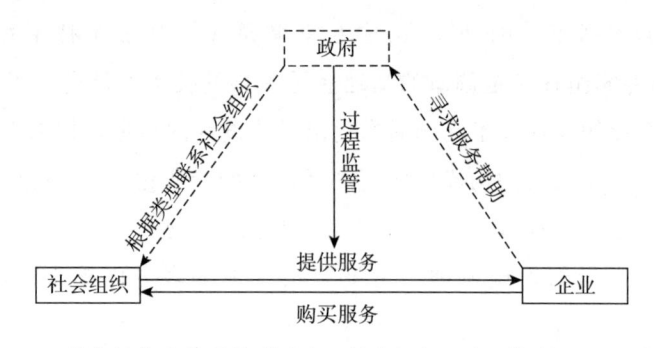

图1 RE学会运作中体现的"政府—社会组织—企业"的三元互动结构

RE学会主导的"三元互动结构"的形成有其特定的促成因素，借助资源依赖理论的分析框架，主要归纳为如下三个方面。

（1）从环境角度看，社会组织的积极行动是认识规则、利用规则的结果。随着嵌入环境的改变，RE学会失去了政府这座"靠山"，只能自主同外界互动，维系生存。对于RE学会而言，宏观的政策环境与政府的态度构成了其新的活动空间：一方面国家已经出台了相关的政策，允许社会组织参与一些领域的公共服务；另一方面，政府在同社会组织的合作中没有先发制人，其"默许"的态度为社会组织的行动营造了积极的环境，使社会组织的自主性没有因政府过度干预而被扼杀在摇篮之中。

（2）社会组织的生存互动已经超越了政府的单一视阈，需要拓展同政府、市场组织等多主体的关系。在互动中，社会组织获取的不仅仅是来自政府与企业的物质资源，还有社会资本。RE学会同企业对接这一模式能够走进政府视野，不仅在于学会自身的影响力、学会领导个人丰厚的社会资本，也在于企业和X区政府、学会同省科协之间良好的关系。不同组织构成的良好"关系"是RE学会可依赖的资源，社会组织自身的社会资本对政社合作关系的形成起着润滑作用,也就是说,此种政社关系的形成是政治制度与非正式制度共同作用的结果。

(3) 社会组织的专业性构成了"输出"的可接受度,这也是组织参与外部环境的基本条件,构成了组织与外部组织之间的信任关系,政府—社会组织—企业的协同合作正立足于此。对于 RE 学会而言,如何更好地生存往往依赖其自身的组织效能(organizational effectiveness),即组织本身完成任务的能力。企业的科技服务需求与政府职能转移的意愿构成了另一种环境,因此 RE 学会需要不断提高专业化水平来有效地参与环境,扩大成长空间。RE 学会的非营利性、专业性强的特征以及一系列的成功案例强化了学会的影响力,使政府和企业对其形成了积极的认知,从而促成进一步的合作。总之,RE 学会的优势一方面在于自身的专业性和学术能力,另一方面则在于 RE 学会打造的与政府、企业之间的互信。这些优势使 RE 学会能提供良好的工作信度和服务效度,奠定了三方稳定长效合作的基础。

(五)小结

在 RE 学会的不断行动之下,其不断提高的声望引起了企业和政府的注意,在学会与企业的合作中,政府真正意识到了引入社会组织承接政府职能的价值所在,逐渐开始"放权"。总之,RE 学会的成功先源于自身的积极行动,并且这种"私下协议"的模式取得了良好的效果,因而引起了政府的关注并被政府推为典型。RE 学会不仅成为辽宁省社会组织运作的示范性标杆,也推动了辽宁省政社关系的改变。自此,辽宁省开始逐步建立将政府部分职能转移到社会组织的试点,并资助社会组织开展相关工作。

理解 RE 学会影响下的新型政社关系特征,需要理解政府在"三元互动结构"中的角色。总的来看,政府在"三元互动结构"中履行中介与监管职能,既要在社会组织和企业之间牵线搭桥,又要对社会组织服务过程实施动态监控。政府监管是保证社会组织合理履责的制度保障,但是监管不同于控制,政府的监管只停留在制度层面,即对社会组织资质的考察、监督服务过程是否符合政策法规,在涉及公众利益的项目上是否有徇私舞弊行为等，对双方的互动不做任何其他干涉。这一结构中，由于社会组织和政府没有实际意义上的"委托—代理"关系，因此服务绩效的认定由实际委托人，也就是企业来评价。这种关系一方面有效避免了社会组织依附政府发展的"嵌入性"（embeddedness），保证了社会组织的相对独立性；另一方面推进了以项目为导向的契约化管理模式，社会组织自身积极拓展服务功能，通过匹配企业需要以增强公信力，也减轻了政府对专业性社会组织评估的压力。就RE学会参与的几个案例来看，过程监督与结果评价并未出现不合格的现象，因此"三元互动结构"需要进一步讨论的问题是，如果社会组织的服务并不为委托人所满意，那么作为监管人的政府应该履行什么责任。这需要进一步的实践，目前并没有具体的制度和相关案例。

借鉴资源依赖理论，政府—社会组织—企业的三方互动是组织彼此依赖及与外部环境等要素共同作用的结果。在社会组织的行动中，政府同社会组织之间最终形塑了相互依赖、获取彼此资源的关系：政府需要社会组织的专业化服务，而社会组织需要政府的信任与委托。总的来看，RE学会塑造的三元互动结构在一定程度上推动了政府职能转移：一方面，政府虽未主导整个过程，却激发了社会组织的活力，实现了自身的简政放权；另一方面，让专业的组织干专业的事也可满足企业的多样化需求。所以，这是赋权于社会以及调动市场主体活力的创新型手段，既构建了良好的政府—企业—社会组织关系，也创造了积极可观的经济效益与社会效益。对于辽宁省这种老工业基地而言，这一模式无疑具有重要的应用价值。

四 RE学会运作模式的经验与问题

RE学会的运作为辽宁省同类社会组织的发展提供了经验，同时为政府—社会关系的改革重构提供了思路。正如前文所言，辽宁省的社会组织发展起步较晚，很多组织的运作和机制的构建处于事实上的"试水"与"试错"阶段，不仅经验少，还存在一些亟待解决的问题。由此，在推广成功经验的同时，也要对社会组织面临的问题加以调整优化，进而实现更为系统、协同与高效的合作关系。

（一）经验

1. 合理的政府与社会组织距离是政社可持续合作关系的基础

针对中国社会组织的相关研究指出，社会组织的"嵌入性"是挤压社会活力的结构性要素，社会组织往往通过人际网络、政府资源与精英支持来维系自身发展。[①] 在 RE 学会的运作中，虽然其有半官方背景，并非严格意义上的 NGO 组织，与政府之间具有较好的私人关系，但 RE 学会能够同政府之间保持合理的距离，通过自身的主体意识实现持续发展。这里的合理距离指的是政府与社会组织之间不存在严格的控制—依附关系，而只是监管与业务指导关系，社会组织的日常运作与业务活动具有完全独立自主性。在此基础上，社会组织才能够有充分的空间积累资源、拓展自身影响力，实现更大的发展。

这种政府—社会组织距离有赖于两个基本前提。首先是前文谈到的信任关系，只有政府和社会组织之间彼此信任，才能够建立起良好的合作基础。信任关系的建立则倚赖于社会组织优异的服务能力，当政府优先考虑到社会组织服务之手的角色，就可能允许社会组织保持较大的独立性与自主性。[②] 其次是社会组织内部良好的治理结构，RE 学会内部组织结构合理、分工明确，财务运行状况良好，严格遵守相关政策法规。RE 学会积极响应国家要求，率先在学会内部成立了基层党组织，选举出党务负责人领导思想建设工作。通过不断地宣传教育和培训，积极维护和践行中国共产党的宗旨和服务群众的宗旨，保证学会员工在工作中认真践行公共服务精神。总的来看，其组织良好的内部监管不仅降低了政府外部监管的成本，也为政府与企业之间长期的伙伴关系奠定了良好的基础，以保证项目的可持续性。

[①] 王清：《项目制与社会组织服务供给困境：对政府购买服务项目化运作的分析》，《中国行政管理》2017 年第 4 期，第 59~65 页。

[②] 王诗宗、宋程成：《独立抑或自主：中国社会组织特征问题重思》，《中国社会科学》2013 年第 5 期，第 50~66 页。

2. 丰厚的社会资本与良好的专业化水平是服务的质量保证，更关乎社会组织承接服务的深度与广度

RE 学会掌握着较为丰厚的社会资本，能提供高水平的智力支持和科技支撑，这些为其承接技术性服务提供了质量保证，尤其可以帮助政府解决中小企业的对接服务难题。据 RE 学会工作人员介绍，RE 学会专家库的专家都是领域内具有良好业务水平与学术能力的研究人员或企业家。例如，RE 学会的专家库的 60 余名专家来自全国各地，包含国家科技部特聘专家、"万人计划"专家、国务院政府特殊津贴专家、985 高校博士生导师、新能源领域知名企业家等。如此的专业化水平保证了政府购买公共服务的质量、保障了合作的稳定性与服务效果，也提升了社会组织自身的信誉度。由于 RE 学会在辽宁省内的影响力，不少省内高校纷纷与学会合作，建立科普中心与大学生教学实践基地。作为非营利组织，RE 学会只收取专家咨询费用，额外分文不取，加之服务效果好，其技术服务对于该领域内的辽宁省中小企业的发展具有积极的推动作用。

对于 RE 学会来说，广泛的多边合作也是进一步提高知名度、获取更多社会资本的手段。RE 学会谋求的不仅是政府—社会组织—企业三方共赢的目标，同时也拓展自身角色的多元化与功能的多样化。目前，RE 学会已经联合省内和国内高校与科研院所举办了多场高水平的学术会议，不仅吸纳了更多的研究人员参与其中，也拓展了更多人脉关系和资金来源。虽然 RE 学会立足于辽宁省，但是其已经逐步开展同黑龙江省、中科院、农业部下辖科研机构等跨省、跨部门的合作。RE 学会的积极行动也在逆向推动着政府改革，辽宁省内的各市也在探索购买公共服务以及促使社会组织承接政府职能的实现机制与路径。从这个角度看，社会组织和政府之间可以形成"相互影响""相互构成"的关系，以社会组织创新推动政府创新。

（二）问题

1. 需调动组织负责人的企业家精神与培养组织整体的主体意识

将企业管理模式纳入非营利组织为非营利组织的改革提供了极大的推动力。例如，J. 格雷戈里·迪斯等人提出非营利组织的领导者必须要

具有一定的企业家精神，他们需要掌握企业相关知识并能付诸实践，从而有效应对日益复杂的组织活动环境。①对于 RE 学会而言，其领导者就具备迪斯等人所说的"企业家精神"。RE 学会的负责人利用个人的社会资本不断地拓展学会同政府及企业的合作关系，使得学会在近些年始终保持持续上升的态势。从这个角度看，组织负责人的主体意识深刻地影响着整个组织的主体意识。然而，精英领导的问题在于更迭带来的不稳定性。所以，如何培植组织整体的主体意识是 RE 学会未来发展面临的重要课题。

对于中国特殊的环境与政府—社会关系而言，社会组织的主体意识的萌生与发展有赖于三个外在条件：第一，政府的主动放权；第二，愿景的驱动；第三，社会的需要。对于社会组织来说，为了满足社会需要而产生的公益愿景及使命感是其内在驱动力的源泉，而这也是非营利组织所独有的特点。RE 学会证明的是，相对于政府而言，社会组织的主体意识与积极行动是推动自身发展与政府创新的重要面向。因此，如何保持这种积极行动的稳定性与长期性是社会组织考虑的核心。就对策而言，首先，要激发社会组织的内在驱动力，从制度上看，要保证政府切实地赋权给社会组织而非随意干涉；其次，要加强社会组织立法、引导社会组织运行制度化，帮助社会组织形成科学有效的法人治理结构，保证具有企业家精神的人才能够通过合理的选拔机制成为社会组织的中坚力量；最后，根据社会需要鼓励社会组织在参与公共服务递送和社会治理的过程中不断发现问题、探索机制，完善自身的经营策略。

2. 未来走向："政社统合"抑或相互独立

从 RE 学会的发展历程来看，其成功的内在原因不能忽视自身带有的半官方背景。借助学者"政企统合"②的概念，RE 学会的运作明显带有"政社统合"的色彩。所谓"政社统合"，即通过将政府部门和政府下辖的行业学会或社会性组织有机统一起来，既可以直接履行行政职能，又

---

① 〔美〕J. 格雷戈里·迪斯等：《企业型非营利组织》，颜德治、徐启智译，北京大学出版社，2008。
② 关于"政企统合"的解释，可以参见陈科霖《开发区治理中的"政企统合"模式研究》，《甘肃行政学院学报》2015 年第 4 期，第 42~54 页。

可以通过社会组织来行使职能。从现实角度看,"政社统合"模式是政府向社会组织转移职能的一贯做法。由于社会组织和政府之间的隶属关系,这种职能承接只是在政府的"两只手"之间相互腾挪而已。现实情况是,虽然 RE 学会在民政部门备案、业务上受辽宁省科协指导,但事实上已经不隶属于任何政府部门,人权、事权和财权已完全独立。不过在外界看来,其成功一方面不乏政府部门或者政府领导的"站台";另一方面,作为专业性的学术团体,鲜有来自同一地域范围同类组织的竞争压力。

对于纯粹的 NGO 而言,如果缺少政府的支持或者"站台",那么成功的概率可能会大打折扣。目前,政府与 NGO 开展合作较为成功的环保领域便有赖于政府的"开门迎客"。例如浙江嘉兴,政府与 NGO 组织的环境协同治理形成了驰名中外的"嘉兴模式",为政府创新提供了重要的参考。[①]那么在辽宁省,如何推动专业性较强的社会组织更加独立地参与到公共治理中,形成合作稳定、运行高效的协同框架,便需要继续深入研究。从对策方面看,"政府—社会组织—企业"这一结构的互动前提是明确划分权责。一方面,要逐步剥离政府与所属社会组织或行业学会之间的关系,保证其人、事、财三权的独立性,防止对社会组织的任意干涉;另一方面,政府要在保证对其监管的前提下逐步将其推向市场,不断培植新的社会组织,引入竞争机制,在社会组织的行动中保持中立与适时退场,彻底激发社会组织的活力。就政府与社会组织的合作关系而言,也许这种模式更持续、长久,但是具体模式则有待进一步验证。

五 讨论与展望

RE 学会提供了一种不同于政府直接向社会组织购买服务的模式,在打造政社关系方面能动性较强,具有自己独特的互动特点。从现实角度看,RE 学会的积极行动对于辽宁省的政府—社会关系重构与政府职能转移产生了重要的推动作用。在 RE 学会的运作中,社会组织是服务的直接提供者,政府退居幕后,仅仅充当"守夜人"的角色。政府与社会组织

---

① 张力伟:《环境协同治理:整合结构、观念与行动——基于"嘉兴模式"的案例分析》,《嘉兴学院学报》2018 年第 2 期,第 45~52 页。

的互动，理想的模式应该是平等的相互依赖关系，两者保持各自的功能优势。① 从案例中可以看出，RE学会塑造了新型的"三元互动"结构，调整了政府—社会—企业的关系，既为政府减轻了负担，又充分调动了社会力量，推进了企业的经营发展。RE学会的成功模式说明，政社关系的调整具有正向连带效应，能够从"政府主导"走向"社会组织带动双赢"甚至"共赢"。在国家治理这个相互联系、彼此影响的巨系统中，多元主体良好的互动模式会增强整个国家治理的绩效。

东北地区社会组织的成长落后于国内发达省份，也未能形成可资借鉴的模式。但是RE学会的成功提供了良好的开端，有望形成以点带面的辐射效应。在中国，社会组织的成长依旧离不开政府主导，RE学会的成功一方面可能缘于东北的特殊环境，另一方面还是受益于政府对社会组织管理的适时放松，以及RE学会自身科学的治理结构、合理的经营模式与良好的服务质量。无论如何，在国家治理现代化的框架中，理想的治理格局是多元主体共同行动形成合力，社会力量的勃兴则必须依靠社会组织自身的成熟，社会组织自身的成熟也会反作用于政府创新。而政府在其中既要当好引路人，又要当好监管人，不断同社会组织展开合作，形成资源互赖，积极发现新问题、探索问题的解决方式，以为政府创新提供新经验，为社会发展提供新指导，为国家治理现代化提供新动力。

---

① 汪锦军：《浙江政府与民间组织的互动机制：资源依赖理论的分析》，《浙江社会科学》2008年第9期，第31~37页。

政府创新可持续性：概念界定、判断标准及必要条件
——基于东北地区"中国地方政府创新奖"获奖项目的跟踪调查*

董伟玮　李春生**

　　学术界对政府创新可持续性表现出高度关注，一方面源于对政府创新持续促进公共利益的期待，另一方面则源于对政府创新所面临的阻力和风险的担忧。毕竟新旧二者之间存在利益重新分配和体制机制重组的张力，创新在得到社会公众拥护的同时也难免面临种种阻碍，因此，政府创新能否持续既是理论热点又是现实难题。在东北地区经济发展复苏乏力、治理体制改革缓慢以及文化氛围日趋保守的大背景下，以创新为动能促进经济社会发展显得尤为重要。其中作为制度供给和软环境建设关键的政府创新对东北振兴更是具有元治理意义，毕竟改善政府治理是推进国家治理现代化的关键，而政府创新则是改善政府治理的重要方式。在创新数量落后于经济发达地区的情况下，东北地区政府创新的质量就更值得深入探究，其突出表现就是政府创新的可持续性。对优秀的政府创新进行跟踪研究十分有助于我们理解政府创新可持续性。"中国地方政府创新奖"是我国首个关于政府创新的学术奖项，先后共评选过八届，涌现出一大批具有全国性影响力的政府创新项目，集中反映了政府创新在我国的生动实践。因此，了解"中国地方政府创新奖"获奖项目的存续情况是考察地方政府创新可持续性的重要途径。虽然一些学者进行了

---

*　基金项目：国家社科基金后期资助项目（19FZZY001）、吉林省社科基金项目（2019C1）、吉林省教育厅"十三五"社会科学项目（JJKH20190250SK）。

**　董伟玮，吉林大学行政学院助理研究员、博士后研究人员；李春生，上海交通大学国际与公共事务学院博士研究生。

有益尝试，但大都对政府创新可持续性持悲观态度。[1] 作为局外人，学者们回答政府创新持续与否的问题既存在判断标准不一致之虞，更有信息不对称之嫌，难免落入雾里看花的境地，这就迫切需要获得一手资料，为政府创新可持续性研究提供新素材。本文通过调查研究获得政府创新项目的发起者、参与者和执行者对政府创新可持续性问题的看法，判断东北地区政府创新可持续性的现状，归纳政府创新可持续性的必要条件，从可持续性的角度反思东北地区的政府创新实践。

一　政府创新可持续性辨义

政府创新是公共权力机关为了提高行政效率和增进公共利益而进行的创造性改革。[2] 政府创新不是抽象的，项目是政府创新的载体，所以 Jack L. Walker 将政府创新界定为政府采纳一个新项目，无论此项目是否曾经被其他政府采纳过。[3] 推而知之，政府创新的可持续性也不应是抽象的，它必然体现在创新项目的发起、持续和更替过程之中。作为国内较早关注政府创新可持续性问题的学者，王焕祥和黄美花认为，政府创新的可持续性是指政府作为创新主体，通过控制、协调各创新要素，维持和增进创新的长期公共利益的过程。[4] 他们更多的是通过成本收益分析来判断政府创新可持续性的现状和原因。韩福国等人提出了政府创新持续力的概念，认为政府创新持续力是指影响政府创新的制度和其他结果得以持续的核心要素的综合力量。[5] 包国宪和孙斐对上述两种定义进行了批判，认为它们都是新古典范式下对创新定义的简单扩展，是将创新视为

---

[1] 参见高新军《地方政府创新缘何难持续——以重庆市开县麻柳乡为例》，《中国改革》2008年第5期；韩福国《政府创新：持续力何在?》，《浙江人大》2011年第11期；柏维春、钟哲《缘何"人走政息"：制度伦理视域下的地方政府创新可持续性问题解读》，《哈尔滨师范大学社会科学学报》2012年第4期。

[2] 俞可平：《论政府创新的若干基本问题》，《文史哲》2005年第4期。

[3] Jack L. Walker, "The Diffusion of Innovations among the American States," *American Political Science Review*, No. 3 (1969), pp. 880–899.

[4] 王焕祥、黄美花：《中国地方政府创新的可持续性问题研究》，《上海行政学院学报》2007年第6期。

[5] 韩福国、瞿帅伟、吕晓健：《中国地方政府创新持续力研究》，《公共行政评论》2009年第2期。

投入与产出间进行交换的生产函数的翻版,这类定义无法打开政府创新这一黑箱,政府创新仍旧是一个外生变量;他们认为政府创新的可持续性表现为已经发生的政府创新所引发的一系列后续政府创新。[①]

上述三种定义方式分别从内容、背景和形式上界定政府创新可持续性,但未能将政府创新增进公共利益的本质与政府创新项目持续运作的多样化形式结合起来。事实上,"持续"在日常语言中意味着无间隔、连续不断,"可持续性"是事物长久存在和不断发展的过程,这既不代表原封不动,又不代表变动不居。本文认为,政府创新可持续性既不是创新项目保持原样,又不是政府在形式上不断地原创或借鉴新的项目,而是指政府通过特定的创新项目在实质上不断增进公共利益的过程,是相对于政府创新夭折或终止而言的概念。从这个意义上说,政府创新项目的持续是政府创新可持续性的现实载体,是政府创新可持续性的直接表征。

二 政府创新可持续性的判断

为了达到持续增进公共利益的目标,政府创新项目难免做出相应调整。根据 Stephen P. Osborne 对创新的二维分类,增进公共利益意味着服务内容的更新或服务对象的扩展。[②] 符合这两个标准之一就实现了增进公共利益的目标,在实质上构成了创新项目的关键要素。政府创新的持续在于其关键要素的延续,因为这种关键要素乃是维系政府创新持续增进公共利益的根源所在。如果增进公共利益的关键要素仍然在发挥作用,那么政府创新无论形式发生了何种变化依然可以被认为是持续的。也就是说,判断政府创新是否持续的实践标准是项目关键要素是否依旧发挥作用。这就使一些曾经被学者视为"死亡"的政府创新看起来仍然具有生命力。总结起来,政府创新持续的类型包括:关键要素基本保持不变(推进型)、关键要素萎缩但未完全消亡(衰落型)、关键要素被政策法规吸纳(吸纳型)、新的项目继承原来

---

① 包国宪、孙斐:《演化范式下中国地方政府创新可持续性研究》,《公共管理学报》2011年第1期。

② Stephen P. Osborne, *Voluntary organisations and innovation in public services* (New York: Routledge Press, 1998), pp. 25 – 26.

的关键要素（替代型）、本地终止但实现了向外扩散（扩散型）。

东北地区是我国的地理大区、经济大区和文化大区，本文采用狭义上的东北地区概念，即黑龙江、吉林和辽宁三省，因为省际差异相对较小是东北地区与我国其他大区的重要不同之处。东北地区共有8个项目获得"中国地方政府创新奖"，创新主体分布于东北地区的各个政府层级，其中省级1项、地级（含副省级城市）3项、县级3项、基层1项，东北地区政府创新层级呈现"橄榄形"。分省考察发现，黑龙江省的2个项目均发生于地级以上城市，吉林省的2个项目均发生在地级以下层级，辽宁省有3项创新集中在沈阳和大连两个副省级城市，可以说东北地区政府创新从地域、层级、主体和类别上均较为均衡。

得益于由北京大学中国政治学研究中心主任俞可平教授主持的、由八所高校研究机构组成的国家治理研究协作网络协同参与的大型课题"中国地方政府创新奖获奖项目跟踪研究"，吉林大学中国地方政府创新研究中心和吉林大学行政学院的研究团队完成了东北地区获得"中国地方政府创新奖"的政府创新实践的调研。因各方面条件有限，我们对其中的5个项目进行了实地调研，在观察和访谈的同时，组织受访者填写了由北京大学中国政治学研究中心设计的问卷，共发放问卷50份，回收50份，均为有效问卷。将东北地区分报告提交给项目负责人之后，研究团队依然努力进行跟踪研究，对另外3个未能实地调研的项目尝试进行电话和邮件沟通（见表1）。

表1 获奖项目概况及调研情况

省份	项目名称	获奖届别	调研方式	完成时间
黑龙江	伊春市：林业产权制度改革	第四届（2007~2008）	实地调研	2018.3.12
	哈尔滨市：行政复议机制改革	第五届（2009~2010）	实地调研	2017.7.11
吉林	梨树县：村民委员会"海选"	第二届（2003~2004）	邮件访问	2017.7.14
	安图县：群众诉求服务平台创新	第七届（2012~2014）	实地调研	2017.7.4
辽宁	沈阳市沈河区：诚信体系建设	第三届（2005~2006）	难以完成	/
	沈阳市：信访工作新机制	第五届（2009~2010）	电话访问	2016.8.26
	辽宁省：民心网	第六届（2011~2012）	实地调研	2016.6.20
	大连市西岗区：365工作体系	第八届（2014~2016）	实地调研	2016.9.7

通过提取各个项目的关键要素，我们可以得出东北地区政府创新可持续性的总体判断：有 7 个政府创新仍在持续（见表 2），持续比例为 87.5%；持续的类型包括推进型、衰落型和吸纳型。虽然东北地区政府创新的数量和规模远逊于国内经济发达地区，但其在可持续性方面的表现却可圈可点，这在一定程度上反映出东北地区政府创新的质量。

表 2　项目的关键要素、项目现状与持续类型

省份	项目名称	关键要素	项目现状	持续类型
黑龙江	伊春市：林业产权制度改革	承包者的林地经营权、林木所有权和处置权	持续	衰落型
	哈尔滨市：行政复议机制改革	行政复议的集中受理、集中议决、分散决定	持续	衰落型
吉林	梨树县：村民委员会"海选"	自由提名、直接选举	持续	吸纳型
	安图县：群众诉求服务平台创新	群众诉求处理的平台建设和流程优化	持续	推进型
辽宁	沈阳市沈河区：诚信体系建设	诚信监管体制机制建设	终止	/
	沈阳市：信访工作新机制	一站式接待、一条龙办理、一揽子解决	持续	推进型
	辽宁省：民心网	网络平台及线下支撑系统对公众诉求的回应性	持续	推进型
	大连市西岗区：365 工作体系	全天候、全方位、全覆盖的社会治理体系	持续	推进型

三　政府创新可持续性的必要条件

政府创新可持续性需要具备何种条件也是跟踪研究的重点，但相关研究目前尚无定论，莫尔对组织创新决定性因素的判断可以提供借鉴，他认为创新程度是相关可利用资源和创新动机的正函数。[①] 在得出这一积性函数的过程中，莫尔批判了前人将资源简化为支出水平的狭隘理解，将其拓展为拨款来源、资金、工作时间、人员、专业程度等因素，这实

---

① Richard M. Walker et al.，"Measuring Innovation-Applying the Literature-Based Innovation Output Indicator to Public Services，" *Public Administration*，No. 1（2010），pp. 201 – 214.

际上将组织创新资源扩展为组织创新开展的环境。莫尔提出的函数较好地解释了创新的发生,需要注意的是,这只是政府创新的行动维度,毕竟政府创新发生并不意味着立即就能取得结果。若将其运用于分析政府创新可持续性的必要条件,一方面需要将其转化为创新环境的支撑和创新动机的保持,另一方面必须考虑持续增进公共利益这一结果维度,它突出反映在政府创新项目的成绩和扩散之中。按照这一思路,基于莫尔的组织创新函数,我们将政府创新可持续性的必要条件分为行动和结果两大维度①,进而将结果维度和行动维度分别细化,分别涵盖环境和动力以及成绩和扩散(见图1),结合调研数据,在每个维度下具体分析东北地区政府创新可持续性的必要条件。

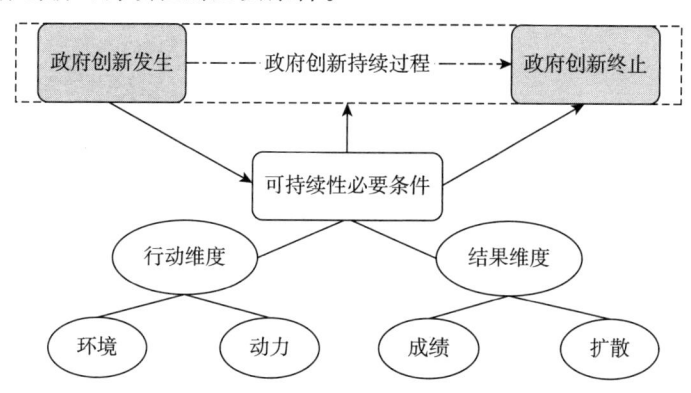

图 1 政府创新可持续性必要条件分析框架

(一)政府创新的环境

政府创新的环境包括宏观和微观两个层面,分别对应政策环境和组织氛围。政府创新开展的环境给参与者、执行者和团队带来何种影响直接关系到整个创新团队的行动积极性。在政策环境方面,70%的受访者认为是宽松的(见图2)。在组织氛围方面,就创新团队内部而言,认为本部门成员乐于学习并相互分享和包容别人错误的受访者有八成以上,多数人不仅认为群众和领导支持改革创新,也认为开拓创新的人容易得到职务晋升,接近1/2的受访者认为创新有功的人能够获得物质奖励。同时,有1/2以

---

① 计宁、魏淑艳:《地方政府创新可持续性内涵及其影响因素——基于行政生态学的视角》,《行政论坛》2014年第2期。

上的受访者不认为创新是吃力不讨好的事情,超过 1/2 的人否认创新失败的人会被追究责任。不难看出,受访者普遍认为,政府创新的开展面临较好的组织氛围,创新得到了组织成员的广泛支持,其中创新有功者还容易获得晋升。不同于以上要素,尽管表示同意的比例更高,但受访者在创新有功人员能获得物质奖励这一判断上产生了分歧(见图3)。整体而言,受访者普遍认为政府创新的开展面临较为宽松的环境,对政策环境和组织氛围的支持或默许是政府创新得以开展的重要助力。

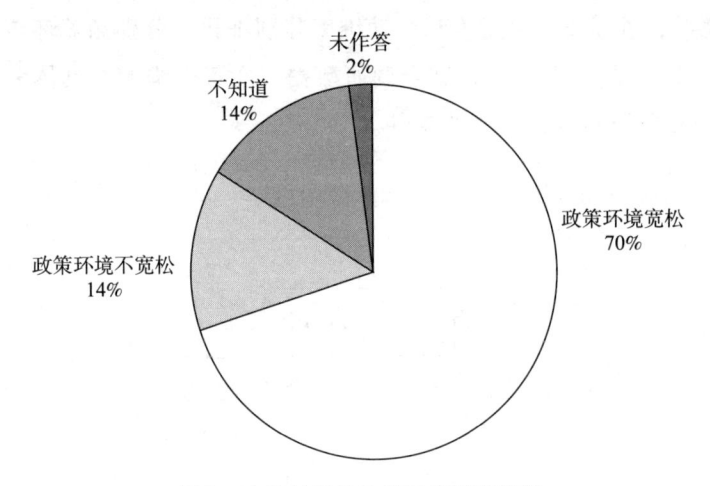

图 2 政府创新的政策环境调查情况

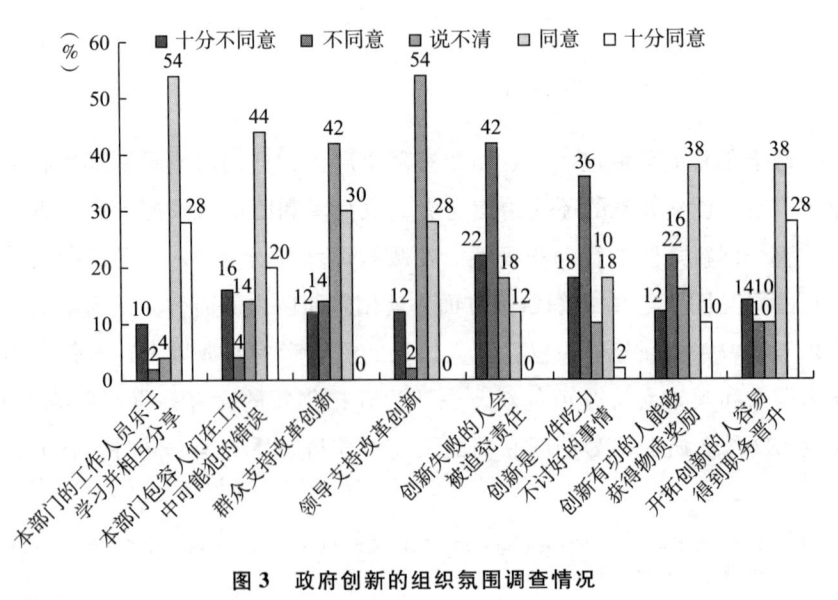

图 3 政府创新的组织氛围调查情况

（二）政府创新的动力

政府创新往往是发起者基于某种刺激进行决策的产物，这种刺激既源自组织外部，也根植于决策者动机之中。从总体上看，政府创新发起动力往往源于社会矛盾激化的倒逼、对个人政绩的考虑、公共服务动机的驱使，这些动力实质上都是在谋求一种社会赞许。如果采用主观报告法直接测量，那么政府创新的发起动力将被湮没在社会赞许性的表述背后，因此我们反其道而行之：倘若政府创新发起者通过项目收获了社会赞许，则他们对政府创新发起动力的归因也必然指向相应的社会赞许。统计结果表明，绝大多数受访者认为政府创新确实使发起者得到了业内认可，获得了社会肯定，赢得了上级称赞，使其充满成就感，是发起者的重要政绩。因此，调研数据佐证了既有研究成果的归因，为理解政府创新发起动力提供了支撑。统计结果还反映，对"该项目是发起者的重要政绩"持不同意和说不清态度的人数较之其他选项更多，这与公共舆论一般从政绩视角出发评价政府创新动力的想法有些许出入，不过，这对于政府创新能够使发起者获得社会积极评价的整体判断并无实质影响（见图4）。因此，在持续的政府创新项目中，发起者的动力主要源自对社会赞许的渴求，其中最受认可的赞许来自业内。

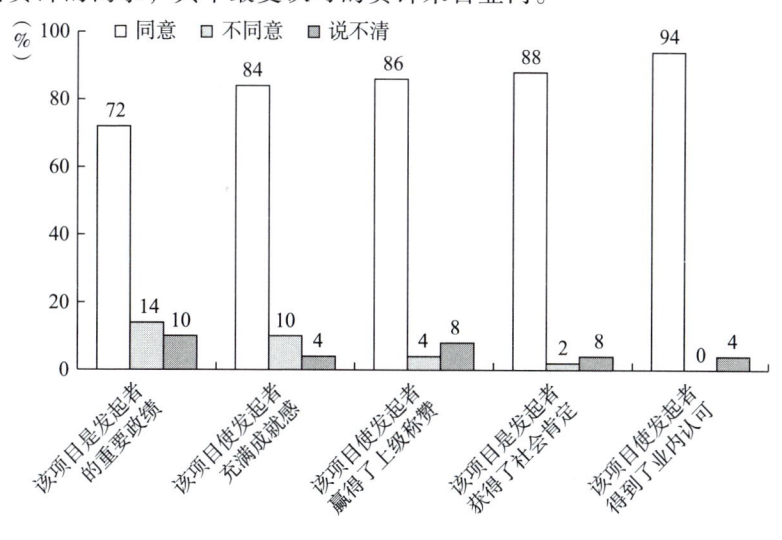

图 4 政府创新为发起者带来的社会赞许调查统计

项目	同意	不同意	说不清
该项目是发起者的重要政绩	72	14	10
该项目使发起者充满成就感	84	10	4
该项目使发起者赢得了上级称赞	86	4	8
该项目使发起者获得了社会肯定	88	2	8
该项目使发起者得到了业内认可	94	0	4

(三)政府创新的成绩

政府创新的成绩是政府创新结果的重要内容和具体体现,在组织外部意味着政府创新的社会效益,在组织内部突出表现在组织成员对组织改革创新工作的评价之中,进而间接作用于人们对本部门工作的总体评价。由于政府创新获奖项目均有着扎实的社会效益基础,因此研究主要针对组织成员对政府创新成绩的评价。从数据来看,没有受访者认为最近三年本部门的改革创新的成绩比之前更糟或者是没有成绩,他们之中绝大多数认可本部门改革创新取得了好成绩。与此同时,受访者也对本部门工作成绩保持较高的总体评价,从数据上看,二者呈现较高的相关性(见图5、图6和表3)。

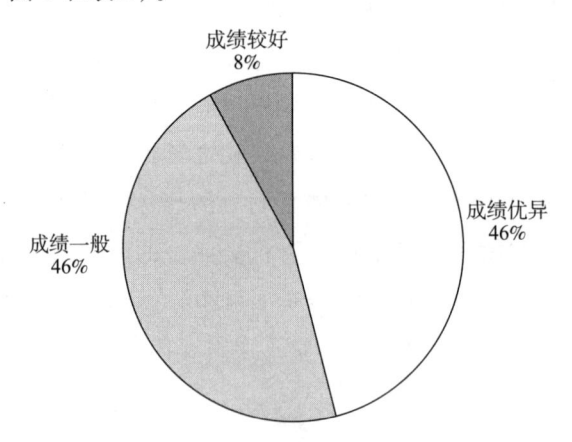

图5 最近三年本部门改革创新的总体评价

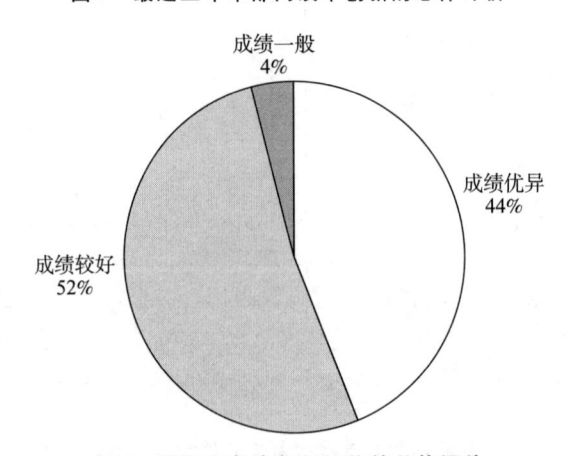

图6 最近三年本部门工作的总体评价

表3 政府创新成绩与部门工作成绩的相关性

			部门工作	部门改革创新
Spearman 的 rho	部门工作	相关系数	1.000	.878**
		Sig.（双侧）	.	.000
		N	50	50
	部门改革创新	相关系数	.878**	1.000
		Sig.（双侧）	.000	.
		N	50	50

注：**. 在置信度（双测）为0.01时，相关性是显著的。

（四）政府创新的扩散

政府创新的扩散是政府创新影响力和示范效应的直接体现，74%的受访者认为政府创新推广到了更大范围或更高层级（见图7）。但止步于政府创新影响力巨大这一共识显然是不够的，哪些因素能推动政府创新扩散更具研究价值。从数据来看，"获得上级肯定"和"老百姓了解和认可"最受认可，最重要；"媒体广泛报道"的重要性紧随其后；"吸引学术界关注"和"项目绩效突出，干部群众拥护"的重要性次之（见图8）。总体而言，上述因素的重要性程度评价基本处于同一水平，属于第一梯队，且认为它们不重要的人数相对较少。"项目主要负责人被提拔"和"项目经验上升为法律法规"的重要性则相对较弱，属于第二梯队。

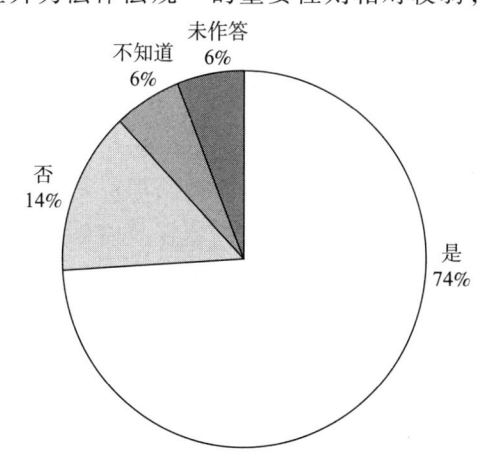

图7 创新项目是否推广到更大范围或更高层级

其中需要注意的是，认为项目经验上升为法律法规不重要的人相对较少，但不知道的人数异常高于其他因素。这反映出东北地区政府创新经验的制度化水平并未达到期望水平，而对于一项在创新实践中鲜有发生的事实，组织成员虽然在抽象意义上承认它的重要性，但往往只能选择"不知道"这种谨慎的回答。

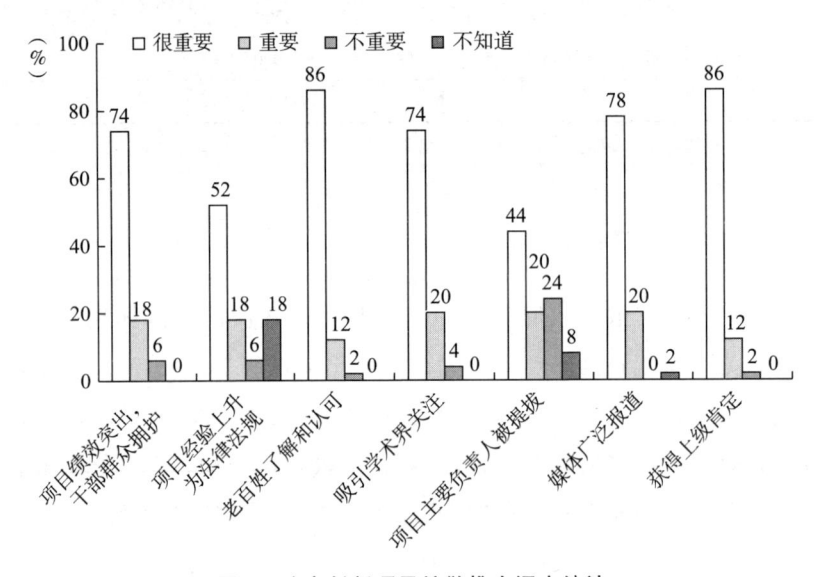

图8 政府创新项目扩散推力调查统计

从政府创新项目的扩散路径来看，东北地区获奖项目得到推广的均不是整项目的系统化复制。例外的是，一些受访者认为并未得到推广的辽宁省"民心网"反而实现了从纪检监察领域向社会治理的横向延伸，同时也做到了省市县的纵向覆盖。根据统计结果，政府创新的推广和扩散要以群众的了解和认可为基础，以媒体广泛报道、获得上级肯定、吸引学术界关注为路径，以自身的绩效为标签加以扩散。政府创新经验上升为法律法规和主要负责人得到提拔仍然在政府创新推广中发挥着不容忽视的作用，只不过这种作用明显弱于其他因素。

综上，调研数据反映出可持续性良好的政府创新具有某些共性，其中一些重要命题可被视为政府创新可持续性的必要条件。这些结果为激发动力、优化环境、提高成绩和推动扩散提供了相应的理论借鉴：第一，持续的政府创新面临较为宽松的环境；第二，对持续的政府创新而言，政府创新发起者对政绩的考虑是最低的，获得业内认可是最大的动力来源；第三，对持续的政府创新而言，政府创新的成绩与政府工作的整体成绩之间息息相关；第四，持续的政府创新往往产生了扩散效应，其最重要的推力是上级肯定和群众认可，其次是媒体报道，此外，学术界的关注也很重要。

四　政府创新可持续性的现状反思

基于问卷数据、访谈结果和观察体验，可以判断东北地区政府创新有着较好的可持续性。这一事实说明，东北地区的政府创新可持续性的现状与既有研究对政府创新可持续性持有的消极判断不尽相同。东北地区政府创新项目获奖数量较少，但可持续性有着不错的表现。这种反差促使我们从整体上反思东北地区政府创新可持续性，对政府创新可持续性在组织层面的必要条件进行宏观扩展，总结其中的经验，并从处于衰落境地的政府创新中归纳出不足和教训。

（一）政府创新得以持续的基本经验

1. 增进公共利益是政府创新得以持续的客观前提

政府创新及其可持续性的概念均内在规定了增进公共利益的客观要求，不能增进公共利益的项目根本不应该被称为政府创新，没有必要也不可能持续下去。增进公共利益是政府创新得以持续的客观前提，同时它也是判断政府创新持续与否的首要标准。这一前提和标准之所以是客观的，就在于公共利益的衡量虽然难免产生主观分歧，其判断却具有否定个人主义和本位主义的客观共识，能够得到利益相关者的切身体认。从创新类别上看，政府创新在近年来主要集中在社会治理和公共服务领域固然是多方面原因共同作用的结果，但这两种创新能够在短期内直接增进公共利益也是不可回避的事实，毕竟政治改革和行政改革的见效周期普遍长于前两者。从持续类型上看，推进型政府创新都能够持续增进公共利益，衰落型政府创新虽然仍在增进公共利益，但强度和范围都较之创新初期有明显减弱，这也是将其视为衰落型政府创新的基本依据。

2. 政治话语调适是政府创新得以持续的政治保障

政府创新过程中的政治话语主要用于指称党的路线方针政策的整体性走势和阶段性特征，并以此为指导思想贯穿于政府创新过程之中。客观而言，即便东北地区的政府创新主要集中在行政改革和社会治理领域，但成功延续下来的项目对主流政治话语的适应构成了项目持续推进的政治前提。吉林省安图县群众诉求服务中心从社会管理创新过渡到党的群众路线教育实践活动就是一例，其他的政府创新项目随着时间的推移也都有不同程度的调试。这既是党和国家指导思想和工作内容与时俱进的客观要求，也是各级党政组织主动适应时代要求承担政治使命的自觉选择，还源自古代中国经学思维执着于从"经典"中发掘合法性来源的历史积淀，只不过经典的当代形式扩大到包含领导人讲话等政治文件。总体而言，时间跨度大的政府创新项目都存在明显的政治话语调试过程，即便原有的政治话语并未"过时"，项目的关键要素也未发生明显变化，也会增补进最新的政治话语加以"点缀"。这使得政府创新能够不断适应新的政治环境，化解潜在阻力，避免政府创新终止或消亡。

3. 上级重视是政府创新得以持续的关键要素

尽管在问卷中反映不明显，但在访谈中，创新团队最期望获得的外部支持实际上是很关键的一个佐证指标，它既是政府创新项目开展的环境，又能从侧面反映出政府创新关键要素的重要程度。与一般工作人员的认知不同，受访的政府创新项目主要负责人都认为上级领导的支持非常关键，这似乎是当前制度安排必然的结果。在我国行政体系的科层制结构中，创新最难解决的一是"位子"，二是"票子"，编制管理和预算管理在规范行政行为的同时，也使行政实践不可避免地落入惯例行政的窠臼之中。因此，一旦上级重视政府创新，在给予一系列口头支持和批示鼓励之外，编制问题和资金问题的解决更具有根本性意义，这些资源是政府创新能够在体制内健康存续不可或缺的保障性资源。安图县群众诉求服务中心在原本大力支持政府创新的县委主要领导升迁之后，进入了徘徊时期，直到新任县委主要领导到任后专门开会表态支持政府创新项目才得以继续发展，也正是在此期间获得了正式的机构编制地位和更充足的资金支持。哈尔滨行政复议机制改革在面临法律修改带来的不利局面下仍然能够坚持运行，也与上级领导长期的坚定支持密不可分。因此，政府创新能否获得上级重视在很大程度上决定了政府创新的命运。

4. 民意支持是政府创新得以持续的社会基础

民心是最大的政治，以人民为中心的发展思想突出反映了新时代党和政府对民意的高度重视。政府创新得以持续必须要获得相应的民意支持，这种支持往往来源于民众对政府创新成绩的肯定。由于政府创新确实增进了公共利益，民众就会对政府创新的持续作用产生期待，其中既包括利益相关者如公民、企业和社会组织，也包括相关的社会力量如媒体、学者等。这就汇聚成一股强大力量支持和呼吁政府创新的持续。当然，在政府创新持续的过程中，民意受到重视的程度是处在弹性之中的，它能否被纳入决策过程受到多种因素影响，直接表现就是领导意图和民意的契合程度。二者之间的契合实际上是一个彼此发现和互相调试的过程，政府创新如何在这个过程中获得最广泛的支持构成了对政府创新团队政治智慧的巨大挑战。

（二）政府创新持续过程中面临的挑战

虽然东北地区政府创新可持续性状况良好，但是东北地区政府创新总体上面临的问题值得深思。首先，东北地区政府创新获奖项目较少，侧面说明东北地区政府创新活力不足且优质创新项目较少，展现出东北地区治理体系的惰性。其次，局部的、零散的和偶发的政府创新受制于积弊，对拥有1亿多人口和近79万平方公里面积的东北地区而言，其改善政治生态、优化治理环境和促进全面振兴的功能发挥明显受限，很少出现吸纳型和扩散型的持续，政府创新的制度化水平不高。最后，东北地区政府创新的个别项目处在衰落状态，面临停滞的风险，这种风险不仅未能通过制度化得以解决，反而面临上位制度的壁垒。综上不难发现，东北地区政府创新实际上未能获得充分的制度保障。

政府创新持续推进过程缺乏制度保障有着深刻的社会历史背景。东北地区是我国现代化进程起步较早的地区，也是我国计划经济体制高度完备的地区，这使东北地区的经济成分以国有经济和集体经济为绝对主导，民营经济发展不充分；治理体系以政府主导为主，社会组织和公众参与程度相对较低；文化氛围具有浓厚的保守色彩，官本位观点有着根深蒂固的影响；社会结构相对固化，仍然保有较强的单位制痕迹。因此，东北地区的整体环境比较缺乏创新氛围，政府创新也缺乏活力。

在理论上，计划经济模式本应最重视制度，但计划经济体制遗留给东北地区的却是对制度的普遍漠视，其原因在于制度的工具属性在计划经济体制中得到了最大限度的张扬。毕竟制度上边有计划，而计划之上还有指令，它们直接源于权力。制度是权力实现的具体途径，这使看似严格的制度安排隐含着极大的非制度空间。非制度空间既可以是政府创新的增长点，也可能是权力滥用的场域。而当非制度空间遇到上位制度之时，又因上位制度代表更强大的权力而使非制度空间一旦触及屏障便迅速萎缩。东北地区两个衰落型政府创新很好地证明了这一点：哈尔滨行政复议改革的衰落主要是新修订的《中华人民共和国行政诉讼法》把行政复议机关一律列为潜在被告，大大增加了行政复议机关的责任，使市级行政复议机关丧失了集中议决的主动性；伊春国有林权改革项目的衰落面临《中华人民共和国物权法》与《中华人民共和国森林法》之间的冲突，不在国家法律层面加以澄清很难解决困境。

因此，制度对政府创新可持续性的作用蕴含两个基本方面。首先是制度对创新活动的制约，这是立足既有制度审视政府创新实践的制度基础。其次是政府创新实践的制度化，这是从维持和扩大政府创新成绩的角度出发为政府建立制度保障。愈是能够在既有制度基础上进行政府创新，政府创新的制度约束就愈小，这样即使创新空间受到限制，也更有利于创新的初期开展，而愈是能够将创新制度化，则愈是能够保证政府创新的平稳持续。因此，制度以其相对固化的特征发挥对民意和上级等易变因素的补充作用，它为政府创新的可持续性提供稳定机制。随着政府创新持续时间的延长，这种稳定机制的价值会愈发凸显。

在东北地区治理体制被舆论普遍定性为僵化的今日，政府创新的迫切性自不待言，政府创新的可持续性也面临更多的挑战，特别是在制度激发创新空间和保障创新结果的作用被双双抑制的情况下，问题的关键就转化为如何破解政府创新及其持续所面临的制度化程度低和上位制度壁垒这一双重困局。作为一个系统工程，突破这一双重困局不是头疼医头就能做到的。只有使制度运行起来才可能实现制度的作用，必须切实通过制度化的方式保持政府创新的可持续性并增加政府创新活力，进而通过持续的政府创新优化东北地区公共服务软环境、改善东北地区的治理体制、提振各界对东北振兴的信心。在东北进入全面振兴新阶段的新时代，东北地区需要的不仅是自发的、零散的和偶然出现的政府创新项目，还应该是涵盖治理理念、治理体制和治理方法的政府"元创新"。

创新可持续性研究

治理转型视域下国有林权发展创新的持续性分析
——以伊春市国有林权制度改革为例

陈 希 潘 博*

产权与治理始终有千丝万缕的联系以及深层的交融,产权发展在国家治理转型中的机理、影响与走向是学术界和实务部门共同关注的话题,也是一项值得进一步梳理、挖掘和探讨的重要课题。在国家治理转型视阈下,产权发展应充分考虑历史惯性和制度基础,以便在延续性的基础上不断创新。推进产权发展需要理论层面的规划,但更为重要的是实践中的深化和完善,并以此为窗口,分析我国社会变革和治理转型的实践逻辑、基本特征和发展态势。黑龙江省伊春市于2006年起经国务院批准,作为试点开展林业产权制度改革,曾取得阶段性成效,以"伊春国有林权制度改革"创新项目摘得第四届"中国地方政府创新奖"入围奖,引起较大社会关注。但在创新者及其团队、制度化水平和创新环境等多维因素的影响下,时至调研团队赴伊时,该项目已趋于终止。本文将对该项目产生的背景和动因、主要做法与创新举措进行介绍,着重分析该项目终止的原因,并以此为依托,探讨治理转型视域下产权发展创新项目如何持续有序地推进,以期为今后的产权发展理论与实践的探索带来有益思考。

一 伊春市国有林权制度改革项目发起的背景和动因

伊春市国有林权制度改革项目的发起是多方因素作用的产物。治理

---

* 陈希,吉林大学行政学院博士研究生;潘博,吉林大学行政学院博士研究生。

转型视域下，林权制度改革作为国家产权制度改革的重要组成部分，其他类型的产权制度变革的成功经验奠定了其可行性，而国有林区"资源危机、经济微困"的局面明确了改革的必要性。此外，伊春市具备改革的内、外部条件，率先作为试点推行改革。

（一）林权制度改革是国家产权制度改革的重要组成和有益延伸

林权制度改革项目是国家产权制度改革的重要组成部分和进一步扩展。从一般意义上讲，产权制度改革是建立社会主义市场经济体制的必然要求，也是基本要求。在从计划经济体制向社会主义市场经济体制转变的过程中，相应地伴随着所有制结构调整、产权制度改革以及所有制实现形式的改变。改革开放以来，国家进行国有产权制度改革，以结构调整和公有制实现形式的改革为代表，取得了较大进展，是改革成功的重要标志之一。但从国家整体层面来看，国有经济除在既有改革中所涉及的工业、商业和金融业经济等之外，还包括国家林业经济和国家农业经济等。就国家林业经济而言，主要存在资源性、结构性、社会性和体制性矛盾。在体制性矛盾中，产权问题是制约的主要问题、瓶颈，主要表现为产权主体和产权责任主体缺位，产权、责权失枝脱节，产权不明导致政府部门、森工企业和林业职工各行其是，森林资源保护责任难以落实，森林不断遭到破坏，陷入"越砍越穷、越穷越砍"的恶性循环；使投资主体单一、投资渠道狭窄和投资基地弱化，职工劳动积极性受挫。面临产权制度的掣肘，要实现森林资源的有效保护和国有林业的发展，推行国有林权制度改革具有重要意义。此外，从我国国有经济改革的成功实践上看，包括集体经济在内的国有企业改革重要的成功原因即关注产权制度改革。我国的国有企业改革的重要依托即建立现代企业制度，现代企业制度的重要取向即产权明晰。从建立社会主义市场经济体制的要求出发，国有林权制度改革作为国家产权制度改革的重要组成部分有其推行的时代背景。在此背景下，伊春国有林区开展林权制度改革试点，打破了50多年来国有林区国营的经营管理体制，使有森林资源的潜力得到发掘，为创新国有林业管理作出了有益探索，也推进了国家产权制度改革向纵深发展。

（二）国有林区"资源危机、经济危困"局面的回应策略

从我国林业发展的客观情况看，我国既是人口大国又是少林国家，存在生态环境基础脆弱的先天不足。我国虽然拥有林地面积3.06亿公顷，3倍于耕地面积，蕴藏着极大的发展空间和潜力，但在林业发展过程中为林业资源管理制度所掣肘，还受限于森林资源利用周期的客观因素，特别是长期积淀下来的体制性、结构性和社会性矛盾始终未得到妥善解决，致使国有林区陷入"资源危机、经济危困"的"两危"局面。一方面，国有林区长期不合理开发导致天然林资源急剧下降。部分森工企业生产经营困难，企业职工生活水平低下，经济结构单一，社会负担沉重。针对长期以来我国天然林资源过度消耗而引起的生态环境恶化的现实，国家作出了实施天然林资源保护工程的重大决策。国有林区在天保工程和管理体制改革试点中完善了社会保障体系，分流安置了林业职工，但还是没有解决"资源危机、经济危困"的"两危问题"。"政企合一"的管理体制难以满足国有森工企业进一步发展的需要，国有森工企业建立现代企业制度，要摆脱过多行政干预困扰，实现与市场经济相适应的所有权和经营权分离，积极探索国有林区政企分开的模式。

另一方面，天保工程导致行政一统化，在一定程度上阻碍了国有林区的经济改革，拉大了国有林业经济与地方经济的发展差距。国有林区在行政管制下，改革的经济自我循环能力低，需要大量政府资金的支持，同时经营者在资源保护上缺乏动力，为资源保护和开发设置了障碍。而资源改革和经营改革不仅是自上而下的过程，还是一个博弈的过程，需要地方上的合作，以解决国有林区管理体制不顺、行政一体化的问题。具体到伊春这一拥有400万公顷林业施业区的重点国有林区，自1948年开发建设以来，为国家林业经济可持续发展作出了较大贡献，但同时，由于长期开发利用，伊春林区森林资源总量急剧减少，可采伐的林木资源濒临枯竭，辖下森工企业严重亏损，林业职工生活困难，平均收入在月300元左右。鉴于此，伊春林区先行开展林权制度改革试点，将对全面推进国有林区经济管理体制和资源管理体制改革，加强森林资源培育和保护，缓解林区经济困难和就业压力，促进社会稳定和经济发展等起

到多方面的积极作用。

（三）林权制度改革具备外部经济政策和内部实践基础的有利因素

一方面，伊春林权制度改革的外部有利因素主要体现在国家宏观经济政策方面。首先，2003年国家为了支持东北老工业基地加快调整和改造，推进东西部协调发展，提出了振兴东北老工业基地的发展战略。伊春作为国家老森工基地，也享受了大力发展非公有制经济、深化融投资改革和财政税收等方面的优惠政策，为伊春林权制度改革突破体制性障碍，发展民有林提供了有力的政策支持。其次，2005年5月17日国务院振兴东北老工业基地领导小组第二次会议确定伊春为全国唯一林业资源型城市经济转型试点单位。伊春进行资源型城市经济转型试点工作，在国家政策扶持下，发展木材精深加工、森林生态旅游、生态畜牧业和北药等接续替代产业，促进民有林承包经营者增加经营收入，推动了林权制度改革的实施。最后，2003年6月党中央、国务院下发了《关于加快林业发展的决定》，提出"加快推进森林、林木和林地使用权的合理流转"，为伊春进行林权制度改革提供了强有力的政策依据。

另一方面，从伊春林区内部看，进行林权制度改革有诸多有利因素。改革开放初期以来，伊春始终进行着林业改革的实践和探索。20世纪80年代初，伊春相继总结推出了铁力林业局"一改两管三分"、双丰林业局"两调一转"、南岔林业局"山区综合开发"等经验，并进行了森林资源经营、管护、培育方式三大改革，特别是在森林资源产权制度改革上也进行了积极的探索。从1982年开始自费造林，2000年将自费建造的1.42万公顷的林区确定为民有林，并在全面分析总结前期自费造林成效、经验和存在的问题的基础上，结合伊春林区经济、资源状况，提出了进行天然低产低价次生林改造、自费营造商品林的构想。2001年制定下发《伊春林业管理局实施天然低产低价次生林优化培育、自费营造商品林工作试点方案及实施细则》之后，为进一步拓展非公有制林业发展空间，又按照《中华人民共和国森林法》等有关法律、法规和国家、黑龙江省林业主管部门对发展民有林的有关要求，制定下发了《发展非公有制林业试点工作方案及实施细则》，并制定了全市民有林发展规划，使民有林发展步入规范管理、健康发展的轨道。截至2013年，伊春民有林已发展了7万公顷，并初步探索出一套相应的管理制度、办法，为伊春市国有林权制度改革奠定了实践基础。

二 伊春市国有林权制度改革项目的主要举措

（一）以各项准备工作奠定林权制度改革基础

改革的顺畅进行，需要以组织、舆论和方案等方面的充足准备工作为先导，伊春市国有林权制度改革项目在上述方面做了较为充分的准备工作。

1. 完善组织支持，强化对试点工作的机构设置

在国家层面，国家林业局于2006年2月成立了由主管副局长任组长，职能司局、资源司局及其他10个司局主要负责人为成员的指导监督小组；在省级层面，黑龙江省成立了由分管副省长为组长，国家林业局驻黑龙江省森林资源监督专员办事处、省直有关部门和伊春林业管理局为成员单位的领导小组；具体到改革试点层面，伊春市成立了市委、市政府林权制度改革试点工作领导小组，下设林权改革办公室。5个试点林业局成立了工作机构，形成了上下贯通、协调一致的组织体系，为林权制度改革的有序进行提供了组织保障。

2. 强化宣传引导，营造推进改革试点的良好氛围

林权制度改革工作领导小组及其下属办公室的工作人员充分利用会议、研讨、宣讲和媒体宣传等形式，集中对林权制度改革试点的目的、意义、政策保障和现实效益等进行宣传，组织各试点林业局有关部门到试点林场（所）、职工家庭面对面地向职工群众宣讲政策，通过与职工群众合理研判林业发展的形势与未来，共同分析参与林权制度改革近期投入与长远收益的效比关系，进一步消除了职工心中的疑虑和担心，激发了林区职工参与改革的积极性。如国家林业局于2006年7月20日召开专题新闻发布会，国内各大新闻媒体争相对此次改革进行了报道，《中国绿色时报》分别对5个试点局林权制度改革工作进行了专版宣传。

3. 各职能部门协同配合，完善实施方案及配套办法

为确保林权制度改革有序开展，国家林业局、黑龙江省森林工业总局等有关单位对《黑龙江省伊春林权制度改革试点实施方案》（以下简称《实施方案》）、《黑龙江省伊春林权制度改革试点实施细则》（以下简称《实施细则》）等配套政策措施进行了多次协商和反复修改，国家林业局适时批复了《实施方案》，省政府办公厅印发了《实施细则》，为改革试点工作提供了政策和措施保证。

4. 组织调研考察，学习借鉴成功的改革经验

一方面，各级工作人员先后多次组成专题调研组，深入各试点林业局实地考察拟承包经营地块，并详细了解把握职工的思想动态，分析、解决试点正式启动后可能遇到的各种问题。另一方面，组织考察组专程到欧洲林业发达国家考察、学习，赴福建省三明市、吉林省延边朝鲜族自治州、内蒙古牙克石林业管理局学习取经，并组织试点单位相关人员参加了国家林业局在成都和乌鲁木齐举办的森林资源资产评估及产权流转操作实务培训班，从理论知识和实践操作上为启动林权制度改革试点做充分准备。

（二）以明晰的改革原则确保改革试点规范运行

在既有准备工作的基础上，林权制度改革的规范运行需要有明晰的改革原则，伊春市国有林权制度改革过程中坚持稳定，生态优先、森林不能逆转和公开、公平、公正等原则。

1. 坚持稳定原则

在改革试点启动之初，不仅要在整体上和改革全过程中保持稳定，而且要避免出现局部和阶段性的不稳定。鉴于此，试点改革坚持将承包经营主体确定在普通林业职工上，领导干部不能参与，外部投资者暂不进入。承包基础价格完全按照林分现状由中介机构评估确定，以确保国有资产不流失。同时，充分考虑林业职工的现实承受能力，采取拖欠工资费用抵顶、分期付款、林业局先行借款和收益后再付款等多种办法，确保有意愿的职工都能参与进来。为鼓励职工加大对现有林的培育力度，伊春市国有林权制度改革领导小组制定出台了购买天然林享受减免20%

费用的优惠政策。在付款方式上，创造性地采取了一次性交款和分期付款两种方式，一次性交齐林木资产流转费用的享受减免10%费用的优惠。

2. 坚持生态优先、森林不能逆转原则

通过林权制度改革，推动分类经营工作，建立起国家改善生态、职工增加收益的互促共赢长效机制。一方面，在试点起步阶段注重引导、教育承包职工树立科学经营、可持续发展的理念，立足长远追求自身经济利益最大化，使个人合理诉求与国家生态建设有机结合。另一方面，对承包职工的经营行为和目标进行规范和引导。对每一块承包经营的林地，都由试点单位资源、营林等部门指导承包经营者制定经营方案，并指导和督促承包职工严格执行，做到科学经营。同时，还在承包经营合同中对承包经营者的责、权、利进行明确界定，避免和预防随意采伐、改变林地用途和降低林分质量等不良行为的发生。

3. 坚持公开、公平、公正原则

伊春市国有林权制度改革坚持公开、公平、公正的原则，以发挥市场调节作用为基础，以发挥政府宏观调控作用为保障，全程公开、阳光操作和稳妥推进林权制度改革试点工作。一是坚持做到对试点林场（所）职工一视同仁，国有林区林权制度改革实践与探索不落一家一户，坚决做到全覆盖。无论职工何时有承包经营意愿，都确保有林地可承包。二是在森林资源调查设计和资产评估方面，坚决实行"盲区原则""非对号原则"，即调查设计与资产评估绝不允许搞人为的"对号入座"，实行无名号调查设计、无名号资产评估。三是将承包经营林地的综合信息、参与承包者的自然状况、承包竞拍结果等向社会全面公示。四是对改革的各个环节统一规范运作，全程跟踪监控，避免出现各种偏差和暗箱操作等破坏公平、公正的现象，不断健全完善林权制度改革保障体系，最大限度地释放改革效应。

4. 坚持积极有序、配套推进原则

在林权制度改革试点过程中，伊春同步推进了森林资源管理体制改革，在5个试点林业局分别建立了森林资源管理分局，注重与金融部门沟通，积极探索林地经营贷款的多种有效方式和途径，拓宽承包经营者的融资渠道，加强与保险部门沟通，积极研究探讨林地、林木的具体参保方式，尽最大努力让承包经营职工既降低保险成本，又能有效规避经营风险。为顺应改革的深入推进和市场发育发展的需要，还适时建立了市（林业管理局）级活立木交易市场和区（局）级林权制度改革服务中心，全力满足承包经营者在信息、技术、法律咨询等方面的需求以及林地经营权和林木所有权依法流转的需求，不断健全完善林权制度改革保障体系，最大限度地释放改革效应。

（三）以现代产权制度为依托探索国有森林资源经营模式

伊春市国有林权制度改革建立在现代产权制度的思想基础之上，是以林业职工家庭承包经营国有林地为主要内容的产权改革形式，也是森工林区的新型经济制度。在推进伊春市国有林权制度改革试点过程中，贯彻"产权清晰、权责明确、保护严格、流转顺畅"的目标和要求，保证了现代林业产权制度重塑过程的科学规范。

1. 明确国有森林资源权属，承包经营职工为林业产权主体

实行国有林权制度改革，就是要通过重新界定林业资产权属，把林地所有权归国家，林地经营权和林木所有权、使用权、收益权和处置权归承包经营者个人，使主体权利界定清楚，产权归属到位。鉴于此，改革领导小组严格设定了改革试点的基本程序，注重产权界定环节的规范有序。一是由5个试点林业局在规划范围内进行调查，出具森林资源调查结果；二是由黑龙江育林资产评估公司委托伊春林业管理局直属调查设计队对试点林业局的调查结果进行核查，认证合格后再依据有关规定对林木资产进行评估，出具资产评估报告；三是试点林业局、林场（所）将调查结果和资产评估报告中的主要信息进行公布；四是申请人根据公布信息和个人意愿向试点林场（所）提出个人申请，经身份核查确认后与林场（所）签订意向协议；五是通过竞价、招标和协议等方式确定承包价格，报市（林业管理局）林权制度改革办公室审核，经15日公示无异议、伊春林业管理局审批后，再由伊春林业管理局与拟承包户签订承包经营合同，做到程序严密、规范有序。

2. 实现责、权、利统一，构建生态良好、职工获益的长效共赢机制

为保证职工在生态优先的基本框架约束下实现自身经济利益的最大

化，促进生态与经济效益的互促共荣，实现国家、职工各获其利作出了较好的体制与机制安排。一方面，充分赋予和尊重承包经营职工的各项权益。根据现代产权制度的本质规定，在保持国有林地国家所有权不变的前提下，充分赋予承包经营职工林地经营权、林木所有权和处置权，并允许转让、继承，以50年为限。此外，两次局、省联席会议进一步明确了放活林地经营权、落实林木处置权等具体问题。另一方面，突出强化承包经营职工的生态保护与建设责任。根据森林资源在保护生态方面的主要功能，坚持将承包经营职工的主要责任定位在确保生态优先上，在承包经营期内，保证林地不逆转；及时更新荒山、荒地和采伐迹地，做好森林防火和病虫害防治工作，真正做到立足长远追求自身经济利益最大化，使个人的经济追求与国家的生态建设有机结合起来。

3. 保护产权主体权益，增强承包经营职工对林权归属的安全感

在试点过程中，伊春市坚持对改革措施统筹谋划，全面保护承包经营职工的权益，巩固林权制度的改革成果。一是做好《国有林地承包经营权证》核发准备工作，保护承包经营者的合法权益。《实施细则》规定："黑龙江省人民政府委托黑龙江省森林资源管理局，依据试点单位与承包人签订的林地承包经营合同，向承包人核发国有林地承包经营权证书。"二是强化改革后的资源林政管理，保护承包经营者以森林资产安全为核心的主体权益。积极适应林权制度改革后的森林资源管理新形势，强化对承包经营林地、林木资产的保护。同时，引导承包经营职工成立自律的联防合作组织，维护森林资源安全，保证职工权益不受侵害。三是多方位提供政策支持，保护承包经营者共享改革成果。伊春市林权制度改革领导小组制定了《黑龙江省伊春林权制度改革试点森林资源管理办法（试行）》和《黑龙江省伊春林权制度改革试点林木采伐管理办法（试行）》，从更深层次上保障了承包经营职工的根本利益。

4. 构建自由流动平台，为现代林业市场体系提供保障

为顺应林权制度改革的内在要求，伊春市林权制度改革办公室适时建立了伊春市活立木交易市场。交易市场内设政策咨询、信息发布、资产评估以及林权变更登记、审核等服务与监管机构，切实保证林权交易的公正、规范。自交易市场的建设工作就绪并启动运行后，为释放产权

活力作出了积极的贡献。积极构建国有森林资源产权依法在产权市场上自由交易和流动的平台，也为逐步形成开放、竞争的现代林业市场体系提供了保障。

三 伊春市国有林权制度改革项目的可持续性分析

（一）项目发展概况

自2006年伊春市作为国有林权制度改革试点推行改革措施以来，给森林资源保护、林业职工获益带来了连锁的良性效应。但由于国家林业局关于伊春市国有林权制度改革试点期限的批复是2006～2008年，伊春市原计划从2008年起，在先期试点8万公顷的基础上，分阶段扩大面积72万公顷，到2010年使伊春市国有林权制度改革试点面积最终达到80万公顷，因未得到国家林业主管部门的批准，试点没有如期扩大。时至2018年3月，笔者随调研团队赴伊春调研之时，林权制度改革已不再运行，经项目组讨论认定该项目已趋于终止，下文将对该项目运行的初步效益及终止原因进行分析。

（二）项目初步效益

笔者所在的调研团队根据调查和资料分析等对伊春林权制度改革的项目效益进行分析，2010年后，项目虽已趋于停滞，但2006～2010年项目带来了较为显著的效益。总体而言，在改革试点中，森林资源得到有效保护，林业投入乏力问题得到缓解，职工投资营造林的积极性显著提高，林权制度改革在森林资源方面基本达到了预期目的。

一是森林资源得到有效保护。林权制度改革之后，职工拥有了林地的经营权、林木的所有权和处置权，承包户的森林管护积极性较高，自发组成联防队对承包林地进行有效管护，有效遏制了打拉烧柴和盗伐林木现象的发生，林木蓄积和株数非正常消耗率分别仅为0.0157%和0.0085%。有效的管护也杜绝了森林火灾隐患，对森林病虫害防治起到了积极的作用。

二是职工投资造林的积极性显著提高，林业投入乏力问题得到缓解。

林权制度改革调整了林业生产关系，打开了各种生产要素投向林业的渠道，实现了林业投资主体的多元化。职工自我造林的积极性空前高涨，单位面积林地资金投入比林权制度改革前增加了 2.45 倍。林权制度改革开展以来，很多承包经营户筹集资金和组织人力进行森林经营管护和林下经济作物经营，解决了林业生产基本投入不足的问题。

三是森林综合经营水平得到提高。林地承包后，很多职工在主管部门的帮助下，全部编制了经营方案，依托林地资源，积极谋划短、中、长期发展项目，充分利用林地资源，实现了眼前利益与长远利益的结合。同时林权制度改革后承包户的经营思想有了很大的改变，造林质量实现了大幅度提高，森林管护强度也大大增强。

四是经济效益明显提高。林权制度改革开始之后，为改善林业产出低、经济效益差的局面，林管局采取了资金扶持、政策放宽等一系列有效措施，大力鼓励承包户发展林下经济，提高林业产出，增强经济效益。通过大力发展林下经营，当前承包户出现了木耳大户、香菇大户、药材大户和特色养殖等林下经济大户，林下经济年均净收益预期增长达 42.18%，经济效益明显提高。

五是职工就业渠道拓宽，进一步推进林区的社会稳定与和谐。实施林权制度改革后，通过立体复合式经营，在促进森林资源的深度开发和利用的同时实现了一人承包、全家就业，林地劳动力投入由原来的 0.5 个增加为 14.7 个，有效地解决了林区职工的就业难题。进一步理顺了林业生产关系，解放了林业生产力，极大地调动了林区职工经营林业的积极性，促进了林区的社会稳定与和谐。

（三）项目终止的原因分析

1. 国家宏观政策与创新需求在关键问题上存在冲突

伊春市国有林权制度改革在一定程度上突破了既有林业管理体制，但旧有政策并未废止，这使国家层面及其落实到地方层面的政策对改革的持续深化形成掣肘，在林权证发放、森林采伐限额及分类经营区划等关键问题上无法满足项目运转的创新需求。首先，林权证权属不一，无从兑现改革承诺。从改革的逻辑起点看，国有林区的林权证应发放给承包经营职工，职工有权对其进行流转、质押等支配行为。依据《中华人民共和国森林法》有关规定，国有林区林木归国家所有，不能发放给个人。但《中华人民共和国物权法》规定，如果和林业局签署了林木产权的协议，国家就应该为其核发产权文件。由此，试点林业局的林权证仅发放到森工林业局，对伊春市国有林权制度改革中的国有林而言，关于其二次流转并无清晰规定，林业局虽然为承包经营职工下发了林业局印制的林权证，但证书并不为国家林业局等部门承认，亦不能作为流转、质押的凭证，使多数承包经营职工的权益受损。其次，森林采伐额度受限，经营承包职工获利微薄。承包户所要改造、采伐的商品林多属于天然林，国家对起源于天然林的低产低价林在采伐限额上未出台有利政策，承包户无法大规模对承包林地进行采伐。最后，林改暴露出的森林分类经营区划问题未得到有效的政策说明。按照分类经营的要求，森林划分为商品林和生态公益林，生态公益林又划分为一般公益林和重点公益林。早年森工企业为谋求生态效益补助资金，将本应划为商品林的森林划为一般公益林，也有森工企业为谋求近期经济效率反向错划。伊春市国有林权制度改革对商品林的承包经营必须按照沟系集中连片区划，但连片的森林中商品林、公益林混杂，对于承包了限罚、禁伐林的承包户而言，其森林采伐指标的批准面临极大困难。在上述关键问题上，深入创新的需求无法得到国家政策支持，与既有政策法规冲突较大，使林权制度改革陷入停滞的困局。

2. 缺乏配套的政策使创新项目的制度化水平低下

创新理念对于创新项目的运行有重要驱动作用。在这一过程中，抽象创新理念的具象化是关键环节之一，具体而言，主要指依托系列配套政策来提升创新项目的制度化水平。伊春林权制度改革创新项目在运行过程中并未及时建立配套政策，导致创新项目的制度化水平低下，可推广性不强，最终趋于停滞。首先，关于社会资本能否进入流转市场的问题未有明确配套政策，使试点规模难以扩大。承包经营职工能否吸纳社会资本涉及承包经营的规模大小。伊春林权制度改革试点中，政策不允许社会资本的注入，但仅在林场内部流转，由于承包者资金、人力和时间的限制，林权制度改革无法扩大，无法形成资本林业，也难以建立现代林业制度。其次，林地保险制度不健全，无法从根本上支撑林权制度改革。保险行业的缺乏，使林业职工承包林地后面临相当大的经营风险。林业是面临病虫害、火灾等多种灾害的高风险行业，林地承包给职工后，防害、防火等不再由政府公共部门负责，也不再有专门防火队等支持，且改革中配套保险制度的建立一直被忽视，在此情境下，扩大承包面积意味着增大运营风险，林权制度改革也无法大面积推广。最后，资产评估环节不完善，使林地—效益的运转链条断裂。实现林地从承包地块到切实效益的转换需要经过采伐、估价与售卖等环节，林地资产评估环节具有重要意义，即买卖林木都需要进行估价。伊春各试点林业局进行林权制度改革均为首创，并无买卖、评估经验，且政府和市场并未成立规范化、科学化的中介机构，没有专业的林木评估人员对活立木进行评估，这使职工缺失了通过林木流转获益的前提条件，更遑论建立规范化的林权流转市场。旧有政策对改革的掣肘，以及新政策的缺失，使林权制度改革从改革起点、改革过程到实现增加职工效益的改革目标均面临挑战，制度化水平较为低下，最终走向停滞。

3. 创新者及团队的更换弱化了创新项目的稳定性

我国现行的行政体制实行的是行政首长负责制，"组织是否能够为达到理想生存状态而进行必要的创新和持续创新活动，正是取决于机构领导者"[①]。创新者及创新团队的稳定或有序更换，是创新项目持续运行的重要组织基础。但就伊春林权制度改革项目而言，虽然前期构建的层级分明的组织体系较为完善，但由于国家林业局对试点工作的认同度不高、省级林业主管部门（省林业厅）参与度较为低下，以及试点核心领导者及团队更换，创新项目的组织结构趋于离散，进而严重弱化了项目的稳定性与持续性。首先，试点工作结束后，国家林业主管部门并未认同"伊春林改模式"。2010年5月，伊春市政府曾在北京召开国有林权制度改革暨伊春林改试点四周年高层研讨会，呼吁扩大试点。改革的主导者就较具争议的国有资产流失、社会公平等问题进行了细致阐述，但主管部门国家林业局并未给予明确回应。国家林业局下发伊春市政府的红头

---

① 胡宁生、杨志：《中国地方政府社会治理创新的持续性：影响因素与政策优化》，《江苏社会科学》2015年第3期，第116页。

文件依然是"国有林区的林木不许以任何形式流转他人"。随后，国家发改委、财政部和国家林业局官员通过媒体表示，"伊春林改模式"并非未来国有林权改革的方向，这次改革并未解决政企合一的体制弊端。主管部门的非支持性政策与非认同性意见大大弱化了该创新项目持续的动力。其次，由于试点工作"自上而下"推进的特点，国家林业主管部门与伊春市主管部门参与试点运行较多，省级林业主管部门参与较少，国家林业主管部门对改革持不认同的态度后，伊春市林改工作缺乏省林业厅等部门的支持，政策、资金与人力等方面较为匮乏，无法进一步扩大或深化。最后，林权改革的发起人期满调离，林权改革办公室负责人员也多有更换，使得林改出现诸多不稳定因素。2011年，伊春林改的第一发起人、原伊春市委书记、林管局局长调任他地，林权改革办公室主任、副主任等职位也因期满换届，核心团队的离散弱化了林改扩大和深化的动力。继任的领导和工作人员一方面并不熟悉改革工作，另一方面因国家层面与省级领导对改革方向的态度，对于改革工作只得采取保守路线，林改项目最终停滞，趋于终止。

4. 舆论及利益相关者的质疑使项目陷入信任危机

伊春自2006年改革以来，曾受到媒体、专家学者等国内、外舆论界的广泛关注，当地林场职工增收致富的渠道也得到拓展，但其改革思路、获益途径及发展方向等并未得到社会舆论与各方利益相关者的认可，这使林权制度改革创新项目陷入了信任危机。一方面，伊春林改的获益途径与国家林业主管部门的主体改革思路相悖，受到主管部门、专家学者及媒体质疑。国务院确立伊春林权制度改革试点的初衷，是在不改变林地国有性质和用途的前提下，把部分国有商品林试点林地分给林业职工家庭承包经营，国家主管部门给予政策支持，实现保护森林生态与提高职工收入的共赢。但伊春市在林权制度改革过程中超越了中央规定的界限，比如将国家公益林一并分发。从伊春林改中获益的承包户经验来看，其获益途径大部分来源于林下经济和家庭经济试点，涌现出一批药材种植和特色养殖大户，年均增加收入从500元提升至3500元以上，林下经济净收益预期增长42.18%。对于伊春林权制度改革通过发展林下经济和家庭经济的经验和做法，时任中国林业经济协会秘书长陈根长总结为

"离林致富"①，这种发展模式并未解决核心问题所在，相关部委主抓国有林权改革的工作人员对"伊春模式"也存在异议，认为"伊春模式"回避了应破解的政企合一的主要矛盾，造成国家资源和财产的流失。据悉，对于伊春改革成果中被掩盖了的很多问题，国家林业局多次派出人员和专家组进行实地调查，已掌握事实依据。《经济观察报》《中国经济周刊》等媒体纷纷撰写题为《伊春林改模式遭受质疑》《"伊春模式"引争议 国有林改方案近期出台》的时评，使参与者对此次林改的信任度急剧下降。另一方面，林改无法为利益相关者带来稳定收益，使其参与热情、动力被削弱。伊春模式下，林农和林场职工选择离林致富，既无法完成国家主管部门对其保护森林生态的期许，亦无法形成稳定、可靠的大规模收益。在改革初期，短期内的少部分收益调动了承包户的积极性，但缺乏长期的稳定收益使林改最重要的利益相关者——承包经营职工对改革亦持质疑态度。此外，承包经营职工持有的林权证由各试点林业局发放，其法律效力始终未得到证实，导致林地只能在林场、林业局内部流转，无法进行质押等，职工无法获得实际效益，且由于前期投入过多，纠纷时有发生，林改最终趋于停滞，且产生了遗留问题。

四 治理转型视域下国有林权持续性发展创新的启示

在国家治理现代化过程中，产权如何改革、产权如何发展深刻影响着国家治理、社会治理的成效，甚至事关国家和社会的兴衰。在学理层面，对于产权的探讨已不再是经济学的单一视角，还被纳入了行政学、政治学与社会学等多学科视野展开探讨。经济学视角下对产权的研究相对更为关注产权的结构性，而行政学、政治学与社会学等学者则更注重其"过程性"及产权的动态实现。在实践层面，无论是贯彻《中共中央关于全面深化改革若干重大问题的决定》，还是推进新型城镇化、工业化、信息化乃至国家治理现代化，都离不开对治理转型视域下产权发展

---

① 《"伊春模式"引争议 国有林改方案近期出台》，《经济观察报》2010年6月21日，第2页。

的探讨。实践中要切实做到"使市场在资源配置中起决定性作用和更好发挥政府作用",开展产权改革,促进各要素合理流动。此外,产权发展离不开相应的社会基础,最为重要的是它所面临或拥有何种状况的治理结构和治理能力。

产权制度作为一个动态的实践过程具有动态性、整体性、复杂性的特征,产权改革牵一发而动全身。就林权制度改革而言,国有林权制度改革的实践主体包括各层级政府、职工、相关企业和社会组织等。在改革的过程中,既有的产权配置格局并不会一成不变,而是会随着治理转型,随着治理状况的变化而进行相应的调试。反之,产权制度的改革与发展也会对治理情境产生一定的形塑作用。此外,产权与治理转型都要充分考虑制度惯性,以便在持续性基础上进行创新。治理转型视域下的国有林权制度改革更应在形式上进一步丰富,在内容上持续拓展,在过程上进行简化与精准化。

(一)制度层面:兼顾制度基础的稳定性与设计的灵活性

创新项目的持续性发展离不开稳定的制度基础。但随着项目发展面临的治理情境的变化,配套制度设计也应保证"因时而变"的灵活性。公共资源产权制度改革不仅涉及调整生产关系,还涉及上层建筑变化,相应地既要调整产权关系,也需要政府辅之以配套政策。[①] 鉴于此,在制度层面,国有林权制度改革未来的方向,一方面,应建立"归属清晰、权责明确、监管有效"的国有林业产权核心制度,进一步完善资源有偿使用和生态补偿机制,保持制度基础的稳定性。首先,产权制度发展的核心是"权属"的变化,近年来始终探索的集体、国有林权制度改革无不以明晰产权归属为逻辑起点和目标。国有林权制度改革持续发展的前提是厘清林业产权归属,或归于国家所有,或经过法律程序明确将权属划归承包户所有,避免纠纷。其次,明确林业资源所有权外的其他权力和责任。在明晰林业资源产权归属的基础上,关于是否可以流转、是否允许有社会资本注入等问题及其权责关系,应在改革方案中进行明确规

[①] 何得桂:《农村公共资源产权制度改革的逻辑及启示——以林权改革为例》,《商业研究》2012年第1期,第190页。

定。最后，林改后，国有林业呈现经营主体多元化、形式多样化、林权结构分散化的格局，林业部门应适时转变政府职能，努力构建公共服务型政府，加强监管职能，将重心转向技术指导、推动产业发展和做好森林管护等方面。另一方面，在核心制度的基础上，增强经费落实、市场流转及各部门协调配合等配套制度的灵活性。首先，完善林改工作保障机制。建立支持国有林权制度改革的公共财政制度首先应给予合理的经费支持，应提高中央财政的林改经费补助。同时，应明确省、市、县（区、林业局）三级分担机制，省、市两级财政承担绝大部分，各级政府按时、足额支付林权制度改革经费，对财政困难的地区，中央和省级财政应加大转移支付力度。此外，应多渠道筹集林改资金，鼓励社会资金投入林权制度改革，还应利用贷款贴息等政策，拓展资金渠道。其次，健全林业要素市场建设。搭建林地、林木等生产要素的交易平台是促进林业资源有序流转的重要环节。地方政府对此应制定详细方案、统筹规划、合理布局，逐步建立起多层次、宽领域的林业生产要素市场，对依法流转的林地、林木等生产要素实行挂牌交易。最后，完善林业资源保险机制和绩效评价机制。应加强地方政府的林业和金融部门的相互支持配合，加快建立森林资源资产保险业务。为保证林改项目中的要素流转、资金注入的安全性和有效性，应建立畅销绩效考评机制，广泛接受社会监督，特别应使第三方对项目实施绩效进行科学评估，注重和支持社会主体参与评价，以便及时了解林权制度改革绩效，为改革的深入和优化提供依据。

（二）历史层面：顺应国家发展需求和正向社会舆论的引导

进行新一轮的国有林权制度改革既是热点问题，又是充满争议的话题。在此前提下，地方可率先进行改革探索，但应与国家宏观政策相契合，且当顺应主流意识形态的导向，以免改革遭受阻力，进而产生历史遗留问题。一方面，从国有林权制度改革亟须解决的问题出发，顺应国家宏观政策导向进行制度变革。改革开放以来，较为成功的林权制度变迁与国家政治、经济和社会转型是密不可分的，如林业"三定"的推行与改革开放初期的社会环境密切相关，股份合作林场和集体林权的市场化运作也建立在工业化目标初步实现的基础上。而当前,我国处于新的历史转折期,国家宏观发展需求、林业资源运营需要和基层政策导向均发生变化,国有林区体制积弊较多,既有森林资源管理体制方面产权主体虚置的问题,又有政企不分、职能不清等问题,这些问题都需要用改革的办法来破解,但应主次分明、有序进行。国家林业主管部门负责人曾在多个场合说明,现阶段,国有林权制度改革最应解决的问题,即"政企合一"的体制弊端。伊春曾经进行的改革探索,较少触及体制层面的问题,而是将改革重心放在了解决森林资源管理体制方面的问题上,因涉及产权问题且并无系统、精密的推进策略,造成了一定的林业资源纠纷,最终停滞。缺乏国家宏观政策支持或与既有政策体系相悖的改革将面临不同程度的阻力,国有林权制度改革需要从自下而上的变革需求出发,但更为重要的是,应依循国家自上而下的顶层设计,以此为前提实现平衡,才能使改革类创新行为持续深化。另一方面,改革应增强自觉性和认同感,顺应主流意识形态和正向社会舆论的引导。首先,在改革的推动者层面,应消除地方领导对于改革的顾虑和畏难心理,从基层领导干部、工作人员的角度增强改革的自觉性;在改革的参与者层面,应加强对承包林业职工的政策宣传,使他们明确国家关于税费减免、市场信息和林业发展形势等多方面情况,以便认识到保护和开发森林资源的必要性,调动其参与、支持改革的积极性。其次,应密切关注主流媒体、社会评价的导向。社会评价是观察社会事实的一扇窗口,在推进改革过程中,应密切关注有关部门的评价和专家学者的探讨,以此作为及时优化改革方案与调整改革方向的重要依托。

(三)改革实践层面:构建各方参与主体的利益平衡机制

林业资源产权制度改革过程中构建利益均衡机制至关重要,它是改革持续性运转的决定性因素之一。国有林业资源一直是公共资源,所以林业改革政策的落实离不开基层政府的有效动员和大力推行,应在林权制度改革中平衡国家、基层政府与承包职工间的利益关系。改革前的国有林利益分配处于失衡状态,国家获得林业利益的绝大多数,林农收益较少。正因如此,国有林业资源开发和生态保护都陷入瓶颈,林业职工收入也较为低下,未来的改革目标是变革林业利益分配,使利益呈现更均衡的状态,既涉及生产关系的调整,也涉及上层建筑的重构。但国有林权制度改革并不仅仅是一次制度层面的变革,更为重要的是,涉及各方参与主体利益的重要调整,将对原有的林业利益格局产生一定冲击。首先,对于国家和省级林业主管部门而言,原有的对于林业资源的管理权力下移,应使其加快职能转型,主要落实监管职能和服务职能。此外,改革在一定程度上对国家原有林业政策体系产生一定的影响,国家主管部门应提升回应效能,既要保证政策体系的有序性,也应进行灵活调整,在维护国家利益的基础上回应改革诉求。其次,就基层政府和林业主管部门而言,林业部门征收的育林基金、更新改造基金比重将大为降低,这对基层林业部门产生了冲击,应加大国家、省级政府主管部门对基层政府和林业主管部门的资金和政策扶持,使其没有财政、资源方面的后顾之忧,保证对改革的认可程度和支持力度。最后,在林业职工层面,无论采取何种形式进行国有林权制度改革,最终的落脚点应是使林业职工参与林业资源的开发与利用,协助林区生态的恢复和保护。鉴于此,应保证承包职工的合理权益,保证其较之改革前收入增加、收益有保障。但在保证承包职工参与林业资源开发与利用的基础上,也应动员并监督其保护林区生态环境,避免破坏性开发、竭泽而渔的现象发生,在保证自身权益的同时兼顾国家生态效益,以构建国家、省级、基层政府和承包职工利益均衡机制推动改革的协调推进。

（四）经验层面：社会主体权益保障是改革的起点和归宿

任何改革都涉及改革效率与公平、公正问题。就国有林权制度改革而言,作为一项自上而下、高位推动的制度变迁,对林权制度改革的政策执行是较为有力的,但是在压力型行政体制下,运用市场化的思维和措施是各地贯彻高层级政府决策的主要方式,由此,地方政策执行存在偏差,林改质量有待提高。[①] 此外,在当前基层强流动性、开放性和异质化背景下,林场内部各行动主体获益也存在差异化现象,过分关注效率

---

① 何得桂：《中国新集体林权制度改革的困惑与出路：八年实践的理性反思》,《农村经》2012年第5期,第29页。

会牺牲暂无资金去承包林地或参与林业资源流转的弱势群体的权益，不能仅用市场逻辑要求林业资源的经营效率，应兼顾效率与公平原则，更多地关注公平、公正问题，以社会主体——林业职工权益的保障为改革的逻辑起点和价值依循。一方面，应规范林场内部林业资源有序流转，使参与的社会主体权益得到保障。我国曾推行的集体林权制度改革中，曾出现过山林占有内部"集中化"趋势，即少数个体占有绝大多数集体山林。在集体林权制度改革涉及的村庄中，少数始终参与林业资源流转的"精英群体"，如村委会主任、委员或承担森林管护工作的精英，往往在信息获取、政策理解等方面存在优势，在改革中获益也较多。在未来的改革推进过程中，应注意将改革通知、政策理念及时传达至基层承包职工、林农，使社会权益主体有较为公平的机会参与其中，防止出现林业资源流转中的"马太效应"。另一方面，应有序引导社会资本注入，针对社会资本涉及合理的比例和规则，保护所在地区职工和林农的参与和获益。

笔者所在的调研团队通过访谈得知，集体林权制度改革中曾出现这种现象，越是经济欠发达的乡村，特别是村级民主治理水平不高的村庄，越是倾向于采取投标拍卖的方式进行林权制度改革。虽然林权制度改革政策规定不得人为提高山场的招投标竞争门槛，但各地出于降低招投标成本等因素的考虑，普遍采取捆绑集中方式，统一公开招投标。面对数万元的投标抵押金，普通村民不具备竞标资格，即使通过集体联营的方式也难与外来商业资本竞争。鉴于此，应出台专门政策，对社会资本注入进行限额和配套机制的规范、约束，保障社会主体的合法权益。

"哈尔滨市行政复议机制改革"项目的可持续性研究

刘雪华 贺晶晶[*]

由于制度设计的缺陷，长期以来我国的行政复议工作存在受案率低、专业人员不足、办案质量不高、人为干预因素过多、公信力低下等问题，行政复议作为行政争议调处机制应有的高效便民、公开公正的价值要求远未得到体现。随着现代社会的发展，行政争议呈现多发性、多样性、复杂性特征，原有的行政复议制度已难以满足现实需要，创新行政复议制度、发挥行政复议实效成为各级政府亟须解决的重要课题。2007年7月，哈尔滨市政府率先进行了行政复议委员会试点工作，开启了行政复议机制改革创新之路。此后的十年间，通过对复议体制机制的大胆探索和创新，哈尔滨市建立了新型的行政复议委员会制度，实行了相对集中行政复议审理权改革，创新成效显著，成为全国推广的经验模式。2010年1月17日，"哈尔滨市行政复议机制改革"项目获得了第五届"中国地方政府创新奖"提名奖。2017年7月11日，在对该项目的后续发展情况进行跟踪调研时，我们发现，这一项目仍在持续，总体运行良好，但也出现了一定程度的"倒退"——相对集中行政复议审理权并未完全延续下来。作为行政复议机制改革的先行城市，研究哈尔滨市的创新发展经验对于我国行政复议制度的改革发展有着重要的启发意义。本文基于创新项目持续性的研究视角，对哈尔滨市行政复议机制改革的历程、经验、问题进行了分析，提出了哈尔滨市行政复议机制改革持续发展的建议。

---

[*] 刘雪华，吉林大学行政学院教授，博士生导师，行政管理系主任，吉林大学中国地方政府创新研究中心主任，博士；贺晶晶，吉林大学行政学院博士研究生。

一　哈尔滨市行政复议机制改革项目的发起背景

行政复议作为控制行政权力、实现权利救济的基本法律制度，是现代国家法制体系建设的重要部分。我国的行政复议制度虽然在新中国成立初期就有了雏形，但正式开始建设主要是在20世纪80年代以后。1990年12月，国务院通过了《行政复议条例》，对行政复议制度作了比较系统的规定；1999年4月，《中华人民共和国行政复议法》（以下简称《行政复议法》）颁布，行政复议制度以法律的形式被确立下来；2007年5月，国务院通过了《中华人民共和国行政复议法实施条例》，对行政复议法的规定进行细化，增强了制度的实际可操作性。经过多年的探索实践，我国的行政复议制度取得了长足的发展，并逐步形成相对完善的体系。

行政复议制度在保障公民合法权益、解决行政争议、监督行政权力运行、维护社会稳定等方面起着重要作用。随着现代社会的发展，由于制度设计和功能定位等方面的缺陷，我国的行政复议制度在实践中逐渐暴露了诸多问题，具体表现为以下五个方面。

第一，机构设置缺乏独立性，复议公正性难以保障。根据《行政复议法》的规定，行政复议机构隶属于各级人民政府或上级主管部门，其地位不超然，缺乏独立的人力、财力和物力，其职责仅限于草拟办理意见，查清事实。机构地位的不独立，使行政复议极容易受到非正当因素的影响制约，行政复议存在官官相护的可能性，复议公正性难以实现。

第二，运行方式不透明，行政复议公信度低。在现行的复议实践中，复议行为的行政化色彩浓厚，复议办案过程只在行政机关内部进行，过程封闭，透明度差，行政复议最终决定权往往掌握在行政首长的手中，缺乏在多数人意见一致的基础上作出决定的法律保障。这种操作违反了解决行政争议所需要的准司法化程序规则，难以实现当事人的平等地位和争讼对抗，难以保障行政复议的权威性，复议制度的公信力大打折扣。

第三，复议队伍专业化程度低，复议裁决质量较差。行政复议工作具有较强的专业性，只有行政复议人员具备较高的法律素养、扎实的专业知识、较强的办案能力，才能保障复议裁决的高质量。在制度上，我国的行政复议法律法规中关于行政复议人员能力素养的规定尚不健全；在现实中，行政复议面临专职人员专业素质不高、法律信仰不足、裁判角色意识缺乏等问题，行政复议机构与其同级法院行政庭办案力量相比有着很大差距，这就导致了一些地方出现行政复议无人申请办理、不愿申请办理的局面。

第四，案件管辖体制混乱，行政复议申请渠道不畅。现行的行政复议体制呈现"条块结合""多头共管"的特点，行政复议管辖权的混乱造成了行政复议渠道的不畅通。法律、法规、规章制定了不同的复议渠道，导致了行政复议机关众多、机关工作地点分散，但群众不了解制度规定、不知道去哪里申请、不清楚如何申请。多层次的管理体制，使得一些行政复议机关受理案件要报行政首长层层审批，申请的复杂化降低了行政复议的效率，降低了群众选择行政复议解决诉求的可能性。此外，"多头管理"的现实使得一些行政复议机关因怕得罪人、惹麻烦，也造成了有案不受、积累矛盾的情况。

第五，程序灵活性不足，复议案件办理效率低下。《行政复议法》对行政复议受理、审理上的规定都比较原则化，没有根据案件繁简区分简易程序和普通程序。对于一些事实清晰、争议不大的案件，仍按照严格的普通程序办理，无疑造成了行政资源和时间的浪费。复议程序上的呆板僵化，无法满足现实中纷纭繁杂的复议要求，阻碍了行政复议"及时、高效、便民"目标的实现。

原有行政复议体制机制的问题，造成了行政复议受案量少、维持率高、公信力差的局面，行政复议的实效性较差。随着改革发展的深入，许多深层次的矛盾和问题日益凸显，人民群众的维权意识逐渐增强，行政争议趋于复杂化和多样化。作为重要的矛盾化解机制，行政复议如果不能及时有效地解决行政争议，维护管理相对人的合法权利，长此以往就会造成矛盾积压、政府失信于民，影响社会的和谐稳定。为了有效发挥行政复议制度在解决行政纠纷、建设法治政府和构建社会主义和谐社会中的作用，近年来，党中央、国务院对于推进行政复议机制改革、完善行政复议制度多次予以了指导部署。2004年3月22日，国务院办公厅下发的《全面推进依法行政实施纲要》要求："探索提高行政复议工作质量的新方式、新举措。"2006年9月4日,中共中央办公厅、国务院办公厅下发的《关于预防和化解行政争议健全行政争议解决机制的意见》强调:"进一步规范行政复议程序,积极探索符合行政复议工作特点的机制和方法。"2006年10月11日,党的十六届六中全会通过的《中共中央关于构建社会主义和谐社会若干重大问题的决定》提出:"加快建设法治政府,全面推进依法行政,严格按照法定权限和程序行使权力、履行职责,健全行政执法责任追究制度,完善行政复议、行政赔偿制度。"2006年12月,国务院在重庆召开全国行政复议工作座谈会,时任国务委员华建敏在会议上发表讲话,鼓励有条件的地方在时机成熟时试点行政复议委员会改革。

顺应建设法治政府、构建和谐社会的新形势,回应行政复议制度亟待改善的现实需要,2007年7月,在国务院法制办、省政府法制办的支持和指导下,哈尔滨市政府法制办在全国率先进行了行政复议机制改革,成立行政复议委员会,采取由专家委员少数服从多数表决的方式议决复议案件。时任哈尔滨市政府法制办公室行政复议应诉处处长的佟宇成为这次改革项目的发起人。

二 哈尔滨市行政复议机制改革的主要内容

针对行政复议制度存在的缺陷,哈尔滨市政府法制办在借鉴国内外行政复议制度经验,吸收理论界、实务界关于行政复议机制改革的研究成果的基础上,确立了本市进行行政复议机制改革的基本理念,并在此指导下,先后开展了行政复议委员会试点工作和相对集中行政复议审理权改革。

(一)哈尔滨市行政复议机制改革的理念

1. 以提高行政复议公信力为改革目标

行政复议是依申请启动的法律裁决程序,群众和社会的信心、信任和信服是行政复议的生命之源。因此,行政复议机制改革必须以提升行政复议的公信力为主要目标,探索出公正裁决复议案件的新机制,最大限度地用程序正义和形式正义保障实体正义的实现。具体来说,就是通过对组织形式和运行程序的设计，保证行政复议委员会及其办公室能够在办案过程中处于相对中立超脱的地位；通过政府立法，赋予行政复议委员会在办理案件过程中的必要权威，让群众感受到行政复议的公正，从而对复议有一个良好的预期，做到"正义不仅要实现，而且要以看得见的方式实现"。只有这样，才能让人民群众相信复议制度能够解决问题，从而更好地引导群众通过行政复议渠道理性、合法地表达利益诉求。

2. 重新树立行政复议的价值取向

只有科学定位价值取向，才能准确分析行政复议工作的有关问题，明确行政复议机制的改革方向，合理设计行政复议的组织形式和运行程序，提高行政复议公信力，充分发挥行政复议解决行政争议的主渠道作用。我国《行政复议法》的相关规定，确立了行政复议制度"监督为主、附带救济"的价值取向，这种定位下的制度设计不仅未能反映出行政复议本身的特点和本质要求，还造成了复议机关众多，复议工作行政化，复议人员非职业化的局面。要改变这种状况，必须重新定位行政复议的功能和价值。行政复议是法律授权复议机关独立作出具体行政行为的行政机关和行政相对人之外，对行政争议进行法律审查，居中作出裁决的法律制度。行政复议工作与司法裁决的性质相近而与一般行政工作不同，因此，行政复议应当定位为"准司法性的行政争议裁决机制"，这才能符合行政复议作为居间法律裁决的本质特征。在这种价值取向下，行政复议机制改革应当以独立性、公正性、公开性为原则，重新设计行政复议的组织形式与运行程序，体现行政复议专业性、程序性和机构设置的特殊性要求。只有这样，才能使行政复议实现从内部监督、自我纠错为主向以救济权利、化解争议为主的根本转变，才能明确把握行政复议制度完善的方向。

3. 体现行政管理体制改革的要求和方向

行政管理体制改革是深化改革的重要环节。从1978年实行改革开放开始，我国的行政管理体制改革就一直在深入持久地进行着。在改革的历史进程中，党中央提出了要建立科学决策、民主决策、依法决策的决策机制，形成权责一致、分工合理、决策科学、执行顺畅、监督有力的行政管理体制等要求和方向，同时也对"如何改革"提出了指导意见，如加强行政公开、民主参与、专家论证、权力制衡、程序规范、监督有效等。行政复议作为国家行政管理工作的重要内容，对其进行改革，就要在把握复议工作本质特征的基础上，遵循国家行政管理体制改革的方向和要求。基于此，哈尔滨市提出了"政府主导、社会参与、专业保障、民主决策"的行政复议机制改革原则。

4. 明确行政复议委员会的功能定位

在改革调研阶段，哈尔滨市政府学习和研究了各地建立行政复议委员会机制的做法和经验，并在此基础上对行政复议委员会的不同类型进行了划分：第一种是由行政机关各部门首长组成，该类型基本处于虚设状态；第二种是由法制机构内部各（科）处室领导组成，该类型与办务会议没有实质区别，其实际意义不大；第三种是由专家学者组成，该类型基本属于咨询性质，复议机关想咨询就咨询，不想咨询就不咨询，且咨询意见不一定得到采纳，其作用发挥不够充分。通过研究，哈尔滨市政府认为，要发挥行政复议委员会的作用，既不能使之"虚设"，也不能使之成为单纯的"咨询机构"。基于此，哈尔滨市政府将行政复议委员会定位为"行政复议机关首长领导下的行政复议案件议决机构"，复议案件必须经过委员会议决，让委员会成为实际办事机构，真正发挥作用。

（二）哈尔滨市行政复议机制改革的创新做法

从2007年7月开始，在行政复议机制改革理念的指导下，哈尔滨市政府改变了以往行政复议内部办案、逐级审批的封闭审理模式，广泛吸收社会各界专业人士参与复议案件审理，从以下五个方面创新了行政复议体制机制。

1. 创新了行政复议的组织形式

2007年，哈尔滨市政府批准成立了哈尔滨市政府行政复议委员会，作为议决复议案件的专门机构。行政复议委员会委员主要由法律界专家学者组成，其中主任由市政府常务副市长兼任，副主任由市政府法制办主任和分管副主任兼任，其他35名委员（2010年增加到48名）主要由经遴选的熟悉法律工作的人大代表、政协委员、法学教授、资深律师以及省、市政府和市政法系统的相关法律工作人员组成。从委员的整体构成来看，政府以外人员占 80% 以上，充分体现了社会参与、专业保障的特点。在机构成立之初，委员会没有部门领导作为个人委员参加，但在 2009 年 6 月实行相对集中行政复议审理权改革后，为了尊重各部门作为法定复议机关的地位，市政府法制办把 50 个具有法定复议权的部门增设为单位委员，在表决各部门作为法定复议机关的案件时享有一票表决权。凡是需要市政府作出复议决定的案件，都要通过行政复议委员会案件议决会议集体讨论，从而在组织机构上实现了相对独立。复议案件的办理体现了依法、民主和科学决策的特征，用形式正义保障实体正义。委员实行聘任制，任期三年，委员会不属于政府机构，不占政府的机构数和人员编制，委员会的议决经费由财政专项列支予以保障。

行政复议委员会下设行政复议委员会办公室作为委员会办事机构，办公室设在市政府法制办，其职责包括：受理行政复议申请；调查案件基本事实，提出初步处理意见；向委员会提报需要议决的复议案件；办理行政复议委员会议决事项；主持行政复议调解工作；办理市政府行政应诉、应议案件；开展调查研究；等等。行政复议办公室下设立案应诉与指导处和案件调查处两个业务处。立案应诉与指导处在受理市政府管辖的行政复议案件的同时，还负责集中受理全市范围内其他行政复议案件。行政复议委员会机构设置可见图 1。

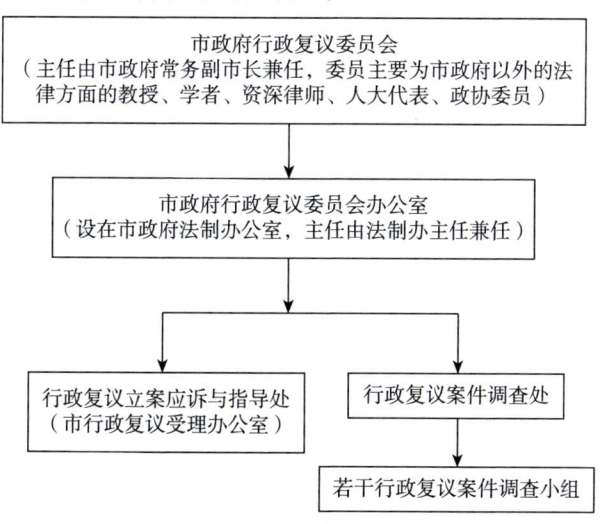

图 1 行政复议委员会机构设置图解

2. 创新了行政复议的运行方式

以往办案模式为复议机构（市政府法制办）调查结束后，直接报政府领导审批后下发复议决定。为更好地体现行政复议的准司法性，哈尔滨市政府法制办按照"权力制衡、民主决策"的理念设计了委员会的运行方式，其改革内容主要包括以下四个方面。

第一，实行立案与调查相分离，立案与调查职能分别配置在两个内设机构——复议立案处与复议调查处。立案应诉与指导处对外挂行政复议受理办公室牌子，在市区交通便利地点设立市行政复议受理中心，集中受理全市范围内的行政复议申请，畅通诉求表达渠道，解决了群众申请复议难、部分机关不依法受理案件、积压矛盾的问题。受理后的市政府管辖案件，转案件调查处进行调查。

第二，实行调查与议决相分离，调查职责配置给复议机构——市政府法制办，议决职责配置给行政复议委员会。适用简易程序案件由行政复议委员会办公室进行审理。一般程序案件，能够调解的调解结案，调解未果的案件全部呈请委员会议决。案件调查处在议决会议召开5日前将相关材料通过电子信息系统发给委员研究。

第三，实行民主决策，行政复议委员会以少数服从多数书面表决的方式，决定复议案件的处理结果。复议委员会每半月左右召开一次案件议决会议，会议按照委员名单顺序和与案件业务研究范围有关联委员优先原则，选择5~9名单数委员参会。案件议决会议由法制办主任、副主任或其指定的复议人员主持，议决会首先由案件承办人（调查组组长）汇报案件基本情况，提出调查组的初步处理意见。委员在听取案件调查情况并就有关问题提问后，对案件的法律问题和处理进行讨论磋商，讨论结束后各自填写表决票，现场统计，以少数服从多数原则确定每起案件的议决意见，行政复议委员会办公室按照委员会议决意见形成复议决定书文稿报委员会主任（常务副市长）签发。

第四，实现决策权的相互制衡。这项机制赋予了市长对委员会议决意见的否决权，即市长可以拒绝签发复议决定书，但必须将案件退回委员会并充分说明理由和依据，由委员会另行组织召开案件议决会议或召开由2/3以上委员参加的会议重新议决，市长再次拒签复议决定的，必须提交市政府常务会议集体研究决定。据调研了解，市长至今没有否决过一次委员会的议决意见。

为使这项创新具有制度保障，哈尔滨市通过政府规章《哈尔滨市行政复议规定》的立法形式予以确定，成为一项制度安排。图2为行政复议委员会工作机制与原办案机制对比图示。

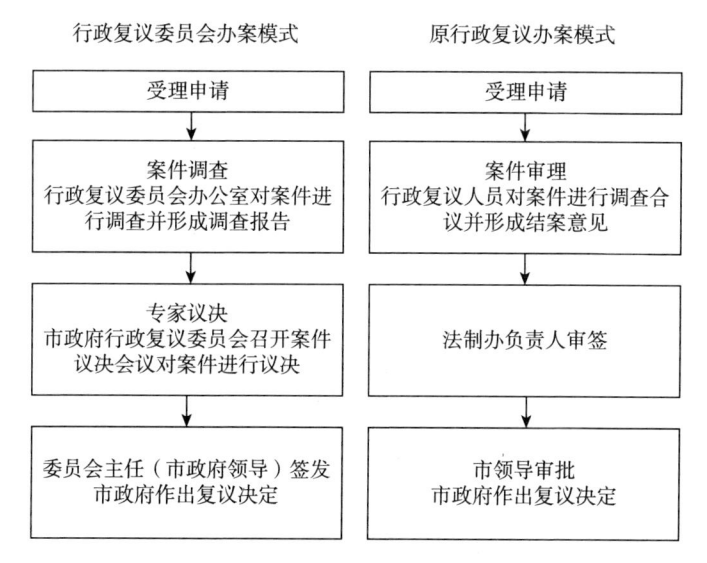

```
行政复议委员会办案模式              原行政复议办案模式

    受理申请                          受理申请
       │                                │
       ▼                                ▼
   案件调查                          案件审理
行政复议委员会办公室对案件进        行政复议人员对案件进行调查合
行调查并形成调查报告                议并形成结案意见
       │                                │
       ▼                                ▼
   专家议决                         法制办负责人审签
市政府行政复议委员会召开案件
议决会议对案件进行议决
       │                                │
       ▼                                ▼
委员会主任（市政府领导）签发        市领导审批
市政府作出复议决定                  市政府作出复议决定
```

图2 行政复议委员会工作机制与原办案机制对比图示

3. 创新了行政复议管辖体制

2009年6月，哈尔滨市政府法制办改革了以往多部门办理复议案件的复议管辖体制，探索建立了相对集中行政复议审理权，将市政府部门的复议权集中由市政府行使，具体做法是"三集中一分散"，即：集中受理、集中调查、集中议决、分散决定。

首先，集中受理。即：行政复议受理中心集中统一受理全市范围内的复议申请，市政府工作部门不再受理复议申请。市行政复议受理办公室统一刻制各法定行政复议机关行政复议专用章，由市行政复议委员会办公室主任签字后，以法定行政复议机关名义受理全市的行政复议申请。

其次，集中调查。即：以市政府和市政府部门为法定复议机关的案件，均由市政府法制办统一组织进行案件调查。"集中调查"的工作模式是分阶段改革完成的。在实行相对集中行政复议审理权试点的第一阶段，对于以市政府和不同部门名义受理的行政复议案件，采用的是三种不同的调查模式。第一种模式：对于以市政府名义和第一类部门（近几年来没有受理过复议案件的26个政府工作部门）名义受理的行政复议案件，由市行政复议委员会办公室组成案件调查组负责调查，必要时，可以抽调一名法定行政复议机关相关业务工作人员参与案件调查工作。第二种模式：对于以第二类部门（复议案件数量不多的19个政府工作部门）名义受理的行政复议案件，调查工作由市行政复议委员会办公室与法定行政复议机关共同承担，组成由市行政复议委员会办公室复议人员为组长，两名法定行政复议机关人员为成员的调查组负责调查。第三种模式：对以第三类部门（复议案件数量较多的5个政府工作部门）名义受理的行政复议案件，调查工作暂由各法定行政复议机关独立承担，由3人组成案件调查组进行调查。在第二阶段，随着条件的成熟，第二类、第三类部门案件调查方式全部转成第一种调查方式。

再次，集中议决。即：所有需要作出决定的案件全部由复议委员会集中统一议决。对于以部门名义受理的、适用简易程序办理的案件，调查组形成调查报告后报市政府行政复议委员会办公室审核，同意案件调查组意见的，由市政府行政复议委员会副主任签署决定意见；经市政府行政复议委员会办公室审核认为案件事实没有查清的，发回案件调查组重新调查。适用一般程序办理的行政复议案件，案件调查组形成调查报告报市政府行政复议委员会办公室审核后，由市政府行政复议委员会办公室统一安排委员会议决会议对案件进行集中议决。委员会议决后将案件议决意见报委员会主任（常务副市长）审签。

最后，分散决定。即：议决后分别以法定复议机关名义作出复议决定。属于市政府管辖的行政复议案件，市政府行政复议委员会主任审签（适用一般程序）或副主任审签（适用简易程序）后，行政复议委员会办公室加盖市政府印章，以市政府名义作出行政复议决定并送达当事人。属于市政府工作部门管辖的行政复议案件，市政府行政复议委员会主任审签（适用一般程序）或副主任审签（适用简易程序）后，市政府行政复议委员会办公室将案件调查报告和行政复议决定书送法定行政复议机关用印，以法定行政复议机关名义作出复议决定并送达当事人。

到了2015年以后，哈尔滨市行政复议"集中调查""集中议决"的做法就被取消了，"集中受理"得到保留。

4. 创新了复议案件受理方式

由于我国目前主要采取的是"条块结合"的行政复议管辖体制，行政复议机关众多，很多市民不知道向谁申请复议，有些复议机关也不愿意受理案件。为此，哈尔滨市政府法制办打造了一家高效、便民的案件受理"政务超市"，在全市交通最便利地点设立了市行政复议受理中心，同时向全市公布地点和电话，中心"不设门槛"，集中受理群众的复议申请，并督促有关复议机关依法办理。市政府还要求全市各级行政执法机关在具体行政行为的法律文书上必须明确告知市行政复议受理中心的地点和电话，这样不仅方便了群众维权，也监督了行政机关依法履行复议职责。通过创新案件受理制度，畅通了群众申请行政复议的渠道，敞开了政府接收群众诉求的大门，有效避免了法定行政复议机关随意不受理复议案件的情况。

5. 创新了复议案件办理机制

为提升行政复议工作质量，哈尔滨市政府法制办创新完善了行政复议的制度和程序，建立了听证、合议、咨询、调解四项工作机制。

第一，建立听证机制，保证办案的准确性。为了全面、客观地把握复议案件的基本情况，哈尔滨市政府法制办制定了《哈尔滨市行政复议听证规则》，对听证会的原则、程序、听证范围等做了明确规定，除非事实明了的复议案件，否则都要通过听证会查明事实。通过听证，了解当事人的基本情况、复议请求、案件的起因，通过听证质证的方式审查被申请人作出具体行政行为的全部证据和依据，充分听取各方当事人的陈述、申辩。听证机制的建立，既能让申请人感到"有地方说理"，也让行政机关感到每一个被复议的具体行政行为都要"暴露在阳光下"。

第二，建立合议机制，保证办案的公正性。采取合议的方式办理案件，是克服独任审理弊端、公平公正处理行政争议的有效手段。根据法律的规定和复议工作发展的需要，哈尔滨市政府法制办建立了合议制，每3名行政复议人员组成一个合议组，简易程序以外的所有案件均由合议组负责处理。在查清案件事实的基础上，由办案人汇报案件的事实、证据、法律依据、执法程序和适当性等情况,合议组进行合议、表决,按照少数服从多数的原则提出处理意见。合议组意见上报复议委员会之前,还要经过处务会集体讨论。借鉴司法审判的形式,通过合议的方式办理复议案件,有效避免了案件处理上的个人专断。

第三,建立咨询机制,保证办案的正确性。哈尔滨市政府法制办成立了行政复议咨询专家库,吸收了法律专业以外的各专门领域专家学者参与政府决策,对重大、疑难和专业性较强的案件提供专家咨询,借助"外脑"的作用做好复议工作,保障了行政复议工作的质量。

第四,建立调解机制,保证纠纷解决的有效性。为了兼顾公平与效率,在体制机制设计上体现出便民、灵活、高效的特点,哈尔滨市政府法制办还通过《哈尔滨市行政复议规定》,建立了调解机制,对于依法能够调解处理的案件,在查明事实、分清是非的基础上,对行政争议双方进行调解。对具体行政行为正确的,向群众做好辨法析理和解释说服工作,提高行政管理相对人履行义务的自觉性;对确属行政机关行为违法或不合理的,与有关行政机关进行沟通,使行政机关能够认识到自身的问题,主动纠正错误的行政行为。通过调解方式处理案件,更有利于增强效率、定纷止争。

三 哈尔滨市行政复议机制改革项目的持续性分析

从管理学的角度来看,地方政府创新的持续性就是地方政府作为创新主体,通过控制和协调创新要素,维持和增加创新的长期公共利益的过程。[①] 衡量地方政府创新的持续性,需要在确定创新要素存续与否的同时,观察创新产生的长期效用。2010年1月17日,"哈尔滨市行政复议机制改革"项目获得了第五届"中国地方政府创新奖"提名奖。2017年7月11日,笔者跟随"地方政府创新可持续性跟踪研究"调研小组赴哈尔滨市,对该项目的运行情况开展了实地考察。调研结果发现,在获奖

---

① 王焕祥、黄美花:《中国地方政府创新的可持续性问题研究》,《上海行政学院学报》2007年第6期,第20~27页。

以后,"哈尔滨市行政复议机制改革"项目仍保持正常运转,取得了良好的运行成效,但它也出现了一定程度的"倒退"。

(一)项目的发展情况

自项目启动开始,哈尔滨市行政复议机制改革主要经历了两个发展阶段:第一阶段是从2007年7月到2009年6月,主要在市政府本级建立了全新模式的行政复议委员会,按照新的组织形式和工作机制审理行政复议案件;第二阶段从2009年6月开始,在进一步完善行政复议委员会案件审理机制的基础上,实行相对集中行政复议审理权改革,这项改革也是分阶段完成的。在项目运行的十年间,行政复议委员会工作和新的运行机制产生了较好效果,运行顺畅,"相对集中行政复议审理权"制度也曾发挥重要作用,但遗憾的是,这一创新举措并未完全持续下来,这也是该项目出现"倒退"的主要表现。

如前所述,相对集中行政复议审理权的工作模式采用了"三集中一分散"的方式,即:集中受理、集中调查、集中议决、分散决定。这一制度的出台有其重要的现实意义。根据《行政复议法》的有关规定,市政府工作部门也是法定复议机关,拥有行政复议权。但在现实运行中,政府工作部门对于行政复议案件的受理把关更紧,造成了一些当事人投诉无门的情况,且其行政复议的过程更容易形成官官相护的问题。2009年6月,"相对集中行政复议审理权"制度实施后,政府工作部门的案件统一由市政府法制办受理并进行集中调查、集中议决,"委办局不上都不行"。议决后,根据复议委员会意见,各部门分别以自己的名义作出复议决定。这个做法在一定程度上解决了部门复议渠道不畅通、官官相护、简单无原则维持下一级处理决定的问题,保证了部门复议案件的公正性,也大大提高了行政复议的公信力和权威性。但这项制度没有完全坚持下去。

2015年5月,新《行政诉讼法》实施后,相对集中行政复议审理权的运行成本显著增加,哈尔滨市政府法制办就不再对行政复议案件进行集中调查、集中议决,但是"集中受理"的做法被作为一项制度坚持下来,并得到了良好执行。根据政府文件要求,所有符合条件的行政复议案件仍由哈尔滨市行政复议受理中心集中接收，案件受理后转送给法定复议机关办理，市政府法制办对其进行监督，法定复议机关必须在指定期限内将案件是否立案、是否作出复议决定、如何作出的决定等情况，以文书的形式报送给法制办。

（二）项目的运行成效

经过多年的实践，哈尔滨市的行政复议机制改革主要产生了四个方面的效果。

1. 有效化解了行政争议，保障了群众的合法权益

通过行政复议机制改革，一是畅通了群众的诉求表达渠道，加强了对案件受理、办理过程的监督，初步解决了矛盾积压的问题。在以往的行政复议制度下，相对人难以准确找到行政复议机关、部分复议机关"有案不受"的情况时有发生，申请渠道的不畅通在一定程度上造成了矛盾积压。在建立"集中受理"制度后，相对人申请行政复议只需向市行政复议受理中心提交申请材料即可，无须再为确定行政复议机关而担心，且法定行政复议机关从接手案件、决定是否立案开始，就要上报市政府法制办接受监督。二是行政复议委员会的纠错机制效果较好，行政相对人申请复议不需要花钱，合法权益就能够得到维护。市政府将适用简易程序和经调解结案以外的需作出复议决定的案件全部交由委员会议决会议进行议决，委员会机制打破了以往行政复议内部审理议决的模式，复议决定以体制外专家的意见为保障，增强了裁决结果的公正性。实行复议改革新机制十年来，行政复议委员会召开议决会议204次，议决需要市政府作出复议决定的案件1000余件。对绝大多数通过委员会议决的案件，法院的判决结果与复议结果相一致。复议工作基本实现了"定纷止争，案结事了"，经济社会发展环境有所改善。

2. 强化了行政复议功能，切实提高了政府公信力

通过行政复议机制改革，复议案件办理的质量得到了显著提升，群众从主观上感受到复议能够解决问题，也更加愿意通过行政复议途径而不是到处信访或者诉讼解决问题。这就在一定程度上缓解了积压矛盾的问题。改革前后复议案件受理数量的变化就可以说明问题：行政复议委

员会试点之前的 2006 年，市政府本级受理复议案件 167 件；行政复议委员会试点当年即 2007 年，市政府本级受理复议案件 216 件；2008 年，市政府本级受理 203 件；2009 年，市政府本级受理 327 件；2010 年，市政府本级受理 496 件；2011 年，市政府本级受理 1040 件；2012 年，市政府本级受理 1345 件；2013 年，市政府本级受理 547 件；2014 年，市政府本级受理 792 件；2015 年，市政府本级受理 517 件；2016 年，市政府本级受理 1026 件。目前，行政复议案件的数量已经超过了同期法院行政诉讼案件的数量。改革以后的行政复议工作真正做到了取信于民。便捷有效的行政复议工作机制，有助于进一步引导群众以合法、理性和便捷的方式表达诉求，解决矛盾。

3. 规范了行政执法行为，有力推动了依法行政

市政府受理的案件涉及政府各部门，案件类型涉及行政处罚、行政许可、行政征收、行政强制等各个行政管理领域。在以往的行政复议体制机制下，由于案件办理过程不透明、办案方式过度行政化，行政机关纠错主动性较低。行政复议委员会的建立打破了这一局面。由于 80% 以上的委员是由体制外专家担任，且委员会地位独立超然，在议决时，委员们不必有顾虑，完全凭借自身专长发表处理意见，从而可以更多更好地发现问题和解决行政复议案件。委员会机制推行以来，以往案件处理过程中存在的行政机关、行政相对人找人说情的情况基本得到了杜绝，行政机关在行政复议程序中发现自身问题，都能够积极主动地纠正错误，这就使政府行政复议案件纠错率不断提升，有效地促进了政府依法行政工作的展开。同时，委员会在个案办理中发现普遍性问题，还可以通过填写市政府《行政意见书》的形式，提出改进行政执法工作的意见和建议，从普遍意义上规范行政执法行为，从而监督和促进政府各部门依法行政。

4. 为复议机制改革提供了可鉴经验，形成了良好的推广效应和社会反响

作为我国率先开展行政复议委员会试点的城市，哈尔滨市政府在探索建立行政复议委员会机制的过程中，较好地解决了我国行政复议工作中长期存在的公信力不强、机构不独立、内部办案等普遍性问题，对行

政复议的功能定位、委员会组织形式和运行程序等一系列问题都在理论和实践上给出了系统的明确的回答,这对于我国的行政复议机制改革具有重要的借鉴意义。

哈尔滨市行政复议机制改革的经验成果不仅取得了良好的社会反响,得到了社会各界的好评和肯定,同时也产生了一定的推广效应。这一成效可以从项目的推广情况、获奖情况和媒体报道情况看出。第一,在项目推广方面,哈尔滨市行政复议机制改革项目在运行之初就得到了包括国务院法制办在内的上级机关的充分肯定。2008年8月,哈尔滨市行政复议机制改革经验在全国行政复议工作会议上做了介绍。2009年6月,国务院法制办充分参考吸收了哈尔滨市行政复议机制改革的实施经验,提出建立省、市、县三级政府行政复议委员会,探索相对集中行政复议审理权。2010年,根据黑龙江省政府的指导意见,哈尔滨市所辖八区十县全面推进了行政复议机制改革。2011年,国务院法制办在哈尔滨市召开了全国行政复议委员会试点工作现场会,推广了哈尔滨市的做法。自该项目实施以来,哈尔滨市政府已在全国性会议上介绍经验5次,有20多个省、市的政府法制部门来到哈尔滨市考察学习。第二,在项目获奖方面,哈尔滨市行政复议机制改革项目在2007年度获得了"振兴哈尔滨优秀创意奖";2009年2月,哈尔滨市政府行政复议委员会办公室被国家人力资源和社会保障部、国务院法制办公室联合评为全国行政复议工作先进单位;2010年1月,哈尔滨市政府法制办公室"行政复议机制改革"项目获得了第五届"中国地方政府创新奖"提名奖;2012年12月24日,哈尔滨市行政复议制度改革获第二届"中国法治政府奖"。第三,在媒体报道方面,《人民日报》、《光明日报》、《法制日报》、人民网、新华网、新浪网等知名媒体,都对哈尔滨行政复议机制改革项目进行了有关报道,如《法制日报》于2008年7月11日刊载的《哈尔滨集中受理接转行政复议申请》,《人民日报》于2008年8月7日刊载的《哈尔滨市出台复议申请新规——集中接转让"民告官"更容易》,《黑龙江经济报》于2009年12月3日刊载的《哈市行政复议制度改革经验将全国推广》。此外,哈尔滨市行政复议机制改革还为学界提供了研究范例,一些学者对这项改革给予了高度评价,并通过对项目经验的总结和分析,形成了学术论文，丰富了行政复议机制改革领域的理论成果。

四 哈尔滨市行政复议机制改革项目持续发展的动力与阻力

（一）项目持续发展的原因分析

哈尔滨市行政复议机制改革项目能够延续至今，主要有以下五个方面的原因。

1. 创新要素的制度化水平相对较高

调研结果发现，哈尔滨市行政复议机制改革中的创新举措大部分已通过政府规范性文件确立下来，成为哈尔滨市政府的规章制度。2007年7月30日，哈尔滨机构编制委员会印发《关于成立哈尔滨市政府行政复议委员会的通知》。2008年5月，哈尔滨市人民政府发布《哈尔滨市行政复议规定》，确定了行政复议委员会的组织形式和工作模式，设定了行政复议的一般程序、简易程序、听证程序和议决程序，同时配套制定了《哈尔滨市人民政府行政复议委员会工作规则》《哈尔滨市行政复议听证规则》等规范性文件。此外，市政府法制办还与市监察局联合制定了《哈尔滨市行政复议确认执法责任案件移送追究责任办法》，建立了行政复议案件移送问责制度。在推动行政复议机制改革的过程中，市政府及时将创新的优良基因以制度的形式固定下来，保障了相关主体规范化地开展创新实践。其后，随着时间的推移，制度的贯彻和执行也不断得到强化，创新制度逐渐从一种外在约束转变成为人们自动遵循的惯例，从而更具稳定性和持续性，不会轻易因主管领导的更换而发生变化。在访谈中，当被问及"项目发起人离岗对于创新项目的影响程度"时，哈尔滨市政府法制办的工作人员表示，项目的发起人虽然已经调离，但并没有对这项创新制度产生太大影响。

2. 项目取得了上级机关的认可和支持

哈尔滨市行政复议机制改革顺应了时代的发展趋势，适应了中央及上级政府的改革发展战略，也因而获得了来自上级的肯定、支持和推广。加强行政复议机制改革，是全面推进依法治国、建设法治政府的题中应有之义，也是维护社会稳定、构建社会主义和谐社会的必然要求。近年来，党中央、国务院高度重视行政复议体制机制创新工作，并通过下发《全面推进依法行政实施纲要》《关于预防和化解行政争议健全行政争议解决机制的意见》等系列决定，为创新行政复议体制机制提供了理论和政策依据。2013年11月，党的十八届三中全会将"改革行政复议体制，健全行政复议案件审理机制，纠正违法或不当行政行为"写入《关于全面深化改革若干重大问题的决定》。2015年12月，党中央、国务院《法治政府建设实施纲要（2015—2020年）》提出"完善行政复议制度，改革行政复议体制，积极探索整合地方行政复议职责"等系列加强行政复议工作的要求。哈尔滨市行政复议机制改革项目正是在这样的政策环境中持续推进的。不仅如此，哈尔滨市政府在确定行政复议委员会的改革模式时，确立了"体现行政改革方向"的理念。创新后的哈尔滨市行政复议机制体现了社会参与、权力制衡、公开公正、民主决策的特点，符合现代社会的发展理念，适应了创新行政管理体制的基本要求。这就使哈尔滨市行政复议机制改革项目赢得了来自中央及上级政府的支持和肯定，获得了广阔的发展空间和推广机会。

3. 项目具有较高的群众需求度

项目的创新举措回应了公民对于高质量公共服务的需求。哈尔滨市通过行政复议机制改革，畅通了复议申请渠道，保证了复议机构的独立性、专业性和公正性，提升了群众对行政复议的信赖感和认同感。2007年项目成立之初，市政府本级受理复议案件仅为216件；2012年，市政府本级受理复议案件1345件，创下了历年案件受理量的最高值；2016年，市政府本级受理复议案件1026件。案件受理数量的大幅度增加，既反映出群众对行政复议机制改革成果的认可，也表明公众通过新的行政复议机制解决问题的需求日益增长。这是项目能够持续推进最根本的动力和保障。

4. 项目执行团队具有较高的积极性

创新项目的持续，既离不开市政府的有效推进，也离不开政府各部门的积极配合和认同支持。哈尔滨市行政复议机制改革项目是地方政府政绩追求的推动结果，也是地方政府提升公信力、巩固权威性和维护社会稳定的需要。因此，在项目执行中市政府具有较高的积极性。行政复议委员会制度的建立，有效防止了行政复议程序虚化空转的问题，强化了行政复议作为社会矛盾调节器的关键作用，如果这一创新举措被取消，就极有可能退回到"行政复议难"，群众不得不以上访、诉讼等方式表达诉求的局面，这也是哈尔滨市政府不愿想见的。哈尔滨市政府法制办的王宇伦处长说道："如果没有足够充分的理山，这个创新制度不会被轻易撤销。"在推进创新的过程中，行政机关对此达成了共识，各部门积极配合市政府法制办开展工作。行政复议委员会成立之前，市政府就进行了充分调研，召开了多次座谈会，深入征求基层意见和建议，进行了广泛宣传，得到了市直部门的理解、认同和支持。试点工作启动时，市政府召开了全市行政复议委员会试点工作动员大会，市长进行了动员讲话，强调了行政复议委员会试点工作的意义和作用，对各部门提出了明确的要求。目前，行政复议委员会工作衔接到位，推进顺利，与市政府各部门间的积极协调配合具有重要关系。

5. 项目得到了有力的物质保障

作为创新项目的重要内容，哈尔滨市行政复议委员会是比较彻底的体制外的行政复议议决机构，它不属于政府机构，也不占人员编制，委员会实行聘任制，有八成以上的委员是由政府以外的法律方面的教授、学者、资深律师、人大代表、政协委员担任。要实现该项目的持续运行，无疑需要充裕的资金做保障。在这一方面，市政府为其提供了有力的财政支持。除正常的复议工作经费外，市政府每年额外拨付行政复议委员会专项议决经费，2007年7月至2009年6月，每年拨付经费12.5万元，2009年6月起提升至每年25万元，每次议决会议一般可议决5~10个案件，有5~9名委员参加，按参加议决的委员每人每次500元标准支付报酬。目前，议决经费提升至每年39万元，委员议决报酬按每人每次1000元标准支付。在其他物质保障方面，市政府为行政复议案件调查处、立案应诉与指导处提供了3间办公用房、1间专用听证庭、1间复议受理接待室，并配置了适应工作需要的电脑、视频监控等办案设备。充分的财力和物力支持对于项目的顺利运行和持续推进有着重要的保障作用。

（二）阻碍创新持续的原因分析

哈尔滨市行政复议机制改革项目虽然持续运行至今，但也出现了一定程度的"倒退"——相对集中行政复议管辖制度没有完全坚持下来。产生这种倒退的主要原因,在于创新制度与相关法律间的协调成本过高,超出了项目执行者的承受力。

对于政府主体来说,"法无授权不可为",行政权力必须在法律和制度的框架内运行,地方政府开展创新实践亦是如此,这样就产生了创新行为与相关法规之间的协调性问题。当创新制度能够获得相关法律法规的支持时,制度的协调成本就会有所降低,甚至为零,随着法律支持力度的加大,创新持续的可能性也会增大。相反,当相关法规与创新制度之间存在不协调关系时,继续推行创新就会产生较高的协调成本,一旦这种成本超过了创新执行者的承受能力,创新就会失去持续性。哈尔滨市推行"相对集中行政复议审理权"制度时,与2015年5月新《行政诉讼法》的有关规定,就产生了衔接协调不良的问题。

新《行政诉讼法》第26条第2款规定:"经复议的案件,复议机关决定维持原行政行为的,作出原行政行为的行政机关和复议机关是共同被告;复议机关改变原行政行为的,复议机关是被告。"依照全国人大法律委员会的有关说明,作出这种修改是因为"实践中复议机关为了不当被告,维持原行政行为的现象比较普遍,导致行政复议制度未能很好发挥作用",立法机关希望通过这种制度设计倒逼行政复议机关积极履行职能,提高工作实效。但是新规实施的效果似乎并未达到其预期目的。"无论何种情形复议机关都要作为被告参加行政诉讼"的规定,以及申请人开启诉讼的低成本,产生的直接结果是复议机关行政应诉案件大幅度增加,复议工作人员应诉压力"几何级"增加,出庭应诉甚至成为行政复议机关工作的"新常态"。[①] 在法律修改前,由于实行相对集中行政复议审理权改革,哈尔滨市政府各部门仅仅具有名义上而非实质上的行政复议审理权,当出现行政应诉问题时,政府的做法是,复议决定维持的没问题,由作出原具体行政行为的机关应诉;复议决定改变原具体行政行为的,引发诉讼的可能性一般不大,由市政府行政复议委员会办公室和法定复议机关共同应诉。各部门对此也表示了认同。但是新规出台后产

[①] 朱晓峰:《行政复议制度改革的地方实践和立法建议——基于〈行政诉讼法〉修改对行政复议制度的影响》,《行政法学研究》2016年第5期,第63~74页。

生的一系列问题使市政府执行上述做法的难度和压力显著加大。王宇伦处长表示,"本来我们是有积极性的,想通过我们复议渠道,把行政争议化解在内部,化解在行政复议程序,化解在初发阶段,但现在的制度设计导致我们负担很重","如果再集中管辖,政府的压力太大了"。新法实施后不久,哈尔滨市政府的相对集中行政复议审理权就取消了。

五 哈尔滨市行政复议机制改革实践面临的问题

创新项目的生存环境是动态变化的。随着创新的持续推进,哈尔滨市行政复议机制改革还面临新的问题和挑战。

（一）行政复议委员会的委员选任问题

1. 县级政府复议委员选聘困难

目前,哈尔滨市所辖的县、区已经全面建立了行政复议委员会机制。但是经了解,基层尤其是县级政府的行政复议委员会机制大多只是形式主义,委员会"名存实亡",究其原因,主要在于外部委员选聘困难。行政复议委员会制度能够有效推进,在很大程度上有赖于专家、学者、律师等优秀的人才资源保障。不同于省、市级政府,县级政府所处地域狭小,地区发展环境较为落后,法律人才资源匮乏,专家资源更是稀缺,导致了在实践中政府很难选聘到合适的委员。此外,由于县级政府的依法行政意识较差,将行政复议的议决权交给复议委员会,县长还存在一定的抵触心理。

2. 委员聘任选派的方式缺乏科学性

从调研情况来看,目前哈尔滨市各级政府行政复议委员会尚未建立起正式的外部委员遴选机制,在实际操作中,委员选任方式缺乏科学性,聘任谁、由谁议决,在很大程度上取决于法制办的意见。《哈尔滨市人民政府行政复议委员会工作规则》第五条规定:"委员由经遴选的人大、政协、高校、法学研究机构、律师事务所等推荐的法律工作者、法学工作者和省市政府、市政法系统的相关法律工作人员组成。"在实践中,委员选聘工作主要由法制办负责，委员名单报市政府领导同意后由政府聘任，任期三年，在换届时，权威委员可以推荐候选委员，由法制办考察确定是否聘任。而在复议案件办理时，也是由法制办确定参加议决会的委员名单，并向委员会汇报案情，提出处理意见。法制办选派时主要是采用"与案件业务研究范围有关联委员优先"的原则，这样做主要是考虑到委员们的专业不同，能力各有侧重，擅长的领域有所区分。如果按照完全不干预的排号机制选派委员，选出的委员在专业能力上就可能与议决案件的性质不匹配，这一方法确有其合理性。不难看出，委员的聘任和选派，法制办几乎起到了决定性作用。这样一来，委员的独立性其实很容易受到影响。

（二）行政复议案件的责任承担问题

1. 委员的权力与责任不对等

在行政复议案件议决这个关键环节，存在"专家决策、政府负责"的权责不一致现象。为了保障行政复议委员会的规范运行，哈尔滨市政府制定出台了有关规则来约束委员的行为。但在事实上，委员对行政复议案件的表决是不承担责任的，因为多数委员不是体制内的人员，无法追究其责任，也无法通过职务升降、薪酬待遇等手段来督促其履职，对委员的惩罚充其量也只是使其在委员会以后的换届中不再被聘用。而市政府法制办并没有案件议决权，却承担实际的责任。这种做法并不符合"谁决策谁负责""有权必有责"的法治精神。由于缺乏有效约束，委员有时也会"意气用事"，未必能提出正确的处理意见。

2. 行政复议工作人员责任追究困难

除了专家责任追究难以外，当出现问题时，其实也很难追究复议工作人员的责任。因为复议案件的最终结果是行政复议委员会集体议决的结果，并不是承办人的个人意见，一般只要承办人员如实向委员会汇报了案件的基本情况，承办人应该就没有责任。

行政复议委员会目前的运行方式，很难真正保障权责一致。有权无责，权力的行使就容易出现随意性。这一问题已经引起了有关负责人的重视，但是如何才能在保证委员会独立性的同时，实现对委员行为的约束，这其实是一个两难的问题。

（三）行政复议中的监督问题

行政复议是行政机关自我纠错的一项重要监督制度，当行政复议作出的复议决定出现损害政府利益、损害公共利益的情况，存在实质性的错误时，谁来监督行政复议机关纠错？在实践中，并非所有不利于行政机关的复议决定都是正确的，但是由于法律相关内容的空白、制度设计的不合理，当出现上述情形时，行政机关往往面临无权申诉、无法监督复议机关纠错的境遇。

我国《行政复议法》和《行政诉讼法》均赋予了行政管理相对人不服行政复议决定时寻求救济的权利，但是对于被申请人一方的行政机关如果不服复议机关的复议决定应如何解决，法律并没有作出规定。由于行政机关对行政复议结果没有诉权，现有法律制度中也没有"上级行政复议机关对下级行政复议机关不当行为实施监督"的依据，如果复议机关作出不利于行政机关的复议决定，而作为申请人的行政管理对象又不启动行政诉讼程序，行政机关就只能无条件执行。

要使行政复议制度更加合法公正，应该进一步完善立法，从制度设计上，针对被申请人不服复议决定的情况制定出相应的申诉监督途径，建立监督复议机关依法办案的有关制度，设计一套针对复议机关违法问题的纠错程序。

六　结论与建议

哈尔滨市行政复议机制改革项目持续发展的十年间，有成效、有收获，但也有阻碍、有局限。从总体上看，项目运行良好。它通过创新行政复议组织形式，完善决策程序，实现了形式正义和程序正义对实体正义的保障，使人民主权思想和民主政治理念真正体现到政府工作中来，使民主、科学和依法决策落到实处，促进和维护了社会的公平正义，既体现了我国行政改革的方向和要求，又做到了汇集舆情、倾听民意，争取到了群众的理解和支持，提升了政府的公信力和权威性。但在肯定成效的同时，也不能忽视该项目发展面临的新的问题和挑战。结合调研情况，笔者提出了推进哈尔滨市行政复议机制发展完善的三点建议。

（一）建立复议委员管理制度，督促委员尽职尽责

委员会作为一个独立于体制外的机构，其本身具有独立性、专业性等优点，通过行政复议委员会议决，有助于避免官官相护的现象，这也是公众从主观上认可和信赖政府的重要因素。但也正是由于不在体制内，一些委员出现了"任性"议决和不负责任的情况。如何保障委员履职尽责，学者和实务界有不同的看法和主张。一种看法认为，委员会如果由议决机构变成咨询机构，能够更好地发挥作用，即委员会对案件形成意见，交由实际承担责任的市政府作出最终决定，让政府成为权责的统一体。另一种看法认为，要真正形成对委员权力的控制，应当将委员会纳入体制内进行管理，对此可参考韩国的行政审判委员会。该机构虽然设立于行政机关内部，但其独立性很高，充分吸收了大量外部委员，案件审理保证半数以上外部委员参与，同时它还有独立的财政预算作保障。上述两种看法各有利弊。如果委员会不是作为"第三方"开展行政复议，而是回归到了行政体制内，老百姓就可能质疑行政复议是否又会变回政府"自己人保护自己人"的状态。但如果让委员会成为咨询机构，而不是议决机构，那么委员会可能就会陷入"虚设"的困境。笔者认为，应当探索建立专门的复议委员管理制度，通过适度的制度影响，逐渐增强委员的"职业感"，提高委员履职的积极性。就哈尔滨市的情况而言，除了已有的回避制度，针对委员的管理制度还应该包括议决委员选派制度、工作考核制度、薪酬激励制度、责任追究制度等。确立一套针对委员业绩的评价指标体系，通过适当的考核方法，将那些合格的委员与不合格的委员区分开来，考核结果与委员的薪酬待遇和参与评议的次数相挂钩，减少不合格的委员被选派参与案件评议的次数，对累计多次考核不合格的委员执行解聘处理。

（二）健全外部委员遴选机制，打造高素质行政复议工作队伍

外部委员在行政复议委员会中的重要性毋庸赘述，要避免委员选任

中的主观随意性，应当建立起相对科学且符合地方实际的委员选任机制。首先，要注重顶层设计，国务院法制部门应当尽早出台相关规范性文件，细化复议委员的遴选方式和程序。其次，在统一规则的指导下，各地结合本地实际，综合考量公共利益的需要和社会公众的认同，制定符合本地区特色的具体规则。再次，对于一般地区来说，开展委员遴选应强调开放性，可以将定向招聘与公开招聘相结合；遴选专家、学者及其他社会人士，要更加注重其知识结构、专业水平和执业操守，而不是成员的特殊身份；遴选方式程序要正式化、规范化，例如组织应聘委员参加资格考试，进行情景模拟面试，考察测评应聘者的综合素养。最后，针对县域、社区的外部委员选拔，要考虑基层人才资源相对匮乏的实情，探索创新委员选聘办法，例如在审查应聘者资历的前提下，实行委员推选制。对此，王宇伦处长提出了自己的建议："社区可以尝试。"由群众民主投票推选产生委员，让群众推选的委员议决群众的行政复议案件。

（三）适时修订完善相关立法，弥补行政复议制度漏洞

现实中，法律的调整是一个相对复杂漫长的过程。在行政复议制度改革上，从2008年9月16日国务院法制办印发《国务院法制办公室关于在部分省、直辖市开展行政复议委员会试点工作的通知》开始，行政复议委员会的试点工作已经开展了11年，但在国家立法方面，仍未出台与之相适应配套的法律制度。在政府规章上，国务院下发的有关文件也仅是对复议委员会提出探索性建议，并未出台全国行政复议委员会改革的统一规范。地方在探索制度建设时也出现了水平参差不齐的现象。行政复议机制改革的稳定有序推进，有赖于国家法律制度的根本保障。第一，应适时修订完善《行政复议法》，使地方成熟成功的改革经验上升为权威规范的法律规定，同时弥补现有制度漏洞。其一，制定行政复议委员会有关法规，要以确保委员会独立性、专业性、中立性为基本原则，从法律上清晰定位委员会的性质，确立委员会权限，建立复议委员的资格认证和遴选标准，明确行政复议委员会案件办理的法定程序规则。其二，在集中行政复议权方面，建议通过立法修订，改变行政复议"条块结合"的管辖体制，取消部门行政复议权，实现地方政府对行政复议职权全部

集中，彻底确立"块块管辖"的模式。其三，完善行政复议监督制度，建立行政复议被申请人的申诉监督渠道，如提高行政复议机关的监督层级，通过法律规定，赋予上级行政复议机关对下级行政复议机关的不当行为实施监督的权力。对于某一层级行政复议机关作出的复议决定，行政被申请人认为存在问题且不服的，申请由其上级行政复议机关开展监督、调查和纠错。第二，加强《行政复议法》与《行政诉讼法》之间的衔接配合。在推进行政复议制度改革时，要修改完善《行政复议法》，除了考虑该制度本身存在的问题，还必须思考它与新《行政诉讼法》的衔接问题。如果衔接不良，就可能造成创新的倒退，哈尔滨市相对集中行政复议审理权的取消就说明了问题。在增强两种法规的衔接性上，如何完善复议机关作共同被告制度是关键问题，也是目前学者和实务工作者关注和讨论的热点。

辽宁省民心网实践创新及其持续性

李慧龙[*]

辽宁省"民心网"（以下简称民心网）创立于2004年，是应辽宁省委和省政府要求而由辽宁省纪委、省监察厅、省政府纠风办创建，现由辽宁省政府主办的公开受理公众诉求问题的网络工作平台。[①] 民心网是在我国社会利益与矛盾多元化和复杂化的背景下，地方政府着眼于高效解决社会诉求而加强和创新社会治理实践的典型代表。2012年，民心网获得第六届"中国地方政府创新奖"，在其显著成绩获得广泛认可的基础上，迎来了快速发展的新阶段，并持续至今。

一 民心网实践创新的萌芽与生长历程

在发展阶段上，民心网的实践创新可以以获得第六届"中国地方政府创新奖"的时间为节点，划分为前后两个大的阶段：初始探索期和加速成长期。通过梳理两个阶段中民心网的主要实践情况与大事件，可以对民心网的创新历程进行整体的检视。

（一）初始探索期：网络时代伊始的创新萌芽

民心网是我国地方政府社会治理理念变革与现代信息技术发展相结合的产物。2004年，我国网络时代刚刚拉开序幕，辽宁省及时顺应我国互联网应用和发展的趋势，面对传统信访手段、搞接待日和开热线等政民沟通方式在便捷性、互动性等方面的不足，尝试使用网络渠道搭建政

---

[*] 李慧龙，华南理工大学公共管理学院博士后。
[①] 民心网：http://www.mxw.gov.cn/index.aspx。

府与公众沟通和进行诉求治理的新方法。及时而准确地了解公众的实际需求，为公众提供表达利益诉求的渠道，以及搭建政府有效回应公众意愿的平台，是辽宁省创立民心网的初始动因与目标所在。2004年5月21日，民心网应运而生，并在之后的运行过程中进行了一系列卓有成效的实践探索，其主要举措体现在以下社会诉求治理的四个主要环节中。

（1）社会诉求接收环节。首先，明确地划分社会诉求的类型，为设计和选定合适的诉求回应方式提供依据。在具体做法上，一是将公众诉求划分为"投诉、咨询、意见建议、求助"等4个主要类别，并通过关键词设置具体问题领域，形成对公众诉求的三级分类体系；二是出台《民心网运行管理规则》，明确限定受理范围与条件。其次，确立社会诉求接收充分性的评估指标体系。对公众诉求的接收设置包括认领及时率、软件使用能力、处理流转次数等在内的评价指标体系。以该评价指标体系为参照，一方面用于考量与提升民心网平台的运行效果，另一方面用于民心网工作人员服务水平的自查，并为绩效考核提供依据。最后，进行社会诉求接收保障机制建设。通过开通24小时公开受理群众举报投诉和政策咨询问题平台，设置编辑部、互动部、举报投诉中心等组织机构，以及选定专职诉求问题办理的联络员，实现了对公众诉求的全面、有效接收。

（2）社会诉求处理环节。首先，建立专门的信息筛选机制，对接收到的繁杂的公众诉求问题进行分析。通过设置专职人员和开发专门的软件处理系统，对公众诉求信息进行定性分析与筛选，分层次、分项目生成基础分析数据，形成统计图表，进而有针对性地对不同的投诉类别及特点采取相应、指定的办理方式。其次，建立诉求问题督办机制。一方面，通过量化责任，简化和规范对公众诉求问题的回应程序与流程，为公众诉求问题的及时解决提供保障。另一方面，利用《民心》杂志、《纪检监察信息周刊》、电台"民声"热线、电视台"城市频道"等媒体载体，对群众诉求及办理情况进行公开，通过外部舆论压力提升工作实效。同时，通过将办理结果的报告以正式公文的形式报送省纠风办，以及向监察机关提供案例、数据和分析报告，督促办理部门和具体工作人员对投诉的办理认真、负责。这些流程的优化、主管部门与网民的双重监督，为民心网在信息处理环节高效地解决公众诉求提供了可能。

（3）社会诉求回复环节。首先，通过创新"举报回音"、"查询ID"、满意度打分、二次督办等多种回复形式，保障对公众诉求受理的回复率和满意率。其次，利用多种媒体形式建立立体化的宣教机制。利用民心网网站、《民心》杂志、《纪检监察信息周刊》、电台"民声"热线和电视台"城市频道"等载体，搭建集合网络、杂志、报纸、电台、电视台于一体的复合化媒体平台。通过将诉求案件的接收与解决情况等信息进行整合利用，宣传典型案件进行政策告知，并对民心网的运行方式和工作成效进行公开和宣传，一方面，提升了民心网在公众心目中的知名度，使公众熟悉了民心网的办事流程与参与方法；另一方面，塑造了民心网的积极形象，增强了公众的认同感，推动了民心网工作的顺利开展。

（4）社会诉求反馈环节。首先，在公众诉求问题得到解决之后，民心网将在办理结果公开以后，对诉求人进行办理结果回访，并根据群众满意度进行分级评价、网上公开或"二次督办"。同时，通过案件开展"回头看"活动，民心网对每季度处理的诉求件情况进行科学数据分析，进一步发现问题和了解民情民意。其次，民心网建立了日常考核和年终考核相结合的考核方式，对民心网工作人员和相关责任部门的工作进行考核。通过五星件数排名、办理进度排名、办理数量排名等指标设置，对民心网整体及各部门的工作进行规制，保证了诉求治理的质量。

总体而观，围绕社会诉求的接收、处理、回复、反馈等四个环节，民心网进行了全方位的机制与制度探索，在解决民生诉求方面取得了显著成效。2011年2月，《中共辽宁省委、辽宁省人民政府关于全面推进"五大系统"建设的意见》出台，明确将民心网作为民意诉求反馈系统，纳入辽宁省惩治和预防腐败体系五大系统中，省政府绩效办则将民心网诉求办理综评指标纳入对各市政府的绩效考核，标志着民心网踏上了规范、有序发展的轨道。

（二）加速生长期：获奖之后的快速发展

自建立起，民心网不断在公众诉求问题的接收、处理、回复与反馈的各环节取得突破性创新，在激发公众参与热情、提高政府部门工作积极性、加强部门间协调以及解决公众诉求问题等方面成效显著,得到了政府上级部门和社会各界的广泛认可。2012年1月8日,民心网在北京正式被授予第六届"中国地方政府创新奖",并在之后得到更为广泛的关注,进入了创新成长的加速时期。

从已获得的材料中可以梳理得出民心网自2012年后的主要发展轨迹。

2012年7月,辽宁省政府给予5万元奖金作为民心网获得"中国地方政府创新奖"的奖励;采取向民心网购买民生服务的方式,每年拨款758万元。

2013年7月,中央党校、中央编译局在民心网举办"网络时代的群众路线——民心网的探索与实践"论坛,提出民心网是实践群众路线的重要平台。

2013年9月,民心网开通"党员干部作风问题"举报通道,专门受理群众反映的党员干部作风问题。

2013年12月,国家工信部在民心网召开"电子政务创新为民服务座谈会",提出民心网是国家治理体系和治理能力现代化的重要平台。

2013年底,民心网获得并搬迁至独立的新工作地点。

2014年5月,王岐山书记批示将民心网交归政府。

2014年7月,辽宁省政府和省纪委进行民心网人事、制度交接,将民心网交归政府管理(省纪委依然使用)。同时,政府为民心网每年增加拨款312万元。

2015年10月,民心网分为一部和二部。其中,"一部"主要处理民生中的民意诉求、政府不作为和慢作为等问题,"二部"主要受理纪委管辖权限下的事务,通过精细分工进一步使民心网成为有办理、有监督的高效问题受理平台。

2016年,探索员工管理和职能分工"大交流"制度,并尝试采用聘任制。

从近年来的发展轨迹可以看出,获得"中国地方政府创新奖"后的民心网获得了来自政府和社会更为广泛的关注,并进一步得到了中央和辽宁省委、省政府更多、更直接的政策与财政支持。人事、机构、财政等管理制度的进一步明确和规范化标志着民心网的创新步入成熟期。

二 民心网实践创新的成熟与持续现状

基于14年的实践探索，民心网积累了丰富的创新经验，取得了丰硕的社会成果，并由此获得了来自政府和社会各界的广泛认可。在有利的发展环境下，民心网在管理和平台功能上不断地规范、拓展和细化，在功能定位上被更多地纳入政治沟通与公权力监督的理论意义[①]，以及践行群众路线、推进国家治理体系与治理能力现代化等实践目标之中，构成了民心网的实践创新得以持续而稳定推进的保障。同时，管理体制的变化和平台功能的增多在赋予成熟期的民心网更多价值的同时，也给民心网的持续运作带来了新的不确定性。

（一）创新成熟期的发展思路调整

随着社会影响力的提升、平台功能的增多，以及2014年和2015年的人事制度、财政预算和机构设置的调整，当前民心网的持续运行和长期发展面临新的环境，在外部关系和内部管理方面业已开始进行新的调整与转型。

首先，在与政府、社会等外部关系层面寻找自身定位。一是民心网与政府间的关系定位，尝试回答人事和制度上划归政府管理之后，如何实现体制"保鲜"的问题。具体包括厘清以下方面：民心网作为一个机构的身份属性，民心网管理方式与政府管理体制的不同，民心网走事业单位化道路是否行得通，民心网是否应该去行政化以及去行政化的程度等。二是民心网与社会间的关系定位，平衡社会服务与市场营利之间的关系。其目标是对民心网的平台、信息等资源进行二次开发，发展产业，实现产能，并以此反哺民心网。当前，民心网倾向于不同于政府的管理方式，同时以"两轮驱动，推进产业发展为宗旨"，通过运营信息公司、农家乐等市场取得收益，逐渐在政府的财政拨款以外建立自收自支体系。

---

① 李月军：《中国地方政治沟通模式的变革、绩效与限度——以辽宁民心网为例》，《中国行政管理》2014年第1期，第26~31页。

其次，在内部管理层面创新组织管理方式。一是厘清部门间的权责关系问题。在 2015 年初步的部门机构改革之后，民心网对"一部"和"二部"的关系进行了梳理，从职能出发进行分工管理，包括："一部"专职归政府管辖的民生问题，"二部"专职反腐问题；二者相辅相成，"二部"除负责自身职能以外，还负责处理"一部"遗留或者落后的部分，同时对"一部"所做的工作进行督促检查。二是创新人事管理制度。民心网从 2016 年开始对员工管理采取班子分工大交流制度，一方面，提高员工自身管理素质，预防长时间在一个部门工作形成固化思维，另一方面，有效防治关系网的拉拢和建设。同时，实行聘任制，对员工实行量化考评，通过转为股份制的形式分发奖金。

（二）创新持续性的显著表现

民心网的实践创新能够持续至今的生命力来源在于解决问题。为人民群众解难解忧是民心网的宗旨，而有效地实现这一宗旨则是民心网创新持续力的根本保证。从本质上看，公众对民心网平台的信赖、中央和地方政府的大力支持以及民心网的市场价值亦皆来源于此，并反过来进一步强化了民心网创新的持续力。具体来看，民心网蓬勃发展的表现，亦即民心网创新持续性的衡量指标主要有以下三个方面。

一是显著并不断提升的问题解决效力。首先，在数量上，随着民心网影响力的提升和不断发展，民心网日均最大诉求受理量已超过 1000 件，日均回应群众关切的问题能够达到 564 件。[①] 截至 2018 年 4 月 16 日，民心网已解决公众诉求问题 679699 件，还利于民 42.16 亿元，党政纪处分 4655 人。[②] 从历时变化看，通过对比民心网创立初期与当前阶段受理问题能力的显著增长，可以看出民心网创新的显著持续性（见表 1）。其次，在质量上，民心网各部门办理诉求共获得五星评价 315465 件，共收到群众对民心网及各级部门的满意留言 23.81 万条，群众满意率达

[①] 数据引自民心网数据中心，http://www.mxwz.com/data/view.aspx?id=1985842，最后访问日期：2017 年 5 月 10 日。文中其他数据引自同一出处（除特殊标注者外）。

[②] 数据引自民心网官网统计，http://www.mxw.gov.cn/index.aspx，最后访问日期：2018 年 4 月 16 日。

92.74%，彰显出总体稳定而极高的诉求解决质量。最后，在效率上，通过民心网转办的公众诉求，94.73%能够在规定时限内得到相关部门的反馈，平均诉求办理速度达到7.02天。总体来看，对问题的高效与高质量的解决不仅维护了人民群众的利益，顺应了人民群众的心愿，也顺应了党在新时期践行群众路线的要求和提升社会治理能力的时代潮流，这是民心网创新持续性的最主要表现。

表1　2017年与2004年相比民心网诉求受理能力提升情况

	2004.5.21~2004.12.31	2017.1.1~2017.5.10
受理能力	1451件	153025件
解决问题	353件	101178件
收缴违纪违规金额	77.1万元	320.93万元
还利于民	4583元	2.24亿元

二是持续有力的政府支持。民心网从创办以来，尤其是2012年至今，受到了各级领导的高度重视，除多次获得中央和各级政府领导视察、学习外，前后共得到2083位领导重要批示6558次。同时，民心网获得了政府以购买服务的方式拨付的年度专项资金的支持。政府领导、政策、财政等的不断助力为民心网的持续创新提供了保障。

三是创新扩散的实现。经过14年的发展，民心网的工作体系得到进一步完善。除最初的民心网省级平台以外，2017年辽宁省的14个市均已建成民心网。同时，与民心网联网以实现诉求问题"直转快办"的单位已达3502家，还有40762家基层单位每天都在民心网上开门办公、与民互动，彰显出民心网的创新扩散已形成了显著的规模效应。

（三）创新持续性的潜在阻碍

尽管民心网的显著问题解决效力、政府支持和规模扩散为其创新的持续提供了有力保障，但是，伴随身份转变与规模扩大而来的也有潜在的问题，并成为民心网实践创新持续力的潜在消减因素，具体包括以下三个方面。

首先，划归政府管理造成创新自主性弱化。随着正式划归政府管理，且在财政预算方面主要依赖于政府拨款,民心网作为政府部门的官方色彩明显增加,而社会服务角色受到弱化。随之而来的还有民心网改革空间的缩小和创新自由度的约束,增多的行政性管理、政府部门间关系作用也或将带来运行效率的降低和创新动力的衰减。同时,划归政府管理之后的民心网进一步凸显了自身独立性的缺失,民心网对政府的监督失去了"准第三方"的角色,在政府信任的层面可能招致公众更多的不满和对政府运作与自我监督"黑箱"的猜疑,导致民心网作为社会诉求解决平台的生命力降低。

其次,督办质量的下降削弱了公信力。民心网不断发展的根源在于为人民群众有效解决诉求问题,不断赢得人民群众的满意度。而随着受理诉求数量的不断增多,分配到每一件公众诉求问题上的有限人力资源势必会减少,对问题督办的质量也将面临"打折扣"的问题。现在一些单位已经出现了"造假件""骗成绩"的现象,还有一些单位产生了敷衍了事的问题。如果因为工作环节上的研判不力、分转不准、把关不严,而滋生得过且过的作风,将从内部直接降低民心网的工作质量,引发群众的不满。民心网的风险警戒线是群众满意率低于70%,如果1/3的问题解决不好,就会大大地损害民心网的公信力,使民心网的实践创新陷于停滞与衰退。

最后,对创新者个体的依赖增加持续创新的不确定性。民心网是创新者基于为百姓办实事的政治抱负,将服务人民的理念与时代需求结合在一起的产物,坚定的领导及其凝聚的团结的团队是民心网创新成功的原动力。[1] 在实践过程中,民心网的发展方向与变革思路亦多源于创新者自身所具有的问题直觉、判断力和睿智的决策,以及善于吸收新技术和新知识、利用新方法和新思维的能力。[2] 这一方面为民心网的发展注入了灵魂,实现了坚定而快速的发展,另一方面也因个体的变化性为今后民心网的持续创新埋下了不确定性和风险性。

---

[1] 褚松燕:《公开、互动的互联网执政创新——辽宁民心网实践述评》,《行政管理改革》2012年第10期,第59~62页。

[2] 宋艳:《从辽宁民心网看政府治理创新》,《中国行政管理》2015年第10期,第158~159页。

三 民心网可持续性创新的路径展望

随着民心网的实践创新步入平稳发展阶段,如何避免在这一时期陷入停滞与衰退成为当前民心网发展中需要研究的重要课题。对此,民心网实践创新持续性的表现与潜在障碍为我们提供了正反两个方面的启示。同时,结合民心网当前的发展理路,未来民心网创新成果的保持与持续扩大需要从以下四个方面进行努力。

(一)树立和坚持"以人民为中心"的发展理念

要坚持以人民为中心,把群众的呼声、群众的冷暖、群众的不满作为重要信号,作为民心网各项工作的首要关切,并落实在解决行动中。首先,这是一个思想认识问题,也是一个责任心的问题。没有对党的事业的忠诚和对人民群众的真诚,终究难以做好诉求服务工作。其次,树立以人民为中心的理念也是一个理性的认识问题,是对"民心网的生命力在于解决群众问题"这一根本原理的洞察。有效地解决公众诉求、提高公众的满意率是民心网服务的宗旨和价值来源,也是民心网推进一切创新和追求其他附加价值的基础所在。

(二)保持创新的独立性与灵活性

首先,要进一步厘定民心网与政府间的管理关系。政府对民心网的管理不应是上级对下级的管理,而应是平行合作关系。政府对民心网的财政拨款应该坚持以政府购买服务的方式进行,政府可以定制服务和进行指导,但不应因财政关系而对民心网的创新进行过度干涉。其次,在方法上,要通过引入第三方智囊等方式保障民心网创新的灵活性与科学性。第三方智囊的主体可以是大学、研究所、商业咨询机构等,进行咨询的机制可以选择举办研讨会、购买策划等不同形式。两方面措施的共同目标都是将民心网创新方向的制定过程科学化和制度化,一方面避免政府行政性指令的不当与过度干涉,另一方面避免民心网内部创新者个人的错误决策。

（三）以大数据开发保障和推进创新成效

在民心网的创新中开发大数据技术是指通过大数据统计和机器学习等新技术的应用，推进计算机软件在社会诉求接收、处理、回复、反馈以及趋势监控和预测中的作用，其目的与价值有以下三个方面：一是可以通过半自动化或自动化的工作，提高社会诉求的解决效率；二是通过电子化代替部分人工职能，缓解民心网工作人员数量不足的问题，减少因诉求处理数量增多带来的督办无力、质量下降等问题；三是通过大数据技术的应用，研究民心网数据开发的市场化问题，开发民心网的数据库价值，对民心网在14年间形成的庞大数据库进行深度开发利用，为使民心网能够提供更多社会服务、发展产业以及实现自我"造血"功能提供有效手段。

（四）加强外在制度与内在思想建设

目前，民心网已经有了比较健全的工作管理制度，在管理方面也积累了一些经验，但是思想管理方面值得总结和思考的还有很多，需要用更高的标准把管理水平提高到一个新的档次，预防因"一把手"创新者的变故造成创新的停滞。首先，在制度建设层面，要对民心网的诉求办理标准、网上评议标准、调查工作标准、信息加工标准、复合媒体运行标准、财务管理制度、劳资管理制度、考核制度等进行不断地细化与完善，保障民心网基本工作的标准化运行。其次，在思想建设层面，继续坚持当前的岗位分工"大交流"制度，并辅之以有针对性的思想培训和激励，使每一个民心网的工作人员学会站在整体性的高度思考局部工作的定位、特色和内在的规律，加强对民心网工作理念和创新方向的理解与认同，从内外结合的角度共同保障民心网实践创新的持续性。

四 结论

当前我国正处于社会转型和利益调整关键期，日益增长而纷繁复杂的社会利益诉求与政府诉求服务供给不足之间的矛盾构成了基层社会治理的一个主要困境。如何引入公众参与的力量以弥补政府工作的不足、如何构建一个有效接收与解决公众诉求的政府平台与机制，成为各地方政府创新社会治理的重要课题。民心网就是由此而进行的实践探索，而其显著的社会效力、较完善的管理制度、明确的政府管理关系以及广泛的社会基础等各项指标，都标志着民心网的创新实践已经进入成熟期，在取得了巨大的成效的同时稳定而持续地推进。如何避免陷入创新的停滞与衰退期，则成为接下来民心网改革与发展的新课题。

总之，随着信息技术的发展，尤其是移动互联网在我国的进一步普及，作为政府治理对象层面的网络社会已经形成并快速演变，客观上要求我国各层级政府保持改革的敏感性，进行持续性创新。对此，民心网的创新历程、实践思考和方向探索为我们提供了一个好的范本，而将民心网的创新动力与创新成效延续下去并不断升级，是民心网、各层级政府以及全社会的共同关切。

安图县群众诉求服务平台创新项目的可持续性研究

贺晶晶[*]

基层社会治理是整个社会治理体系的根基，也是推进现代治理体系建设的重点和难点。在全面深化改革的关键时期，社会利益格局正经历着深刻调整，人们的思想观念发生着重大变化，社会矛盾纠纷和诉求表达也日益多元，基层社会问题层出不穷，传统的行政命令式管理模式难以适应时代发展要求。创新基层社会治理，提升和改善民生服务质量，已经成为实现社会和谐稳定发展的重要前提。近年来，安图县委、县政府结合现实需求，大胆实践，以公众参与为出发点和落脚点，成立了安图县群众诉求服务中心，探索出了一条具有地方特色的社会治理创新道路。该中心自成立起就受到了社会各界的广泛关注。2014年1月11日，安图县群众诉求服务中心从132个评选项目中脱颖而出，荣获了第七届"中国地方政府创新奖"优胜奖。时至今日，这项创新实践仍在持续，而且不断进行着再发展和再深化。

一 安图县群众诉求服务平台创新项目的发起背景

安图县位于吉林省延边朝鲜族自治州西南部，地处"东北亚旅游圈"的中心地带和"东北亚经济合作圈"的腹地，全县面积7444平方公里，

---

[*] 贺晶晶，吉林大学行政学院博士研究生。

辖7镇2乡,总人口21万人,其中朝鲜族占人口总数的19.5%。① 安图县生态环境优美,素有"长白山第一县"的美誉,其境内拥有长白山天池、瀑布、温泉群、美人松园、地下森林、药王谷等众多自然景观,同时也具有十分丰富的矿泉水资源、矿产资源、林业资源和动植物资源等。凭借得天独厚的自然条件,安图县确立了"打资源牌、走生态路"的产业战略,以大健康产业为引导,大力发展了以矿泉水、伊利石、旅游等为代表的支柱、优势产业,初步构筑了安图特色、绿色产业体系,并吸引了广州"恒大"、韩国"农心"、福建"雅客"等国内外知名品牌企业落户。

安图县具有十分广阔的发展前景,但它同时也是有名的国家级贫困县。近年来,随着各项事业的发展,安图人民群众的生活得到了显著改善,但安图欠发达的基本县情并没有得到根本改变,发展不足仍是其主要矛盾。在以往的经济发展和社会建设中,安图县还存在相当数量的问题亟待解决,其中包括:财源基础仍较薄弱,刚性支出不断增加,收支矛盾十分突出;城乡建设欠账较多,社会事业相对滞后,改善民生的任务相对繁重;群众利益诉求日益多元,维护社会稳定压力较大;政府自身建设仍有薄弱环节,政务服务水平与新形势、新任务的要求还不能完全适应,行政效能还需进一步提高;等等。相对偏远的区位条件和相较滞后的发展状况促使社会矛盾层出不穷,集中表现为城乡建设中的房屋拆迁、公路铁路建设中的征地补偿、企业改制中的下岗职工安排等方面的问题。为化解社会矛盾,县委、县政府投入了大量人力、物力,但其实际效果并不明显。在处理群众上访问题时,党政机关深感棘手,出现了"老办法不管用、新办法不够用"的现象。诉求群众则因问题未能有效或及时解决而觉得委屈。特别是一些要求过高、缺少法律政策支持,甚至违背常理的诉求,以及政府无法解决、法院不能判决的问题,当事人一般不通过正常途径和法律手段解决诉求,"闹访""缠访"现象时有发生,"信闹不信理""信访不信法"问题较为严重,这在一定程度上破坏了正常的社会秩序,影响了党政机关的公信力。特别是在2010年的

---

① 《安图县情况介绍》,安图县政府门户网站,www.antu.gov.cn/xq_12861/atgk/201809/t20180929_91341.html,最后访问日期:2019年10月25日。

"7·28"特大洪灾后，因水毁房屋和失地补偿问题，安图爆发了大面积群体性上访案件，如该县两江镇四岔子村的13户村民就因不满镇里给出的补偿方案，多次到县、州、省里上访，这给安图的灾后重建工作带来了很大的阻力。

面对复杂的局面和严峻的维稳形势，安图县委、县政府深刻意识到，要有效化解矛盾，仅仅依靠一般性的行政接访和司法手段是不够的，必须从广大人民群众最迫切的需求出发，加强和创新社会治理，不断满足人民日益增长的公共服务需求，让人民切实感受到意愿受到尊重、权益得到保护、作用得到发挥，最大限度地激发社会活力、增加和谐因素，从源头上维护社会的和谐稳定，让改革成果更好地惠及人民群众。2011年5月，安图县委、县政府开始筹备"安图县群众诉求服务中心"，目的在于搭建一个多元主体协同共治、及时就地反映和解决群众诉求的平台，使各种社会力量积极发挥作用，形成推动社会和谐发展、保障社会安定有序的合力。

二 安图县群众诉求服务平台创新项目的具体做法

安图县群众诉求服务中心（以下简称"中心"）于2011年7月15日正式挂牌运行，它是在县委统一领导下，由政府主导并提供必要的经费保障，人大牵头组建、职能部门落实、纪检监察监督、公众广泛参与、新闻媒体推进的非营利性机构。"中心"的主要功能在于调节社会矛盾、提高行政效能、强化道德约束、规范社会行为、密切干群关系、促进社会公正。为了充分保障诉求群众与党政干部进行有效沟通，协调落实等工作在最短时间内得到跟踪推进，"中心"在成立伊始就遵循了社会扁平化的治理模式与发展趋势，科学设定了治理等级。项目的创新点概括来说包括：形成了"行政接访、法律援助、民事民议、纪检督查"的一体化工作模式，构建了"评理""说事""建言"三个服务平台，开设了全过程跟踪录播的电视媒体曝光台，建立了覆盖全县各乡镇的群众诉求服务网络。具体来说，安图县群众诉求服务平台创新项目的做法如下。

(一)整合各项资源,探索了一体化的工作模式

"中心"主要是由"行政接访、法律援助、民事民议、纪检督查"四个工作单元构成,形成了一个全方位、多功能、"一站式流程"的新型诉求服务平台,其工作流程如图1所示。这种创新的工作模式是在诉求中心与党政机关部门间进行资源整合和协调互动中产生的。

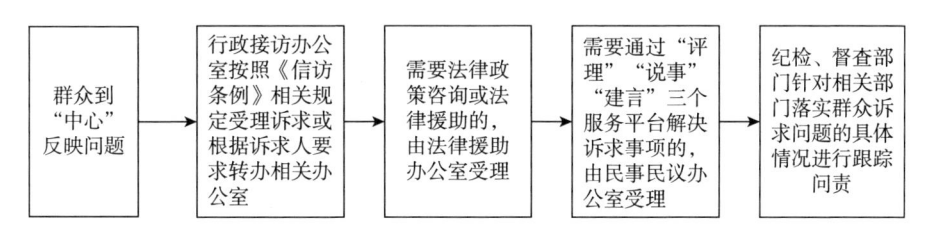

```
群众到          行政接访办公        需要法律政        需要通过"评        纪检、督查部
"中心"   →    室按照《信访   →   策咨询或法   →   理""说事"   →   门针对相关部
反映问题        条例》相关规        律援助的,        "建言"三个        门落实群众诉
                定受理诉求或        由法律援助        服务平台解决        求问题的具体
                根据诉求人要        办公室受理        诉求事项,        情况进行跟踪
                求转办相关办                          由民事民议办        问责
                公室                                  公室受理
```

图1 "四位一体"工作流程

资料来源:《安图县群众诉求服务中心材料汇编》(材料内容更新至2017年6月14日)。

1. 建立规章制度,厘清"中心"办事机构职能

"中心"的办事机构由行政接访、法律援助、民事民议和"安图民声"频道栏目组四个办公室构成,"中心"工作人员主要由县信访局、司法局、电视台等部门派驻和组织部门从优秀后备干部中选派组成。根据工作需要,"中心"明确规定了各办事机构的工作职责、工作流程、组织原则,形成了一系列行之有效的制度安排,如接待、考勤、培训等工作制度和议事代表管理办法等,确保了这一创新性项目始终在法制的架构内规范、高效、便民地运作。从机构职能设置看,"中心"本身形成的是"行政接访、法律援助、民事民议"三位一体的工作体系。首先是行政接访。作为"首席接待",它担负着两大职能,一是诉求问题审核,针对群众来访来信来电诉求,按照《诉求中心不予受理事项》进行初审,符合诉求中心受理要求的进行受理,不符合诉求中心受理要求的,及时告知诉求群众。二是行政协调。按照工作流程及《信访条例》直接受理,积极主动协调涉事部门处理诉求问题,或者根据诉求性质和诉求人的意愿,转到法律援助和民事民议办公室办理。其次是法律援助,该办公室主要

负责在整个诉求问题调处期间为诉求者提供司法解释和法律援助服务，如解答诉求群众提出的法律问题，向诉求群众宣传法律、法规和政策，审查法律援助申请材料，对有关法律援助材料进行立卷归档等。最后是民事民议。作为诉求中心的核心部门，该办公室主要根据诉求性质和诉求人的意愿，利用"评理""说事""建言"三个平台开展工作，其职责在于有效引导公众参与社会治理，积极妥善调处各类矛盾，其工作内容包括：负责议事代表的选举、补选和管理，组织议事代表开展现场评议或即时评议，约请群众和相关部门开展约谈，收集和整理社会各方的意见建议等。而"安图民声"频道栏目组，则会根据"评理""说事""建言"三个平台的工作内容，完成相关事项的采录、后期制作及跟踪报道等工作。

2. 形成协调联动，完善"中心"工作格局

诉求调处工作取得实效，关键在于问题的落实。在县公众参与社会管理工作领导小组的统一领导下，诉求中心、涉事部门和纪检、督查部门之间建立了受理、处理、监督的三方协调联动机制，以监察问责的方式督促相关部门落实民意诉求。至此，诉求中心真正形成了"行政接访、法律援助、民事民议、纪检督查"四位一体的工作格局。"纪检督查"工作遵循以下程序。首先，诉求中心根据群众反映的诉求问题整理形成《诉求动态》，报送县委、人大、政府、政协主要领导，涉事部门分管领导，涉事部门及纪检、督查部门形成全方位的落实及监督网络。在"中心"的接访环节，群众诉求如果涉及软环境建设等方面的问题，案件将移交给纪检监察部门进行调查审核。其次，涉事部门在收到"中心"的《诉求问题转办单》后，设立"民情台账"，及时处理群众诉求问题，确保《诉求问题转办单》中的问题逐一落实，指定专人负责，在三个工作日内向诉求中心做出反馈。对于暂时不能解决和无法解决的问题，要及时向监督、督查部门，县诉求服务中心以及诉求群众说明情况，并列出问题的解决方案。对于涉及多个部门的诉求问题，要建立部门联动机制，由县级主管领导或牵头部门负责人统筹协调处理，并在第一时间向诉求群众公开落实情况。最后，诉求中心对转办问题的处理结果进行定期回访，对于没有按照规定时限和要求有效处理或群众对处理结果不满意的

问题，及时反馈到组织部督查科，由督查科督促落实和问责，定期在全县通报。此外，督查结果还会定期在"安图民声"频道的《回声壁》《曝光台》栏目中播出。

（二）立足公众参与，构建了双向互动的干群沟通平台

民事民议是诉求中心倾力打造的服务载体，也是安图县社会治理创新实践的最具特色之处。围绕"说事""评理""建言"三个方面，诉求中心将干部联系群众、服务群众的各项措施进行了系统整合和拓展延伸，建立起了双向互动、化解矛盾的干群沟通平台，扩大了公众参与社会治理的广度和深度，畅通了安图百姓直接反映诉求、表达意愿、建言献策和参政议政的渠道。这种依托群众参与矛盾纠纷化解的运行模式，不同于当下普遍流行的依靠部分调处人员参与的做法，体现了真正意义的人民调解。

1. "评理"平台：悉心接访，依靠群众就地化解矛盾

针对上访引发的矛盾纠纷，安图县政府并非依靠行政力量强行压制，而是依托诉求中心设立了"评理"平台，组织议事代表、涉事部门及相关群众开展评议，用舆论监督和引导的方式化解社会矛盾冲突，做到百姓事百姓议，百姓理百姓评，群众问题真正依靠群众解决，这一举措属于全国首创。首先，组建议事代表队伍。"中心"有议事代表100名，其组成人员包括党代表、人大代表、政协委员，法官、律师等精通法律、法规的司法界人士，熟悉行业政策、专业知识的专业人士，阅历丰富、公道正派、有威望的社会人士，有代表性的居民代表、村民代表。议事代表经过提名推荐或自荐、资格审查、公示、组织考察、公布五个程序后产生。其次，开展现场评议。根据群众申请启动评理程序，对影响较小、时效性强的矛盾纠纷，组织涉事双方和议事代表小范围即时评议调解；对涉及面广、影响较大、调解不通的，由涉事双方随机抽取议事代表组成评理团，专门召开"评理大会"，涉事双方陈述理由、现场辩论，并由评理团现场投票评判。最后，媒体跟踪曝光。安图县电视台对"评理大会"全程录像，第一时间在"安图民声"频道播放，使全县群众了解事情的来龙去脉，判断是非曲直。"评理"结果

并不具备行政和司法强制性，但它发挥了民间舆论场的强大作用。通过评议，政府部门认识到自身的不足并加以改进，原"闹访""缠访"群众也意识到其诉求在法律、政策、道德上缺乏合理性，并先后息访。

2. "说事"平台：主动下访，着力化解潜在矛盾

群众利益无小事。"说事"平台，就是通过"领导基层座谈、涉事部门约谈、百姓即时访谈"三个载体，让干部从坐等群众上门变为主动下基层，与群众直接对话，听民声、解民怨，把问题化解在基层和萌芽状态。一是领导基层座谈，即县级党政领导班子成员到基层与百姓面对面交流座谈，倾听民声，了解民意，发现问题。县委办、政府办负责拟订领导座谈计划，"中心"负责座谈会的组织协调及记录，并根据领导意见给涉事部门下达问题转办单。2012年11月5日，"县级党政领导进社区"活动启动，这是对领导基层座谈的进一步完善和发展。二是涉事部门约谈，相关部门或相关乡镇、社区、企事业单位、系统部门作为责任主体负责约谈工作，要主动深入群众，广泛征求群众意见，确保工作不跑偏、高效率、合民意；群众提出"约谈"申请，由"中心"转办相关部门进行组织或自行负责组织。会后"中心"对约谈问题进行整理，并负责督促落实。三是百姓即时访谈，针对群众反映的问题，通过"家访""上门谈"等形式，开展矛盾调处及媒体报道工作。为推动干部"下基层"，安图县还建立起了"县级党政领导进社区"、在职党员干部"双岗双责制"和"农村网格化管理"等制度安排，进一步拉近了党员干部与群众之间的距离，密切了干群关系。

3. "建言"平台：广纳民智，畅通群众"参议"渠道

"建言"平台，重点是针对一个时期全县经济发展及社会民生需求，组织百姓参政议政，在安图的发展上集民智、汇民策，最终使百姓充分分享安图的发展成果。一是自拟主题主动寻求建言。凡是涉及群众切身利益、可能引发社会矛盾的改革方案、政策措施、重点项目等，决策前要组织"建言"活动，广泛听取群众意见。相关单位和部门可以自行组织建言活动，也可委托"中心"开展意见征求会，并根据情形进行录播报道及后期跟踪报道。二是灵活机动听取群众建言。群众到"中心"表

达意愿，提出建议，由"中心"负责跟踪报道及反馈工作；群众到有关部门上门建言，相关部门要认真接待处理，并及时通告"中心"进行跟踪报道，以确保公众参与社会管理工作公开化、透明化。2011年，安图县在打造一条街"精品街路"的过程中，老农行家属楼部分居民不配合街区改造，影响了改造进程。针对此情况，群众诉求服务中心启动了建言程序，采取多种形式对家属楼内居民以及百姓进行采访，以召开座谈会的形式从不同的角度向居民代表说明打造精品街路的重要性。最终，该楼居民全部同意改造。

（三）重视舆论力量，打造了全程跟踪式的媒体监督平台

安图县依靠群众化解社会矛盾的做法能够取得成功，在很大程度上有赖于形成了强大的舆论监督和引导力量。为了最大限度地保证群众诉求工作做到公开、公正、透明，安图县电视台配合诉求中心专门开设了"安图民声"频道，对"中心"的民事民议活动进行全过程跟踪录播、全覆盖报道、全景式曝光。这一创新举措将媒体参与的功能发挥到了极致，有力推进了诉求中心工作的开展。

"安图民声"频道在诉求中心派驻了记者组，使之能够对诉求中心的各项活动随时跟踪采访，对调处实况同步全程录播，及时报道相关部门的诉求处理情况。具体来说，"安图民声"频道主要是通过《民生新闻》《民声广角》《民声直通车》三大品牌子栏目与诉求中心实现互动和对接的。一是作为主打栏目的《民声新闻》。该栏目把"突出社会管理创新"这一宣传报道作为重头戏，依托群众诉求服务中心，对群众反映的热点和难点问题以及曝光的群众诉求案件进行跟踪报道。在该栏目中，"诉求新闻"版块约占新闻总时长的1/3，剩余时间用于播报有关民生、法制、道德建设等题材的新闻，将"正反"两种现象置于同一个窗口下，形成了以播放百姓诉求为点，以播放扬正气、树新风、强化公民道德等内容为面的立体式、全方位服务民生的舆论督导及宣教网络。二是《民声广角》。该栏目突出深度报道的优势，主要围绕政府民生工程和社会关注的民生问题进行调查式报道，围绕百姓身边的"烦心事"开展跑腿报道，对部门解决督办百姓反映的热难点问题进行跟踪报道，对群众诉求事件

的处理结果开展系列报道。三是作为公共话语平台的《民声直通车》。该栏目主要对百姓"评理、说事、建言"活动进行实况录播。"安图民声"频道是诉求中心的宣教平台，是传知民意的"晴雨表"和解民忧难的"快车道"，也是公众监督的"利器"。

在安图这样一个具有"熟人社会"特点的县市中，媒体的全程跟踪报道会使舆论场域扩大化。如召开评理大会，评议现场原本为100名议事代表进行投票评判，但经"安图民声"频道全程实况播出后，媒体受众了解了事情的来龙去脉，实际就变成了5万、10万，甚至全县百姓的舆论评议。媒体的跟踪曝光，使参与诉求活动的每个个体都有一种压力感，为了避免遭受社会舆论的谴责，各方主体都会将法治、道德等层面的规范作为化解矛盾的依据和落脚点。对于诉求群众而言，受到道德和舆论的压力，为了保住"颜面"，人们就会选择以合理、合法、合情的方式进行维权和建言。诉求中心成立后，有大量矛盾纠纷的化解是因理亏一方慑于电视曝光的压力而主动和解、息诉罢访。对于职能部门而言，通过直播"领导干部基层座谈""涉事部门约谈""百姓即时评议"等活动，党员干部的言行将全部置于群众的监督之下，其承诺也会成为群众对其评价考核的软标准，不论是出于监查问效的现实约束力，还是碍于媒体曝光后的舆论压力，职能部门都将尽力履行"承诺"，快速解决诉求问题。对于企业而言，当公众与之出现纠纷时，相对于政府所谓的"协调处理"，企业更畏惧公众祭出"诉求中心"这一法宝，其原因就在于"安图民声"频道的曝光会影响企业声誉和形象，从而损害其经济利益。在诉求中心运作的六年来，"安图民声"频道这一媒体平台实现了情、理、法及传统文化与现代法治的碰撞交融，凝练了社会正气，传播了社会正能量。

（四）拓宽工作空间，建立了覆盖全县的诉求服务网络

诉求中心在不断完善工作机制的情况下，适时拓展了工作空间，在社区成立民事民议中心的基础上，在全县9个乡镇创新性地组建了民事民议工作站。这就使得矛盾预防的关口前移，延伸了化解矛盾的触角，为在更大范围及领域内方便和服务群众带来了保障。

乡镇民事民议工作站是由乡镇党委统一领导，乡镇人民政府提供经费支持的非营利性机构，它在业务上接受县群众诉求服务中心民事民议办公室的指导。借鉴县群众诉求服务中心的工作模式，乡镇民事民议工作站搭建了"三位一体"的工作体系，承担行政调解、人民调解和民事民议的工作职能。工作站设定了工作站站长、人民调解员和民事民议工作人员三个工作岗位：工作站站长由乡镇党委选派，负责工作站的日常管理，建设民情、民意信息员队伍，与县诉求中心的沟通联系和辖区内矛盾化解，开展评议等工作；人民调解员由乡镇司法便民连心法律服务中心选派，负责接待受理辖区内群众来信、来电、来访，在进行行政调解的基础上，主要为群众提供法律服务，利用法律手段有效化解矛盾；民事民议工作由乡镇综治办主任负责，工作内容主要包括组织和管理辖区议事代表，整理、上报群众评议申请，组织议事代表参与评议活动等，配合诉求中心民事民议办公室开展"评理"和"建言"工作。乡镇民事民议工作站设议事代表330名。其中，明月镇、两江镇、松江镇民事民议工作站议事代表各50名，亮兵镇、石门镇、新合乡、万宝镇、永庆乡、二道白河镇民事民议工作站议事代表各30名。2013年8月，县群众诉求服务中心首次利用乡镇民事民议工作站的评理平台，采用异地评议的方式，由明月镇26名农民议事代表就亮兵镇农药纠纷一案，开展以"豆苗死亡，谁的过错"为主题的评议活动。

三 安图县群众诉求服务平台创新项目的持续性分析

地方政府创新的可持续发展，是我国体制改革的重点和难点之一。衡量地方政府创新的持续性，应当在确定创新要素存续与否的同时，观察创新产生的长期效用。2017年7月4日，笔者跟随"地方政府创新可持续性跟踪研究项目"调研小组，对"安图县群众诉求服务平台创新项目"的运行状况进行了实地考察。调查结果显示，目前该项目不仅仍在持续运行，而且不断地向着深度和广度发展。

（一）项目的发展情况

纵观项目的发展历程，从项目正式运行开始，作为项目发起主体的安图县委、县政府始终没有停止过对完善"中心"的探索。以诉求中心成立的时间为起点，以项目获得第七届"中国地方政府创新奖"优胜奖的时间为节点，诉求中心在此期间主要历经了三个重要的发展阶段。一是初步运行阶段（2011.7.15~2011.12.31）。"中心"挂牌运行并初见成效。安图县委、县政府召开公众参与社会管理工作推进会，成立安图县公众参与社会管理工作领导小组；增设"安图民声"频道；县委、县政府出台《安图县开展公众参与社会管理工作实施方案》，对"中心"的建设发展做出了规划部署。二是拓展完善阶段（2012.1.1~2012.12.31）。依托诉求中心，公众参与社会治理取得了显著的阶段性成果。这一时期，民事民议平台被拓宽；"说事"平台中的"领导基层座谈"环节衍生出了"县级党政领导进社区"和"专题访谈"活动；县城周边四个乡镇及县城四个社区试点设立了民事民议工作站，诉求服务网络被拓宽。三是全面提升阶段（2013.1.1~2014.1.11）。"民事民议工作站"试点经验全面推广，全县建立起了相对完善的诉求服务网络；启动了乡镇民事民议工作站的评理平台，采用了异地评议程序；"评理"平台的评议方式被进一步拓展；诉求中心开设了热线电话，启动了公共邮箱，建设了网上平台；议事代表培训力度得到加强。截止到2014年1月，项目获得第七届"中国地方政府创新奖"优胜奖，"中心"已经通过三年的探索实践，形成了一套成熟独特的运行体制和机制。

项目获奖后，"中心"曾经历过一段"发展迷茫期"。时值领导干部调动，安图县人大副主任于英志介绍了当时的情况：安图的创新实践是县委书记"喊话"发起的，没有成熟的经验可循，诉求中心工作人员都是临时派驻的，从筹备运行、参与评奖到闯出名声，"中心"能存活下来在很大程度上是靠着领导的重视，现在全国奖拿了，书记也要走了，"项目谁来接、是否接着干、如何往下推"成了"中心"相关人员忧心的问题。在基层地方政府的创新实践中，"人走政息"的案例屡见不鲜，但诉求中心的发展并未因领导者的变更而就此停滞。2016年4月，安图县委、县政府经过干部换届调整，韩长发任安图县新一届县委书记，同年11月末，新一届党政领导班子对"中心"的工作进行了部署。2017年5月19日，安图县政法委、县委组织部、宣传部等10多个部门的主要领导召开了专题研讨会，讨论了诉求服务中心今后的走向。

通过一系列设计调整，安图县群众诉求服务平台创新项目进入了新的发展阶段，其具体表现在两个方面。第一，机构性质发生转变。"中心"更名为"安图县群众诉求受理服务中心"，机构正式成为县政府序列的独立职能部门，"中心"主要工作人员由临时派驻人员转变为正式编制员工。安图县委书记韩长发谈到了在接管工作后，对"中心"发展的建议：诉求中心绝不能并入信访局，更不能撤销，应当把它打造成一个独立的机构。2017年4月，经过行政机构调整和人员编制审批，"安图县群众诉求受理服务中心"（机构前身为"安图县群众诉求服务中心"）成立，同时获批了10个事业编制（10个名额主要分配给"中心"领导及综合办公室、党务、后勤等岗位的员工，不包括电视台派驻人员、法律援助人员和司机），这一操作于2017年6月底完成。第二，"中心"组织架构升级调整。按照县委"一转、二接、三入、四员、五阵地"的总体要求，安图县群众诉求受理服务中心在组织架构、服务平台等方面进行了升级，与时俱进地引入了"网络平台"和大数据管理，突出强调了"下访"服务的重要性，"中心"内部分工更加明确化、合理化。经过设计调整，诉求中心的组织架构由"四位一体""三个平台""一个频道"（如图2所示），转变为"'上诉'受理、'下诉'服务、网络平台、'安图民声'频道、督查问效"五位一体的模式（如图3所示）。根据设想，"中心"在编的10名工作人员主要负责综合服务一室和综合服务二室的运作，督查问效、"安图民声"频道由县委、县政府派人管理，网络平台从后备干部中选派人员管理。

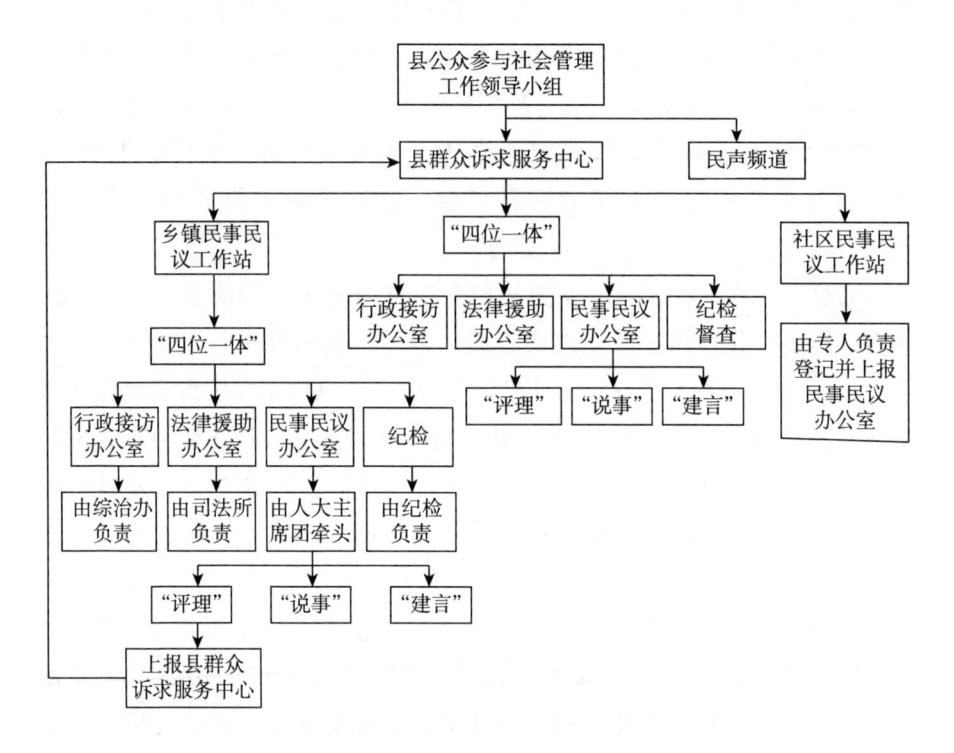

图 2　原"安图县群众诉求服务中心"组织架构

注：所有重点诉求案件通过三个平台调处后，在县电视台特辟的"安图民声"频道进行全程录播。

资料来源：《安图县群众诉求服务中心材料汇编》（材料内容更新至2017年6月14日）。

（二）项目的运行成效

只有创新项目的推行能够取得显著成效，实现多方影响主体利益共赢的局面，才能得到广泛的支持和拥护，从而具备较强的可持续性。"中心"自成立以来，关注安图百姓焦点、热点、难点问题，积极化解各类社会矛盾，搭建了公众参与社会治理的极佳舞台，产生了党政机关与广大群众双赢的效益，营造了风清气正的政治环境，得到了社会各界的高度评价和认可。

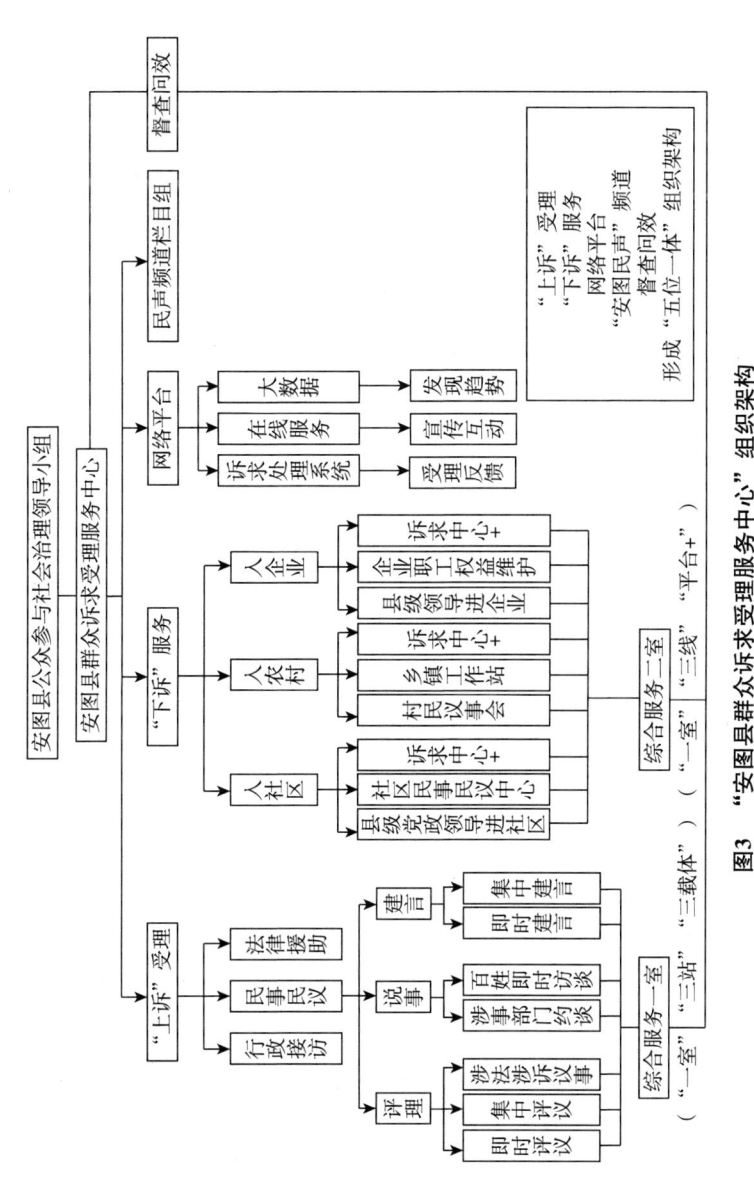

图3 "安图县群众诉求受理服务中心"组织架构

资料来源：2017年7月4日，笔者在安图县实地调研过程中获取的材料。

1. 切实保障了群众合法利益,有效维护了社会的和谐稳定

"中心"成立以来,有效化解了大量用行政手段无法解决的疑难诉求案件,高效解决了各类社会民生热难点问题,保障了群众的切身利益,赢得了百姓的信任和支持,充分发挥了社会"调压阀"和"缓冲器"的功能,打造了和谐稳定的社会发展环境。"中心"成立以来,利用群众现场评议和媒体跟踪报道的方式,形成了强大的舆论监督效应,解决了一批上访积案,维护了诉求群众的合法权益;借助"面对面"说事、评理、建言等活动,深入群众、深入基层、聆听民情,努力为百姓排忧解难,将大量矛盾和问题化解在萌芽状态。通过诉求中心解决问题,有着速度快、效果好、彻底无反复等特点,这使安图百姓对它给予了高度评价和认可,也让"中心"的工作有了牢固的群众基础。"有事找诉求中心办,有理到诉求中心评"已成为安图百姓的共识。在调研中,明月镇明安村村民任玉浩介绍了他通过诉求中心解决村中用水问题的情况。任玉浩表示,"明安村村民都知道诉求中心"。2016年,他借助"周一领导进社区"的平台,向县委书记反映了村中用水长时间存在虫灾和浑泥的问题,有关部门随即开展行动予以解决。诉求中心随后就问题解决情况及村民的满意度对其进行了电话回访,任玉浩说道:"我们整个明安都满意,水真是解决了大问题。"截至2017年5月末,诉求中心共接待了群众诉求1961件,占到了全县接待诉求事项总量的66%,办结率达到98%。这些诉求基本是一次性办结,没有重复诉求的现象。"中心"运行的六年来,安图县的信访量急剧下降,再没发生过大面积上访。

2. 激发了公民的参与活力,以低成本推进了社会治理的高效率运行

在诉求中心工作运行的过程中,广大群众的责任意识和主人翁意识不断增强,公众参与社会治理的热情也被激发起来,依靠群众力量解决社会问题,实现了社会治理工作的低成本高效率运行。诉求服务中心通过各种活动调动社会力量,将党政领导、政府职能部门、企事业单位、平民百姓等不同主体聚集在一个平台之上,使之平等、自主地表达意见建议,同时借助媒体传播,让广大群众听到"民意诉求"、看到"民意决断",在耳濡目染中,增强了公众"评理、参政、议政、建言"的意识。议事代表无偿参与诉求中心的各种活动,也正是凭借对诉求中心的信任

和强烈的社会责任感。除了搭建公众参与平台，激发公众参与意识，"诉求中心"还通过建立议事代表工作机制、开展学习培训活动、建立奖惩考核等管理制度，促进议事代表知责履责，提升了议事代表队伍的参政议政能力。依托评理平台，百姓说理，百姓评议，已成为安图人民解决矛盾纠纷的重要渠道。据统计，截止到2017年5月末，有711件诉求问题通过"评理"平台得到了有效解决。2014年4月19日，中央电视台《新闻调查》栏目报道的"杨管礼与福成村的土地纠纷案"，这个长达十多年的上访积案，就是通过这种方式化解的。政府部门有效整合资源，搭建平台，激发公众参与社会治理的热情，凝聚人民的强大智慧和能量，由群众做群众的思想工作，让群众解决群众的问题，有效地发挥了多元主体在社会治理中的重要作用，节省了大量的行政资源和成本。

3. 增进了官民互动互信，改善和密切了党群干群关系

在以前，由于沟通渠道的不畅通，党政机关与普通百姓之间难以进行有效的交流对话，这就造成了一些党员干部害怕或不愿接触群众，对群众漠不关心、有所戒备，一些群众也对干部抱有强烈的不信任感，甚至敌视。在项目运行的六年间，诉求服务中心创新性地打造了"上诉"受理和"下诉"服务两大工作体系，实现了从"撞击式"治理模式到"主动式"治理模式的转变，打通了干部联系和服务群众的"最后一公里"，使干部能够在倾听和解决诉求的过程中，在近距离的恳谈中，与群众增强互信、加深感情。一方面，为了最大限度地满足群众需求，诉求中心将诉求问题的受理关口前移，在社区、乡镇建立民事民议工作站，实现了县域内诉求网络全覆盖，确保了群众诉求能够在第一时间得到反映和解决。另一方面，变接访为下访，通过开展领导基层座谈、涉事部门约谈、百姓即时访谈等活动，搭建了官民之间的连心桥，实现了官民直接对话。目前，"党政领导进社区"已经成为诉求中心"下访"服务的品牌活动，并且形成了一种长效机制。自《安图县县级党政领导进社区制度》出台以来，党委领导每周一晚上6点30分进社区，与基层群众面对面沟通交流，倾听群众诉求，了解社情民意，帮助解决实际问题。领导进社区受理的群众问题，诉求中心统一进行汇总、转办、督办和反馈，使问题在最短的时间内得到高效解决。截至2017年5月末，安图县

级领导进社区828场，受理群众诉求1321件，其中已解决1279件，列入逐步解决42件，群众满意率达100%。

在诉求中心建立的沟通对话平台上，党政干部放下"架子"，与群众推心置腹，发现了群众的通情达理和可亲可敬，也直观真切地体会到了群众的困难，从而在工作中自觉地站在群众角度想问题、办事情；基层群众放下"包袱"，和领导坦诚相待，群众心里的"干部"再也不是高高在上的"官老爷"，而是能够坐在一起平等交谈的朋友，群众对党委政府的努力和苦衷能够更为充分地理解，对政府的满意度和信任度也有所提高。经过多年实践，很多领导干部已经自觉地把直接联系和服务群众当成分内职责而不是额外任务，安图县党群之间、干群之间的关系变得日益密切。

4. 提高了政府的工作效能，推进了高素质干部队伍的建设

诉求中心不仅是安图县百姓表达利益诉求、参与社会治理的平台，同时也是政府机关提高行政效能的"修炼场"，党员干部增强能力本领的"充电站"。安图县群众诉求服务平台创新项目自运行以来，主要有三个贡献。

一是提高了政府的决策质量和执行水平。在社会管理的过程中，政府各项政策的制定直接关系着广大民众的切实利益，要加强政策的正当性和合理性，保障政策得到良好的执行，需要在决策过程中充分征求民意，切实反映民愿。诉求中心通过"建言平台"，针对一定时期内的全县经济发展及社会民生需求，组织百姓参政议政，集民智、汇民策；通过开展群众诉求统计工作，综合分析一定时期内的群众诉求动态，进行民意预测评判，汇总重要诉求信息，从而为政府决策提供科学准确的参考依据；在重大决策出台前，通过"安图民声"频道访谈群众，听取意见，争取群众的理解支持。三管齐下，有效提高了政策的精准性，减少了政策的执行阻力。

二是改善了机关的办事水平和工作作风。为了有效解决社会热难点问题，多年来，"中心"不断创新方式、方法，有效提高了政府部门解决群众诉求的效率和水平，改善了机关的工作作风。通过"民告官"诉求案件的处理，以及"县级党政领导进社区"和"涉事部门约谈"反映的

问题，涉事部门能够及时发现工作中存在的不足，查找原因，寻求解决办法，从而不断完善和提高办事水平和能力。为了确保群众诉求能在第一时间内得以解决，县委督查部门、纪检监察部门还联合介入，开展追踪问效，对于评议中的涉软个案，纪检监察及时调查处理；对工作不力、工作效率低下、不配合开展工作的部门和干部，采取必要的组织措施督促其限时整改，力求做到"不换思想就换人"，形成了对干部的有效监督约束，促成了廉洁高效的部门风气。

三是提升了干部队伍的素质和能力。在密织的监督网络下，许多领导干部意识到与其被群众撵着干，不如自己主动做。尤其是面对疑难问题，解决群众诉求的过程，也成为倒逼干部提升自身能力的过程。不仅如此，诉求中心还为后备干部提供了一个学习与锻炼的机会，在项目运行的六年间，诉求中心为党政机关培育了一批优秀的年轻干部。

5. 强化了群众的道德自觉，推动了良好社会风尚的形成

诉求中心被誉为是安图的"道德法庭"，其言不虚。在以往的矛盾调处过程中，有些群众自觉有理却被拉了"偏架"，深感投诉无门，满腹委屈。还有少数人，明知自己无理，却为了获取更多利益而"缠访""闹访"，从而积累了矛盾和社会不良情绪，在一定程度上败坏了民风乡风。"老百姓认一个公理"，诉求中心搭建了"评理"平台，引导群众通过理性合法的方式表达诉求，在百姓讲理、百姓评理的过程中，"公序良俗"的作用得到有效发挥，有理者的"正义"得到伸张，无理者也受到了有效约束。这一做法透过媒体中介的折射，不断向社会传递了文明进步的正能量，促进了平和理性的社会心态的形成。在对与错、是与非的比较中，群众潜移默化地受到教育、熏陶，全县群众的法律意识和道德素养得到提升。现在，无理取闹的人少了，群众的主人翁意识和责任感也不断增强了，在安图，尊法纪、重道义、辨是非、明公理的社会风气正在逐步形成。

6. 引起了强烈的社会反响，形成了良好的推广示范效应

"中心"开创了我国基层社会治理的新模式。在项目六年来的发展历程中，这项创新之举不仅得到了安图百姓的好评和认同，而且得到了社会各界人士的高度关注和肯定，在全国范围内产生了良好的推广示范

效应。

第一,各级党委政府的评价和项目的推广。中央政策研究室、省政协、省政法委、省委巡视组、省政府专家调研组、州委、州政府等各级领导先后到实地进行视察指导工作,并对诉求中心工作给予了高度肯定。2013年12月6日,延边州委、州政府在安图县召开"创新群众工作,推进平安建设"现场会,在全州推广诉求中心工作经验。2015年4月14日,诉求中心的做法得到了中央政治局常委、中央书记处书记刘云山同志和中央组织部部长赵乐际同志的重要批示。2015年7月1日,吉林省委组织部下发文件,要求全省各县市认真学习借鉴推广安图经验。2015年6月24日,中组部刊发《说事、评理、建言——安图县建立经常性直接联系服务群众工作体系的实践与启示》调研报告并在全国推广。2017年1月24日,延边州委书记庄严对诉求中心工作做出重要批示。

第二,新闻媒体的宣传报道。2013~2017年,《人民日报》、新华社、中央党校《中国党政干部论坛》、中组部《组工通讯》、《中国民族报》、《民主与法制时报》、《人民信访》、《东方早报》、《吉林日报》、《延边日报》、《新文化报》,人民网、凤凰网、搜狐网等各级主流媒体先后大篇幅报道了有关诉求中心的工作动态,展示了诉求中心及安图县公众参与社会治理工作的动态。特别是2014年4月19日,中央电视台录制的专题片《到诉求中心去》在中央电视台《新闻调查》栏目播出后,更引起了社会各界的强烈反响,全国15个省40个地区,60余批600余人次的考察团前来考察学习。

第三,理论界的研究和关注。诉求中心的做法引起了国内外专家学者的高度关注。中央编译局、吉林大学、中国行政管理学会、吉林省行政管理学会、吉林省委党校等诸多单位的专家学者先后多次到安图进行调研考察,提出了建议和意见,并将安图经验作为社会管理的典型创新案例进行了研究推广。美国俄亥俄州克里夫兰州立大学政治学系谭青山教授、奥地利维也纳大学东亚研究所Christian Goebel教授也先后进行了实地调研考察。此外,安图县创新实践项目的有关领导和负责人也曾多次被邀请到高校或学术研讨会宣讲安图经验。如2014年5月,安图原县委书记季宁受邀参加了吉林大学哲学社会科学青年学者学术沙龙第七期暨行政学院为公论坛，他以安图县群众诉求中心为例向在场教师和研究生讲述了"基层社会治理的困惑和出路"。2015年9月9日，原诉求中心主任杨松峰受邀，在国家行政学院举办的"厅局级公务员政府职能转变与地方治理能力创新专题研讨班"上授课，授课题目为"社会治理现代化的新途径——吉林省安图县群众诉求服务中心的探索"。

2012年9月30日，安图县群众诉求服务平台创新项目获得了"吉林省第八次行政管理优秀成果（实践奖）一等奖"。2014年1月11日，项目获得第七届"中国地方政府创新奖"优胜奖。2014年10月16日，诉求中心搭建诉求服务平台案例获得"2014年全国社会治理创新优秀案例"奖。2014年11月12日，诉求中心的"既非政府化又非社会化的群众诉求服务平台"案例荣获"2014零点民声金铃奖——倾听民意政府奖之实效为先奖"。

四 安图县群众诉求服务平台创新项目持续发展的原因分析

安图县群众诉求服务平台创新项目能够实现持续发展，是项目本身、创新者、创新执行团队、项目受益者、上级领导、专家学者、媒体、宏观发展环境等各种因素综合作用的结果。笔者通过分析，将项目持续发展的成因归纳为六点。

（一）主要领导者的一贯重视是项目持续的关键因素

在中国地方政府创新的研究中，多数学者得出了这样的结论："一把手"的重视和推动是创新得以启动和持续的关键因素。安图县创新的经验同样支持这个观点。"中心"是一种典型的精英驱动型创新模式，能够运行至今，安图县委、县政府主要领导者的创新愿望、政治智慧和创新能力发挥着重要作用。

安图县原县委书记季宁在任期间，县委、县政府主要领导者亲自挂帅、靠前指挥，成立了安图县公众参与社会管理工作领导小组（小组成员由县委书记、县长、县委常委及县有关部门、各乡镇、街道主要负责人等组成），并多次召开县委常委及扩大会议研究部署公众参与社会治理工作，及时召开再动员大会，适时下发了一系列文件、规定，将创新社会治理、强化公众参与切实纳入了党委、政府工作的重要日程，这为诉求中心工作的顺利推进给予了极大的支持。2016年，安图县领导干部换届之际，诉求中心工作虽然一度陷入低谷，但在韩长发书记主持工作后，创新项目进入了一个新的发展阶段。"安图经验，全国在学，吉林省在做，安图有什么理由把它整黄了呢"，对安图县公众参与社会治理的创新实践，韩长发书记给予了高度重视。在接手工作后，他总结了以往经验，并且提出了许多设想和建议，如："中心"的核心职能不能丢，要"边干边看边改边完善"；"中心"不能并入信访局，要保证机构独立性；"一线工作法"要坚持，领导干部下基层不能空岗；"中心"要扩大影响力，在农村推广类似经验模式。他为诉求中心未来的发展确定了"一转、二接、三入、四员、五阵地"的总要求。正是由于领导者高超的政治智慧和对创新的一贯重视，诉求中心的工作不仅得以持续，而且在组织架构、服务平台、联动机制和服务水平等方面实现了新的跨越。

（二）项目的持续发展得益于党和国家发展战略的指挥和推动

在政治生态中，当地方政府创新实践能够不断满足宏观发展环境的需要，适应中央或上级政府的发展意愿和发展战略时，这种创新就更容易获得中央或上级政府的支持和认可，从而具有持续发展的活力和更多的空间推广机会。[①]

"中心"工作的开展，既是解决地方社会发展问题的需要，也适应了中央提出"加强和创新社会治理"的发展要求。安图县成立群众诉求服务中心的初衷并不是"跟风创新"，而是化解上访难题、缓和维稳压力。其创新实践的做法是"因事而生、顺势而为"，但也"恰逢其时"。党的十八大提出"加快形成党委领导、政府负责、社会协同、公众参与、法治保障的社会管理体制"。党的十八届三中全会指出"创新社会治理，必须着眼于维护最广大人民根本利益，最大限度增加和谐因素，增强社

---

① 包国宪、孙斐：《演化范式下中国地方政府创新可持续性研究》，《公共管理学报》2011年第1期，第104~113、128页。

发展活力，提高社会治理水平"。在中央对推进基层社会治理创新做出了重要的战略部署下，各级政府对此也高度重视。也正是由于中央的战略指导，安图县委、县政府没有将"中心"的工作内容局限于处理上访问题，而是开启了社会治理创新实践，从而设计并建设了诉求中心这样一个党委领导、政府负责、公众参与、媒体推动的新型社会治理组织。安图的做法真正体现了"上合政策、下合时宜"，也得到了中央、吉林省、延边州等各级机关领导的高度关注和支持，这给安图创新实践的再深化注入了动力。

安图县创新实践的深化也得益于"创新基层党建工作"的推动。创新基层党建工作，是党中央根据新形势新任务对党的建设提出的重大战略任务。党的十八大后，党中央先后开展了三大教育活动，第一次是2013年开展的党的群众路线教育实践活动，第二次是2014年开展的"三严三实"教育活动，第三次是2016年开展的"两学一做"学习教育活动。在这一背景下，"中心"作为党的创新实践活动被上升到了新的高度。在这期间，创新项目的相关工作得到了时任安图县委组织部部长的重点跟进。同一时期，安图县委探索了"4+1群众工作法"（县级党政领导进社区、在职党员干部"双岗双责制"、农村党员"网格制"、联系和服务农民"三定四包"四项制度，以及成立群众诉求服务中心），建立了党员干部直接联系服务群众工作体系。

（三）项目受益者的高度需求是项目持续推进的根本动力

只有不断满足多元选择主体的内生需求，创新才能被保存下来，获得长期的"生存"机会。安图县社会治理的创新成果能够持续下来，还得益于地方政府和公众对这项创新的高度需求。一方面表现为公众对诉求服务中心的需要，形成了项目持续推进的外部激励。在2016年的换届之年，项目原发起人和主要负责人换岗离任，由于机构的合法性尚未在延边州和省里被确认，"中心"工作人员对"中心"以及自己未来的走向产生了迷茫。但也就是在这一年的8月，诉求中心接到的日常诉求以及领导进社区产生的群众诉求量突然上涨，甚至达到了当年1月至7月的诉求量之和，这不仅极大地激发了诉求中心人员的工作动力，也让县委、县政府的主要领导再次感受到了诉求中心存在的必要性。孟星延书记在2017年年初的一次调研中，走访了安图县五个乡镇，当时村民们感慨道："诉求中心的存在太有必要了，因为群众需要。"这给他留下了深刻印象。正如他所描述的，"在最难的那段时间，老百姓的认可给了我们最大的支撑，这也是诉求中心能够存在的重要原因"。

另一方面表现为地方政府对创新项目的需要，这是项目持续的原生性动力。作为创新实践供给方的安图县委、县政府同样是项目的受益者。"中心"的建立不仅积极回应了群众诉求，而且解决了政府工作中的诸多难题，如解决了"闹访""缠访"问题，极大地缓解了地方政府的维稳压力，解决了一些部门不作为的问题，有效提高了政府的办事效率等。随着创新实践的开展，有矛盾去诉求中心、有问题周一进社区，已经成了安图百姓的"习惯"。"诉求中心被取消了，那不是得罪老百姓吗？"诉求中心相关负责人如是说道。在公众和地方政府的共同需求下，创新实践不仅不会被轻易放弃，反而将会向着更深层次发展，激发出更高层次的后续创新，以满足更高水平的需求。

（四）专家学者与媒体的关注和支持激发了创新持续发展的活力

上级领导者的重视为安图县创新项目的顺利开展提供了政治合法性和正当性的保障，专家学者的跟进和新闻媒体的报道则分别为项目的持续发展提供了强大的理论支撑和舆论支持，这是激发创新主体不断产生活力的关键因素。

作为一种新型的基层社会治理模式，"中心"不仅为各级党委、政府的社会治理创新工作提供了借鉴经验，而且为学术界广大理论研究者提供了学习和研究平台。项目运行至今，"中心"吸引了国内外许多一流的专家学者前来考察调研，其中既有来自国内外知名高校的学术性专家教授，也不乏来自国家机关单位的学者型官员。除了实地考察，专家学者也曾多次就安图经验开展过集中的交流讨论。"如果没有理论上的总结和推进，诉求中心可能坚持不到现在，"于英志主任与杨松峰局长对此有着一致的看法。多年来，专家学者在跟进安图创新实践活动的过程中，一方面，通过理论总结，使安图的创新经验形成了系统化的体系，巩固了安图的创新成果。如"4+1群众工作法"的提炼在很大程度上得益于中央政策研究室对安图县群众路线教育创新实践经验的总结。也正是在这一契机下，安图县的创新实践被提到了一个新高度。另一方面，在理论设计上，学者们也为"中心"的发展贡献了许多关键性的指导建议，推动了创新实践的不断深化和完善。如华南理工大学公共管理学院的王郅强教授在创新实践发起时就强调了"公众参与"的重要性，为领导者找到了"短板"和创新切入点。再如，包括王郅强教授在内的许多专家都提出的"体制问题"："中心"缺乏体制框架支撑，"中心"工作人员面临身份困境。还有专家提出，安图的创新项目能否推广，取决于高层领导的重视与否；"纳入体制内，人员、编制都正规化，才是真正的推广"①。目前，"中心"已成为正式的政府职能部门，这一转变的促成除了有赖于有关领导的重视和支持，专家学者也在其中发挥着不容忽视的作用影响。

除了专家的智囊作用，媒体的舆论支持也对项目的持续起到了助力作用。"中心"成立以来，《人民日报》《潇湘晨报》《东方早报》《延边晨报》《新文化报》等全国性或地方性报纸，延边电视台、吉林省电视台、中央电视台等电视媒体都对创新项目的内容和成绩进行了充分的报道，同时给予了高度评价。2014年，中央电视台播出《到诉求中心去》专题片后，仅在两年内，就有来自全国15个省的60余批考察团到诉求中心考察学习。如果说，"安图民声"频道使诉求中心在安图家喻户晓，为公众参与提供了舆论监督和引导，那么国内主流媒体的大量宣传报道则使安图经验走出了安图县，走出了吉林省，走向了全国，为创新项目提供了广泛的社会舆论支持。这种支持，大大增强了项目创新者的成就感，形成了对干部的精神激励，进一步提高了干部的创新积极性。

（五）相对较高的制度化水平是项目持续发展的重要保障

地方政府制度创新的制度化程度与创新可持续性之间是一种正相关关系。制度化水平越高，创新受人为因素影响被取消的可能性就越小，

---

① 《安图经验值得在类似地方推广》，凤凰网，http://news.ifeng.com/a/20140825/41721097_0.shtml，最后访问日期：2019年7月26日。

从而就促进了创新的规范化发展，提高了创新项目的持续性。安图县群众诉求服务平台创新项目能够持续发展的一个重要保障，就在于实现了对创新平台的制度化和正规化建设，有效保障了既有创新成果的持续性。

在诉求中心建立开始，项目发起人和项目团队在制度建设上就体现出很高的自觉性。随着创新工作的开展，该项目的制度化水平也在不断增强。首先，诉求中心工作机制和工作流程制度化程度相对较高。为了确保机构运作流畅，诉求中心在成立之初就制定了一整套规章制度，明确了"中心"及其各办公室的工作职责、"中心"工作流程、工作制度、不予受理事项、会议纪律等内容，建立了议事代表管理办法，同时将其及时公布，积极通过各种渠道保障公众的知情权。在诉求中心可以查阅到每个诉求事件从接纳到最终办讫的全部资料。随着诉求中心工作触角的延伸，安图县开始在乡镇建立诉求服务工作站，同时制定了乡镇民事民议工作站实施细则、社区民事民议中心工作流程图、社区民事民议中心接访制度，使得制度体系被进一步完善。其次，县委、县政府出台规范性文件，提高了创新的制度化水平。由于机构的特殊性，"中心"出台的制度效力相对较低，为了防止"创新"被置空，安图县委、县政府还通过县委办公室文件的形式将创新成果制度化，增强了制度的权威性。2012年3月，为督促政府部门与"中心"协同办公，有效解决群众诉求，县委办公室下发了《安图县2012年度公众参与社会管理监督工作实施方案》。2012年11月，安图县委、县政府还推出了《安图县县级党政领导进社区制度》及其实施细则，细化了领导进社区访谈、办理、督查、反馈、归档等相关制度，明确了工作程序和职责，实现了领导进社区工作的规范化和制度化。孟星延书记说到，制度建立以后，即使出现了领导干部更替，新领导上任也会非常重视这个工作，他们会认为在安图工作这是必须要做的事情。最后，机构的正规化使创新的制度化水平走向了新的高度。在项目的前期发展中，县委、县政府、诉求中心通过一系列制度安排确保了创新成果的稳定性，但机构始终存在合法性不足的欠缺，制约着制度对增强项目持续性的效果。目前，经过机构调整，诉求中心成为政府序列下的职能机构，其合法性得到确认，中心工作人员编制也得到落实。伴随机构的正规化，创新制度的效力也将得到强化。

（六）优秀的项目执行团队是实现创新持续发展的必要条件

工作最终是要靠人来做。创新的持续发展有赖于制度的保障和创新者的重视，但也离不开有效落实创新工作的执行团队。

安图县群众诉求服务平台创新项目的持续性与诉求中心团队的执行力有着很大关系。杨松峰局长提出："安图的创新实践能够做到现在，团队的执行力很重要，如果执行力不行，再加上领导不重视，这个事情可能做黄了。"在"中心"的搭建中，创新者对"中心"工作团队的建设问题十分重视，在人员配备上强调选优配强，以优秀的后备人才为中坚力量和骨干，力争创新执行者在岗位上人尽其才。在项目的推进过程中，"中心"工作团队牢牢把握了三点要求——转重点、入难点、保亮点，在保护既有创新成果的同时，还密切联系群众，及时发现新问题、新需求，积极听取专家学者的指导建议，将新理念和新方法付诸解决问题的实践中，极大地推动了项目的"再发展"，如拓宽了百姓评议的内容。除了评议矛盾纠纷，诉求中心还将诉求主体缺席且公众反映强烈的社会共性难点问题纳入"评理"平台，使此类问题找到了有效的解决办法。2013年5月24日，中心就召开了"无物业小区出现问题由谁来管"主题评议活动。在评议活动中，诉求中心还增加了议事代表的发言环节，让代表们可以根据议题畅所欲言，和涉事部门进行现场互动，充分保障了议事代表的"四权"（知情权、参与权、选择权、监督权），体现"评理"的"民意主断"。除了创新能力和执行力，中心工作的有效开展也与团队成员的态度、性格有着很大关系。杨松峰说到，诉求中心的机构性质决定了工作人员必须经常性接触社会负能量，处理不当极易产生不良情绪。他还建议诉求中心的工作人员实现三年一换岗，通过人员流动，让"中心"工作人员能够始终保持积极的工作态度。

韩长发书记指出，要把诉求中心打造成为培养年轻干部的平台，"有为才有位"。在诉求中心运行的六年间，诉求中心涌现了如王志杰、杨松峰、孟星延等一批优秀的年轻干部，他们在后期均得到了县委、县政府领导的赏识和重用。领导者对优秀人才的重视也进一步激发了诉求中心工作人员的积极性。

在整个诉求中心的队伍中,除了"中心"的工作队伍,议事代表队伍的建设对创新项目的推进也起到了重要作用。民事民议是安图县群众参与社会治理创新活动最具特色的环节,而议事代表队伍的素质水平直接关乎着这一创新实践能否有效推进。在议事代表队伍建设上,诉求中心实行了动态化管理,严进宽出,选出的代表得到了群众的默认,同时组织代表进行学习培训,执行考核奖惩,队伍素质不断得到优化。

五 结论和启示

基层治理是国家治理体系的基础,也是实现国家治理体系和治理能力现代化过程中应当抓好的重点和难点。近年来,各级地方政府围绕基层社会治理创新开展了许多有益尝试,但这些创新有些持续了下去且越发具有活力,有些却已经销声匿迹了。安图的创新实践显然属于前者。从成立以来,"中心"运行良好,成效显著,而且在巩固了既有创新成果的基础上,实现了创新的再深入和新发展。安图创新实践的可持续发展经验,对于我国基层社会治理创新工作无疑具有重要的借鉴意义。

一是开展创新要坚持以问题为导向,以满足人民需求为标准。安图县的创新实践是在地方政府应对现实问题的过程中倒逼产生的,诉求中心后期能够实现创新的再发展也是基于解决新问题的需要和群众需求的推动。反观时下,不少地方基于政绩冲动对基层社会治理开展的所谓"创新",实则是"为了创新而创新",形式大于功能,并不解决任何问题,也不产生任何基层社会治理的新知识。这些创新工程往往开始时轰轰烈烈、光彩夺目,但不久之后便销声匿迹、不见踪影,缺乏可持续性。[①]开展基层社会治理创新应当聚焦现实问题,把满足群众的真实需要当作创新的出发点和落脚点。只有这样,才能形成和巩固创新工作的群众基础,激发创新实践的生命力。

二是要有效发挥基层党组织在创新中的核心作用。在安图县的实践中,诉求中心工作的顺利开展与党组织的强有力领导和指挥有着密切关

---

① 李志明:《基层社会治理创新应摒弃三种思维》,《学习时报》2015年4月27日,第4版。

系。创新的过程也是打破原有规则和利益格局的过程，如果缺乏党的领导作为创新行为的坚强后盾，"创新"就可能因为一些部门的不配合、不理解、不重视而被搁浅。推进基层社会治理体系创新，党要发挥总揽全局的作用，与政府协作联动，党委各职能部门全面参与，在整合资源的基础上全方位推进创新工作。另外，还应以党建引领基层社会治理创新，通过创新基层党建的体制机制，扩大基层党组织覆盖面；建设服务型党组织，构建党员联系和服务群众的长效机制，完善群众诉求表达和化解的立体机制，建立面向基层社会治理的基层党建责任制。[①]

三是要加强公众参与，激发社会活力。"中心"的主要特点之一在于广泛的群众参与。诉求中心是以健全公民参与机制而非依靠行政强制去帮助群众解决问题。在"中心"搭建的平台上，多元主体能够平等自主地表达意愿、建言献策、参政议政。这使得社会的主体性地位以及社会自身的运作机制和规律受到了充分的保护和尊重，从而有效激发了社会活力，形成了政府与社会间的良性互动。社会治理创新的主体和可用资源均来自社会，政府开展基层社会治理创新应当重视对社会的培育和支持，建立规范化的沟通渠道和参与平台，实现多元主体间的平等对话、合作和沟通，积极发挥社会在自主管理、参与服务、协同治理等方面的作用。

正如我们所强调的，创新只有不断深化和发展，才能更有持续下去的活力。对于社会治理，党的十九大报告提出了新的要求："打造共建共治共享的社会治理格局，加强社会治理制度建设，完善党委领导、政府负责、社会协同、公众参与、法治保障的社会治理体制，提高社会治理社会化、法治化、智能化、专业化水平。"从这一要求看，安图县群众诉求服务中心在下一步的创新实践中，除了运用传统的行政手段，还应当积极挖掘现代信息技术、经济调节、法律规范、道德伦理等更多的治理资源，有效利用乡规民俗、舆论引导等本土资源，通过多种治理手段和工具的合理搭配，充分调动社会力量，优化公众参与的能力和水平，进一步提高社会治理的社会化程度，同时逐步推动治理走向精细化、智能化、专业化、法治化。

---

① 钟宪章：《以基层党建创新引领和推动社会治理创新》，《理论导刊》2016年第11期，第44~48页。

共建共享视域下城市基层社会治理创新的持续性研究

——以大连市西岗区"365工作体系"为例

陈 希[*]

构建"全民共建共享"的社会治理格局,是对中国特色基层治理模式的一种愿景式的理论想象,其核心含义为在市场经济条件下构建中国特色城乡基层治理的新型网络关系结构。大连市西岗区"365工作体系"创新项目的发起、运行与持续,是对城市基层社会治理创新需求的回应,具有较好的示范意义。下文从这一项目发展的背景和动因、主要做法与创新举措、可持续性分析及对未来社会治理创新持续发展的启示四方面出发,对这一项目的持续发展过程进行了深度剖析,以期对社会治理创新持续性的理论延伸和实践发展有所助益。

一 大连市西岗区"365工作体系"创新发展的背景和动因

"365工作体系"创新项目萌芽和发展于多重背景下。宏观层面上,国家对社会治理创新进行了清晰的顶层规划;现实情境中,社会实践中的诸多矛盾促进了社会治理理念与方式的突破。具体而言,大连市的创新基础较为成熟,"365工作体系"应运而生。

---

[*] 陈希,吉林大学行政学院博士研究生。

（一）国家关于社会治理创新顶层设计的拉力

为使我国长期以来在社会治理过程中积累的问题得到妥善解决，党的十八届三中全会通过《中共中央关于全面深化改革若干重大问题的决定》（以下简称《决定》）。《决定》中首次明确提出了要创新社会治理体制和改进社会治理方式。① 党的十八届五中全会继续明确了我国未来社会治理工作的思路，关于"加强和创新社会治理，推进社会治理精细化，构建全民共建共享的社会治理格局"②的精辟论断，为社会治理创新提供了价值取向与实现路径方面的依据。社会治理，即在社会领域中，由个人、公共部门、私人机构等多元主体对其利益相关的社会事务进行管理，通过互动协调而达成一致的过程。③ 其目的是维持社会的正常运转，满足各方的基本需求。"社会管理"到"社会治理"的语境转换并非一字之别，其内在蕴含了全面深化改革理念的突破与升华。构建"全民共建共享的社会治理格局"重视的是"过程"，即动态性、发展性、延续性；倡导的是"和谐"，即发挥社会自身生存、发展、纠错和修复的作用；吸纳的是"多元"，即重视治理多层次的主体共同参与、分享；强调的是"互动"，即引导社会各利益群体达成共识，通过交流、沟通和协商来达成一致。在这一理念的指导下，全国各地涌现出一系列重大创新实践，对改革以来形成的政社关系、地方治理模式进行了调整，也在多个维度影响着中国社会的组织方式。辽宁省大连市西岗区于2012年3月创建了"365工作体系"，核心理念是"做群众需要的事，做事让群众满意"。"365"工作体系即365天，每天24小时，"全天候、全方位、全覆盖"为社会和群众提供管理与服务的综合性社会治理体系。经过近年来的发展、完善和提升，该体系在提高公共服务的质量和效率，化解社会矛盾、促进社会和谐与改进基层治理等诸多方面都取得了明显的成效，已成为新形势下基层社会治理创新的一个具有较好示范意义的经典模式。

---

① 《中共中央关于全面深化改革若干重大问题的决定》，《人民日报》2013年11月16日。
② 《中共十八届五中全会在北京举行 习近平作重要讲话》，人民网，http://he.people.com.cn/n/2015/1030/c192235 - 26969534 - 3.html，最后访问日期：2019年8月6日。
③ 唐钧：《从社会管理到社会治理》，《中国人力资源社会保障》2015年第4期，第13页。

（二）社会实践发展对社会治理水平提升的推力

在社会结构呈现单一样态时，决策者可以像指挥军队一样引领社会前进。但当处于利益格局复杂、社会诉求多元的现实情境中，应把更多的决策交由社会去博弈，更为重视社会组织与公民参与，并使公民的公共参与在法律和秩序的框架内进行，社会通过公民的参与来解决发展中出现的矛盾。① 新时期我国社会实践发展呈现新特点，公民对于社会治理水平的提升亦有新期待。既有社会管理体系存在的问题已经无法回应社会与公民的需求。一方面，在经济转轨、社会转型的过程中，由于政府、市场和社会的关系没有彻底厘清，政府越位、缺位和不到位，社会公民无法公平共享改革发展的成果。囿于个别官员的官僚主义思想和腐败行为，部分地区干群关系较为紧张，甚至在很多方面极大地伤害了公民参与社会实践的积极性，对于党和政府倡导的公共事务缺乏参与的热情和活力，对于关系国家发展、民族存亡的重大问题，在很多时候麻木不理、袖手旁观。鉴于此，如何激发社会公民参与社会实践的热情和动力，是现阶段社会实践发展对今后社会治理水平提升提出的要求。另一方面，社会公平问题已经渗透到各个领域、各个层面，表现在公民的行为和心态上，并时而通过一些突发事件表现出来，应加以调节。如何构建一个公平公正的社会环境实属社会公民的最大期待，这一期待也映射出当下提升社会治理水平的重要前提，即利益格局的调整。应突破既往的"政府—社会"二元对立格局，充分调动各方面的积极性，改进社会治理方式，满足公民不断提高的对公平正义的要求。鉴于社会实践发展带来的挑战，应最大限度地激发社会发展活力，明晰政府与社会的关系、政府与社会各自的责任。政府应通过制度安排更好地保障公民各方面权益，让全体公民依法平等享有权利和履行义务。社会要通过居民的参与来解决发展中出现的矛盾和问题，建立起和谐的人际关系，形成秩序与活力统一的社会环境和氛围。在此背景下，西岗区作为大连市的主城区，主动结合区域内社会实践发展情况，以提升社会治理水平为目标取向，创

---

① 丁元竹：《从"社会管理"到"社会治理"的必然趋势》，《南京日报》2013年12月3日。

建并完善了"365工作体系"这一为社会和群众提供管理与服务的综合性社会治理体系。

（三）大连市西岗区自身创新基础成熟的引力

西岗区是辽宁省大连市中心城区，区域面积26.1平方公里，人口42万人，下辖7个街道、45个社区，曾先后获"全国和谐社区建设示范区""全国文化工作先进区""全国科技进步先进区"等荣誉称号。西岗区是大连市的老城区，也是大连市政府驻地，大部分重要的机关和企事业单位等分布在这一区域内，经济、社会、人文资源丰富，承载的城市功能较多。主观、客观层面都使西岗区历来十分重视社会管理工作，其社会治理体系创新发展的基础较为成熟，主要体现在以下三个方面。首先，组织架构成熟。西岗区自20世纪90年代初期就建立了社区"楼长制"，为建立"熟人社区"，激发居民的参与积极性提供了平台。在2011年西岗区筹备建立综合性社会服务平台伊始，其调研、评估所指向的重要指标之一即社区居民参与度，平台体系、业务的完善也应建立在居民信任、积极参与的基础上。通过调研，筹备组对西岗区下辖街道、社区居民有了基本的把握。得益于前期较好的组织基础，筹备组最终决定建立"365综合性服务平台"。其次，信息化建设起步较早。早在1997年，西岗区就成立了区政府网站，随后大力推行全区的信息化建设，2004年初确立为"数字西岗"建设年。[①] 根据十六大提出的"建设管理有序、文明祥和的新型社区"的要求，坚持"服务全社区，服务全方位，服务全天候，服务全透明"的"四全"服务理念，运用信息化技术创新社区服务形式，在全区建立起以"数字化社区呼叫系统"为架构，以街道和社区信息化综合应用平台为依托的社区信息化管理和服务新机制，为"365工作体系"的建立提供了信息化支撑。最后，大连市、区级政府搭建信息化、综合性服务平台的经验丰富。多年来，大连各区、市、县也都在加强和创新基层社会管理模式上出台了新载体和新举措，对传统的社会管理平台进行了更符合社会实践发展要求的改革和推进。如市政府行政服务中

[①] 郭俊：《服务全方位——大连市西岗区社区信息化建设综述》，《中国信息化》2006年第14期，第62~64页。

心于2002年成立，经过多年运行，在全国率先实现行政服务职能"五合一"（集政务公开、行政审批、电子政务、信息发布、行政投诉办理于一体）。大连民心网也于2011年正式开通，是一家集成了政府各委办局、与民生密切相关的企事业单位的综合性网络问政平台。丰富的信息化、综合性服务平台的运行经验为"365工作体系"的运行奠定了基础。

二 大连市西岗区"365工作体系"的主要做法与创新举措

"365工作体系"的基本架构包括市民大楼、街道市民中心和社区工作站，以此为依托组建工作队伍，开展了系列收集、处理与回应居民诉求的惠民服务，并通过相应政策激发了驻区社会组织与企业的活力。其主要做法与创新举措如下。

（一）"365工作体系"的基本架构

"365工作体系"以365市民大楼服务中心为受理、分拨、协调、督办的区级中枢，以专业化的社会组织服务园、外来人员综合服务中心、365社区家园为支撑，下联7个街道365中心、45个社区365工作站、120个一级网格、532个二级网格，外联市公安、城建等46个市直部门和水、电、煤气公用事业单位71个基层站所。"365工作体系"充分强调了人本理念和共治理念，秉承区、街、社区、网格三级管理四级联动的组织架构，采用信息智慧化的运行模式，突出行政、社会、市场三方资源协同解决问题，使党政部门自觉融入，市直部门和行业单位主动延伸，企业、社会组织等各种社会力量不断扩展，共同打造多方参与、互动融入的区域性社会治理格局。具体由以下三部分构成。

市民大楼是"365工作体系"的中枢。大楼内设机构为市民大楼服务中心，正处级建制，全额拨款事业单位，隶属区政法委管理。全区各党政群部门及人大、政协都在其中设置了工作端点，加盟企业和社会组织等设立了社会矛盾调解机构和便民服务队，楼内拥有社会管理信息平台、网络舆情监控等信息化系统，配备了大屏幕、电子触摸桌等现代化设施,开通了"83658365"电话服务专线。①市民大楼具有受理、采集投诉和服务信息,分拨、督办服务事项,跟踪、反馈处理结果,培育、扶持社会组织等多种功能。市民大楼内现有民政、城建等多个分拨窗口,便民自助、维权服务等六大功能区,法律咨询、农民工维权等多个服务场所,内设社会服务、公益慈善等四类社会组织。

街道市民中心是"365工作体系"承上启下的重要节点。西岗区下辖街道办陆续建立了市民中心(二级体系),以365体系统领街道全部工作。街道所设立的365中心起着重要的承上启下的作用,对上承接区一级大楼所下拨的工作,对下向所辖的社区分配其属地归属任务,同时其自身也可以直接面向居民群众,直接受理群众的需求、向居民提供相应的服务。

社区工作站是"365工作体系"的工作末端。在西岗区下辖45个社区全部建立了365工作站,社区工作也全部纳入"365工作体系"。社区管理人员和网格员一道,发现服务信息,动员辖区各方力量解决问题,并上报民情信息。

(二)"365工作体系"的人员队伍建设概况

人员队伍是推动工作开展的关键力量,其自身素质和能力水平在很大程度上决定着体系的运行效果。在对"365工作体系"进行调研的过程中,调研团队着重直接从事这项工作的人员队伍进行了了解和调查。体系专职干部队伍主要由三级机构共同组成,其中市民大楼的领导岗位人员主要是来自西岗区委办公室、区委政法委的公务员,市民中心及工作站的工作人员为原街道及社区工作人员经培训后上岗组成。截至调研时间,体系专职干部队伍人员有70多名,兼职工作人员超过400名。其中大部分是由西岗区财政全额拨款的事业编制人员,主要由应届专科、本科毕业生组成,具有大专以上文化程度的工作人员占96.7%。他们具体负责市民大楼内的服务热线接听、来访人员接待,各街道市民中心的网格管理以及各社区工作站的网格巡视。从学历情况来看,"365工作体

---

① 辽宁省委办公厅专题调研组:《365工作体系:加强社会管理的新创举》,《辽宁日报》2012年7月22日。

系"中专职干部队伍是一支比较整齐的队伍,具体表现在平均年龄较小、学历较高。可以说,该队伍完全是一支从无到有,应体系需要而建立的新队伍。由于其较高的综合素质,确保了体系的有效运转。虽然大学应届毕业生没有任何基层实践工作经验,但针对这支年轻的专职干部队伍,西岗区委、区政府对其进行了较为系统、充分的前期培训,保证了工作人员的工作技能及思想意识合乎要求。在对工作人员队伍的深度访谈中可以发现,专、兼职工作人员普遍都对自身工作具有较高的认可度。

(三)"365工作体系"的创新举措

1. 以多维诉求受理提升政府回应效能

要实现社会治理服务的全响应,首要条件是准确掌握和了解群众的多样性需求。目前,"365工作体系"共有9条群众诉求表达渠道,主要包括:83658365电话热线、网格、互联网、365市民大楼服务中心、街道365市民中心、社区365工作站、民生窗口、代表委员工作室及居民议事会等。其中365市民大楼服务中心、街道365市民中心与社区365工作站的受理需求方式一致,主要通过居民分别到大楼、街道和社区咨询的方式进行诉求受理。83658365电话热线设在365市民大楼服务中心内,是市民表达诉求的最常用渠道之一。现已开通了24条接线线路,配备了16名具有大学本科学历的专职接线员,并设置了英、日、韩等外语坐席,实现了24小时内居民来电"十秒内"应答。此外,这一电话热线通过技术手段已与西岗区部分市区职能部门及全市700余部电话热线实现了对接。网格受理方式主要由网格员主动巡视、主动走访、主动发现群众诉求并解决问题。通过互联网进行诉求受理主要指"365工作体系"与民心网、民意网等省、市网络诉求平台实现对接,直接受理群众的意见、建议和问题咨询。民生窗口受理方式则是将民政、教育、城建、就业、卫生等8个服务量大、与群众生活工作关系密切的民生窗口纳入365市民大楼服务中心,接受群众咨询与来访。代表、委员和党外人士工作室均设在365市民大楼服务中心内,由人大代表、政协委员和统战人士轮流排班,每天上、下午在各自工作室接待群众。最后,"365工作体系"建立了区、街、社区三级居民听证议事会,广泛吸纳居民、辖区单位、物业、派出所等各方力量参加，对社会事务进行民主议定，对居民议事结果进行透明化处理。

2. 以便民惠民为导向改进公共服务供给

"365工作体系"的便民惠民服务由三个部分组成：一是便民自助服务，二是365服务队，三是加盟企业。便民自助服务是指365市民大楼服务中心必须内设自助服务区，涵括健康体检、食品检验、应急药箱、手机充电等诸多服务设施。为了进一步方便市民，还引入了联合收费处，设立了交通违章处理和二代身份证业务办理等窗口，着力于市民日常生活中最为关心的服务内容。365服务队则主要关注弱势群体的服务诉求。就这一群体而言，如社区空巢老人，有很多具有简单的家电维修方面的需求，如维修已"落伍"的家用电器、更换电灯等。因为这一群体可支付的报酬较低，专业技术人员趋于逐利心理，往往不会登门服务，造成这一群体在工作、生活上的不便。鉴于此，"365工作体系"成立了由18名成员组成的便民服务队。为了提高服务效率，为这些成员配备摩托车，配齐家居类维修器械，实行24小时全天无休服务，为弱势群体提供点对点的无偿服务。对行动不便的居民，还特别提供了免费代办、代购等服务。此外，加盟企业也是"365工作体系"中提供便民惠民服务的重要力量。目前，"365工作体系"共吸纳了500余家加盟企业为市民提供低于市场价的有偿服务。政府也积极参与其中，对企业提供服务的行为进行引导和监管。对于部分领域出现的管理空白的热点、难点问题，如无物业老旧小区的下水管道破损等，政府经常通过购买专业服务的方式，参与指导、协调辖区内的加盟企业来解决。

3. 以网格化管理促进治理精细化

在"365工作体系"中，全区被划分为120个一级网格。在此基础上，街道办事处进一步划分了532个二级网格。每个一级网格中配备专职网格员和专用移动终端，每名网格员均配备专用智能手机，实施定岗、定责管理制度。网格员采取巡视、走访、帮教等方式，每天对网格内的人、地、物、事、组织五个社会治理要素实施动态化、精细化的管理，同时还肩负走访重点人群，了解社情民意、协调处理民生诉求的职责。具体而言，每名网格员每天对网格进行至少两次的巡视、走访，将主动发现的问题认真记录。对于突发性、关键性问题第一时间形成《事件专报》和《民情日报》，并通过"随手拍"上传至365信息管理平台，工作平台则予以及时响应、统一调度、协调处理。通过这种方式，很多矛盾尚处于萌芽阶段时，通过"365工作体系"，市级、区级、街道与社区工作人员便已掌握了情况并及时做出反馈，主动地解决问题，大大提高了社会治理工作的预警性、主动性、协同性，将很多尚未爆发的矛盾化解在了源头，通过这种主动作为来真正实现源头治理。

4. 以协同运行机制汇聚多元合力

"365工作体系"为解决辖区公共资源和行政资源不足的问题与市公安、人社、城建等44个职能部门，以及供水、供电、供暖等市政公用企业71个基层站所建立起了"联席议事、联动调解、联合协调"的协同运行机制，成为居民解决诉求的一条"高速通道"。在社区居民的诉求中，往往存在一些仅仅依靠单个部门难以解决的问题，亦存在部分责任主体不清，甚至存在"管理真空"的问题。比如，一些居民楼因为某些历史原因被物业"弃管"的情况在部分老城区中十分突出。对于这类问题，在"365工作体系"成立前，群众的合理诉求经常会被各个部门"踢皮球"，长年累月也未能得到有效解决。而"365工作体系"与大连市的城建、教育、卫生、环保等44个职能部门，以及电业公司、自来水集团、供热单位等市政公用企业等71个基层站所都建立了"联席议事、联动调解、联合协调"的协同运行机制。对于超出区级权责范围的难题，由"365工作体系"综合受理，与上级相关部门协调解决并以最快速度反馈事件结果；对个别特殊的、一时难以解决的问题，还组织专家、律师等社会主体介入，全程跟踪诉求解决的过程。通过这种方式，有效化解了单一市级部门单位难以针对全市开展高质量服务的无奈，在全区推动形成了与居民在区内对接、将诉求在区外处理的分级、分责群众诉求解决机制，真正凝聚了社会治理多元参与的合力。

5. 以创新公益项目统筹社会资源

"365工作体系"把广泛动员社会多元主体共同参与为民服务和社会治理作为一个重要的切入点，创造性地推出了以公益服务项目为载体，以项目申领制和申报制两种形式来引导社会组织主动参与社会服务的做法。所谓项目申报制，是指由社会组织自行申报社会服务项目，区财政按照一定比例提供资金扶持。现阶段，西岗区每年设立扶持资金达500万元。所谓项目申领制，是指将产权不明、界限不清的问题，以及社会热点、难点问题汇总成公益项目向社会发布，由社会组织、社会力量申领并出资实施。实现了两种新的工作机制，即将政府财政投入与民间慈善投入相结合的社会治理投入机制，和将居民需求、政府意愿与社会组织积极性相结合的社会公益事业决策机制。三年来，全区累计发布社会公益项目768个，募集资金1800多万元。

三 大连市西岗区"365工作体系"创新的可持续性分析

创新项目的持续性是检验项目效益、社会认可度等的关键要素。"365工作体系"项目自发起以来始终良性运转，项目持续性的突出表现是实现了三个成熟的子机构的剥离与延伸，项目持续运转的原因可以从创新者、创新团队及创新环境等方面进行剖析。

（一）项目的发展概况

"365工作体系"项目自2012年3月启动以来，按照项目目标在大连市西岗区探索创建了"365市民大楼"，并以其为核心建立了"365工作体系"。截至调研期间（2017年12月20日），该体系一直在正常运行，经调研团队讨论认定该项目仍在持续。具体而言，在项目的基本要素方面，项目名称、主管部门和资金来源等均没有发生变化，说明项目运行已经趋于制度化，并具备较强的稳定性；项目负责人由"牛玲玲"变更为"曹丽娜"；项目运作手段比原来更加丰富多样，最为突出的表现即为在原来的服务机构的基础上，结合社会实践的发展需要，又增设了外来人员综合服务中心、"365社会组织服务园"、"365社区家园"；服务对象发生了变化，除了涵盖本区居民外，在公共服务项目领域，例如法律咨询等，也为辖区外的居民提供无偿服务。

（二）项目的实际效益

通过对调研所得数据的整理可知，总体来看，截至2016年8月底，"365工作体系"累计接待市民106.3万人次，累计接听热线电话17.23万次，受理群众诉求46.77万件，网格上报民情日志55589篇，提供实体便民服务33686例，开展听证议事、居民议事5709场，开展各类公益活动47199场。

按照居民诉求受理渠道、类型及处理情况等要件对这一项目的实际效益进行分析可知，从居民诉求受理渠道来看，通过热线电话受理的群众诉求数量最多，占诉求总数的40%；其次为社区365工作站，占13%。这说明拨打热线电话和到社区反映问题是社区居民最习惯、最依赖的诉求反映渠道，而网格的诉求受理量排在所有渠道的第三位，占11%，这说明"365工作体系"的主动发现问题功能取得了较好成效。相比之下，通过代表、委员、党外人士工作室和网络受理的诉求量较小，各占总量的1%，这说明这两个渠道的作用发挥不太显著，特别是通过网络反映诉求尚未成为居民的首选。从另一个角度看，也说明上述渠道具有较大的发展潜力。

从居民诉求受理类型来看，为了更好地解决群众诉求，"365工作体系"将从各渠道受理的诉求进行梳理，并分成了协调类事件、服务类事件和咨询类事件三大类。协调类事件是指居民诉求中涉及一个或多个责任主体，大多数情况下为政府职能部门和市政公用企业应处理的事件；服务类事件是指居民诉求中涉及家电维修服务、社区上门就诊服务、日间照料服务、家政服务、文化娱乐服务和精神慰藉服务等服务需求的事件；咨询类事件是指居民诉求中涉及打听、询问、商议某个问题或者某项政策的事件。调研数据统计发现，在受理的群众诉求中，咨询类事件占绝大多数，协调类事件次之，服务类事件最少。同时，经过对团队获取的2014年、2015年两年的第一季度数据进行分析比较发现，"365工作体系"诉求受理量呈逐年增长趋势，特别是咨询类事件更为明显，而协调类事件、服务类事件具有较大程度的减少。服务类事件减少的原因是统计口径发生了变化，在2014年加盟企业的服务量由专人负责录入系统，但自2015年起这部分数据不再录入系统。而协调类事件减少则得益于前期累计问题得到及时处理。由此证明，"365工作体系"的源头化解矛盾功能已经逐步显现作用。

从事件协调处理的情况来看，诉求受理只是工作的起点，"365工作体系"的最终目标是把居民关注的问题妥善解决。在三大类群众诉求中，一般情况下，协调类事件是解决耗时最长、处理难度最大的一类事件，也是社会治理中的热点、难点事件。为此，针对事件协调处理情况的分析主要侧重于此类事件。对2014年7月至12月"365工作体系"处理的协调类事件进行统计，从办结率上看，协调类事件的平均办结率为92.36%。在全部事件领域中，高于平均办结率的依次为矛盾纠纷领域、城市建设领域、公共安全领域、生活设施领域、行政执法领域。低于平均办结率的依次为政策协调领域和房产物业领域。特别是房产物业领域，办结率仅为82.18%。这是因为西岗区属于老旧城区，弃管楼较多，协调难度较大。在全部事件类型中，涉及家庭内部纠纷、路灯、占用绿地、消防、公安、卫生政策等类型事件的办结率达到了100%。涉及房屋维修、电、煤气等类型事件的办结率排在倒数后三位，分别仅为77.78%、80.39%和81.25%。从办结上半年事件来看，涉及房产物业领域、生活设施领域和政策协调领域的最多，特别是房产物业领域，达到了150件，占总数的43.9%。这一情况与前述该领域事件办结率较低的情况相吻合，说明了对于"365工作体系"而言，房产物业领域事件的处理难度较大。

（三）项目持续的突出表现

创新是事物发展的动力。经过六年来的发展，"365工作体系"聚焦当前社会的热点问题和群众需求，探索推出新的服务项目和管理手段，并于2014年末，将一些比较成熟的功能与"365市民大楼服务中心"进行剥离，先后创建了三个系列化、专业化的社会服务机构，这也是"365工作体系"这一创新项目持续和扩散的最为典型的特征。

1. 外来人员综合服务中心的设立

西岗区外来人员综合服务中心是全国第一家以外来人员为服务对象的专业化社会服务平台。该中心位于西岗区双兴街25-1号，建筑面积

1400平方米，与大连火车站、轻轨站、长途汽车站、商品批发市场等相邻，是大连市外来务工人员最为密集的区域之一。中心设有专业服务窗口10个，配置触摸式查询机4个、信息展示屏2个，配备工作人员24人，以外来人员基本公共服务最大化、市民待遇最优化、政策反应快速化为目标，整合多方资源，向外来人员提供十个方面的特色服务。一是综合信息服务。提供全市交通、商业、公共服务等政策信息，外来人员信息登记，居住证预约办理等。二是就业服务。收集发布劳动就业政策、岗位、报酬等信息，对有技术的外来人员提供企业对接服务。三是技能培训服务，收集发布全市职业技能培训信息，联合有关单位提供一般性和专业性技能培训。四是居住服务，开展出租房屋登记，提供旅店、出租房屋咨询、对接服务。五是基本民生服务，提供卫生、计生、住房、养老、社保等专业信息和政策咨询，依托"365工作体系"提供便捷服务，对困难外来人员给予一定的日常生活援助。六是政治生活服务，接转党组织关系，定期召开居民议事会，代征议案、提案。七是法律服务，提供无偿法律咨询服务，定期举办普法宣传活动和讲座，对权益受到侵害的外来人员提供法律援助。八是社会融入服务，组建工青妇等群众组织，通过义工、慈善、交友会等活动为外来人员提供融入社会的平台。九是精神文化服务，开展各类公益性文化讲座、培训、沙龙等活动，帮助外来人员疏导情绪，化解矛盾。十是未成年人服务，引入"西岗区未成年人社会保护中心"，针对外来人员子女提供教育保护、司法保护、生活救助等服务。

2. "365社会组织服务园"的设立

西岗区"365社会组织服务园"位于西岗区双兴街25-2号，建筑面积2100平方米，是西岗区为加强社会组织建设、激发社会组织活力、提升社会组织参与社会治理的能力而打造的对社会组织集引导、孵化、培训、监管为一体的专门机构。其主要功能为：一是集中为社会组织提供免费的办公场所、信息发布、交流合作等服务，将区内一部分发展潜力大的社会组织吸引到服务园，使之成为社会组织孵化成长的平台；二是通过建立健全社会组织体系、制定行业规则标准、强化年检评估执法等措施，加强对社会组织的监督管理，以制度促规范、促发展，使之成为社会组织监督管理的平台；三是引导社会组织在党委、政府领导下积极参与社会治理工作，紧紧围绕社会发展需求，策划实施社会服务项目，为群众提供更为优质的公共服务。其运行机制表现为五个方面。一是孵化机制。即园区重点吸纳一批发展潜力大、前景好、档次高的社会组织。社会组织入园后，服务园将集中提供项目培育、机构孵化、公共服务、专项托管、人才输送、培训规划、制定标准、整合宣传、项目合作等服务，形成一条首尾相接、循环再生的服务链。二是辐射机制。一方面，充分发挥园区的示范引领作用，引导社会组织有序发展；另一方面，通过园区社会服务项目的策划、包装和推介，使一批社会影响较大、社会效益明显的项目能够及时向街道、社区乃至更广的层面传导、复制和发展。三是扶持机制。完善政府向社会组织购买服务的机制，制定出台政府购买社会组织服务的具体实施办法，将政府购买社会组织服务的经费纳入区级年度财政预算，并通过年终考核兑现奖励。四是监管机制。利用年检、评估、执法等手段，建立规范信息披露、人员招聘、志愿者管理、项目管理、财务管理、绩效评估和责任追究等一系列规章制度，对社会组织进行全程的跟踪和综合评价，实现社会组织的自我监管、行政监管和互律监管"三位一体"。

3. "365社区家园"的设立

"365社区家园"是以提供精准服务为原则，以居民家庭为服务对象，以定制化家政服务、常态老人日间照料、少儿托管等为主要内容，利用社区范围内的公共资源，最大限度地满足辖区居民家庭服务需求的创新平台。目前，西岗区已建成拥警、黄河、香川三个社区家园。以调研团队进入的白云街道拥警社区家园为例，其坐落于西岗区五四路141号，建筑面积1400平方米，于2014年11月18日投入使用。社区家园在社区居委会的基础上，最大限度地压缩办公区域，还空间给社区居民，提供与居民生活息息相关的劳动就业、低保办理、和谐楼院、生育指标、社区文化、助残帮困、组织关系接转、日常生活服务、公共事业联合收费等便民惠民服务项目。社区家园突出社区亲情服务、社会组织服务和社区长者服务三大特色。定期召开居民议事会，组织辖区居民、各职能部门、相关单位通过议事协商解决居民反应强烈的热点难题。创立"新市民阳光驿站"志愿服务项目,强化流动人口的服务与管理。建立社区文化活动中心、青年汇、半边天布艺坊、书香斋、国学馆,开展丰富多彩的文化体育娱乐服务载体。创建拥警社区长者服务中心,采取契约式日间托老模式,为60岁以上有生活照料需求的居家老人提供生活护理、康复辅助、日托、短期暂住等12项服务。

(四)项目持续的原因分析

地方政府社会治理创新是由若干要素构成的体系能动活动的表现和结果,具有复杂性、动态性的特征。作为一种复杂变化的系统过程,其持续性必然受到诸多内生和外生因素的影响,地方政府社会治理创新的持续性正是这些要素中的一种或数种,或独自作用,或联动作用所产生的状态与结果。[1] 具体而言,创新项目能否持续,取决于受创新行为影响的各方利益相关者能否在项目的实施中获得适当收益,或即使是利益受损方也能得到适当的补偿。只有惠及各利益主体,使各方实现共赢的项目才有持续与扩散的可能。大连市西岗区"365工作体系"能够延续至今,主要有如下原因。

1. 国家宏观政策与政治生态的导向

"365工作体系"的持续运行发展,与国家关于社会治理创新的政策出台及"为民服务""以人民为中心"所形成的政治生态密切相关。一方面,国家关于社会治理发展、创新的指导思想、政策有序出台。"365工作体系"构建之初,虽是旨在回应中央于2011年2月提出的要"加强和创新社会管理"[2] 的指导思想,于7月出台的《中共中央、国务院关于加强和创新社会管理的意见》,但"365工作体系"创新项目六年来的良好运行、发展与扩散得益于国家随后逐步提出的指导思想与政策。党的十八届三中全会首次在党的报告中提出"社会治理"的概念,体现了新时期党的社会管理理念发生了创新。党的十八届五中全会更是明确了我国未来社会治理工作的目标,即"加强和创新社会治理。建设平安中国,

---

[1] 胡宁生、杨志:《中国地方政府社会治理创新的持续性:影响因素与政策优化》,《江苏社会科学》2015年第3期,第114~120页。
[2] 《十七大以来重要文献选编》下册,中央文献出版社,2013,第174页。

完善党委领导、政府主导、社会协同、公众参与、法治保障的社会治理体制，推进社会治理精细化，构建全民共建共享的社会治理格局"①。国家政策的推出，使大连市、区级政府对这一方面工作更加重视，并制定相应政策。"365工作体系"正是在此指导下稳步发展的，如"365工作体系"近年来提供服务不再局限于区内居民，面对公共事务，辖区外居民的诉求也多有回应。另一方面，伴随着党的十八大、十九大的召开，党的"群众路线""三严三实"教育实践活动都强调了"为民、务实"的政治价值，党的十九大更是强调"以人民为中心"②诠释党的根本政治立场和价值取向。这些价值取向下的实践活动、组织生活会等无一不向各级领导干部、工作人员渗透了回应公民诉求、全面服务民生的要求，使地方政府更为重视对旨在为民服务的创新项目发展的监督与管理。在此背景下，大连市西岗区"365工作体系"也得到了领导和有关部门的政策、人力与资金扶持，得以持续发展。

2. 领导和有关部门的大力支持

"组织是否能够为达到理想生存状态而进行必要的创新和持续创新活动，正是取决于机构领导者。"③据统计，五成左右的地方政府社会治理创新项目的启动得益于"某个有创新意识的领导的决策"④，而地方政府社会治理创新实践中"人存政举，人走政息"的现象并不少见。具体到大连市西岗区"365工作体系"，要调动社会其他资源的积极性，保证项目的存续和良性发展，离不开大连市、西岗区领导和有关部门的大力支持，明确了项目运行的目标、搭建了项目运行的组织架构，并为其提供了充足的资金保障。在明确项目运行目标上，西岗区主要领导在提出构建"365工作体系"的思路之初，就提出了"做群众需要的事，做事让群众满意"的核心理念，整个"365工作体系"的人员和功能配置均是以居民需求为导向的。为使"365工作体系"高效、顺畅推行，西岗区

---

① 《十八大以来重要文献选编》中册，中央文献出版社，2016，第819页。
② 《习近平谈治国理政》第2卷，外文出版社，2017，第566页。
③ 〔美〕保罗·C.莱特：《持续创新：打造自发创新的政府和非营利组织》，张秀琴译，中国人民大学出版社，2004，第133页。
④ 郭为桂：《中国：走向可持续的政府创新——专访"中国地方政府创新奖"组委会执行主任杨雪冬研究员》，《领导文萃》2012年第14期，第15页。

设立了"365工作体系"领导小组，组长由区委书记、区长担任，为项目的持续运行提供了坚强的领导核心支持。同时，区政府在365市民大楼服务中心专门设立了领导小组办公室。在搭建项目运行的组织架构方面，区政府经与市政府的请示、商定，将365市民大楼服务中心定位为区级财政全额拨款事业单位，现有编制工作人员31人。市民大楼服务中心下设的便民服务队成员、市民热线的接线员以及由该中心派驻在各级网格的专职网格员均为面向社会选拔的雇员。市民大楼服务中心由区委常委、政法委书记主管，区政府主管民政的副区长协管，目的是将社会管理与综合社会服务有机结合。在提供资源保障方面，西岗区财政部门为365市民大楼服务中心、街道365市民中心、社区365工作站设立了专项经费，以确保"365工作体系"的顺利运行。西岗区同时设立了社会组织扶持专项资金，用于培育和扶持社区社会组织发展。专项资金每年递增，仅2014年一年，西岗区财政部门为社会组织发展提供的专项资金就高达500万元。这一项目的持续性运行离不开大连市、区级主管领导和相关部门的支持。

3. 项目运行程序兼顾制度化与灵活性

健全的制度建设起到了规范与保障作用。制度化是确保创新项目运行的有序性、参与性和公开性的程序落实为创新实践的关键环节。而在创新项目运行的过程中，保证其灵活性，不断适应社会实践中的新要求与居民的新期待，亦是实现项目持续发展的重要影响因素。就大连市西岗区"365工作体系"这一项目而言，一方面，创新思路、机制与措施的制度化水平较高，保证了项目运行的稳定性与有序性。首先，组织架构稳定。"365工作体系"实行"三级管理、网格承接"体制，"三级管理"即以365市民大楼为区级中枢，在7个街道分别设立365市民中心、在45个社区分别设立365工作站。通过这样的区级中枢、市民中心与社区末端三级服务机构的辐射，解决居民诉求。"网格承接"是指"365工作体系"在区、街道划分的一级、二级网格。"365工作体系"下设几千名网格员，与三级服务机构衔接，构建了集群式网络管理模式。"三级管理、网格承接"的体制确保了居民诉求从收集、整合到回应的准确、高效。其次，创新措施制度化程度高。在"365工作体系"项目的运行过程中，涌现出各街道、社区自行发掘的诸多创新举措，而这一体系的领导团队、工作人员敏锐地感知并总结这些更为基层的组织中的自下而上的自发创新，并不断对这些创新措施进行总结、完善与系统化。如将个别社区中发生的某一问题的社区居民协商案例推广进而制度化，最终形成了"365工作体系"中矛盾协调的重要制度依托——居民议事制度，使小到邻里纠纷、楼道卫生的问题，大到安全稳定、民生发展的项目，都能广泛地汇聚民意、民智，提升社区居民的参与度，取得了良好的社会效益。另一方面，"365工作体系"的机构组成、面向群体与技术平台等都随着社会实践的发展进行了调整，保证了项目运行的弹性与灵活性。在机构组成方面，如随着大连市外来人口的增加，"365工作体系"成立了西岗区外来人员综合服务中心，是全国第一家以外来人员为服务对象的专业化社会服务平台；在面向群体方面，原有的工作体系仅惠及区内居民，现今在公共服务项目领域，如法律咨询等，也为辖区外的居民提供无偿服务；在技术平台方面，随着信息技术的发展，该体系不断吸纳信息技术搭建新的服务技术平台，从仅有的服务热线到搭建365官方微博、微信公众号与综合性信息服务平台，功能不断得到拓展延伸，有效适应了社会实践发展。

4. 利益相关者对于创新项目的需求稳定

"365工作体系"项目的运行，涉及政府、居民、企业与社会组织等多方利益相关者。自项目2012年启动以来，惠及了多方主体。六年来，随着创新项目的不断完善，各方利益相关者对于创新项目的需求稳定。首先，创新项目为社区居民提供全时性便民服务，满足了公民的需求。自2012年启动以来，所辖居民对该项目的态度从不信任到逐渐深入了解，从不认可到认可。"365工作体系"通过其各项功能与子机构，响应居民诉求，集中力量做群众需要的事，从工作态度、服务过程与回应诉求的结果三方面赢得了区内居民的认可，公民满意度超过98%。笔者访谈受益者得知，"有事找365"已成为全区居民的习惯。其次，创新项目减轻了政府的工作压力，转变了部门工作人员的作风。"365工作体系"以其完整、科学的各级服务体系，有效地承担了原本全部由政府部门承担的工作，在一定程度上减轻了政府的工作压力，提高了政府的工作效率。此外,"365工作体系"促进了社区常规工作特别是民意诉求办理的信息公开,从制度和技术上消灭了不良作风滋长的土壤,让领导干部与工作人员在开拓、创新、奉献、服务中得到了思想和作风上的锻炼。树立"365精神"成为干部加强作风建设的自觉要求,提升了政府、街道和社区的公信力与美誉度。最后,创新项目激发了社会组织和驻区企业的活力。西岗区365社会组织服务园作为"365工作体系"的子机构,为社会组织提供了免费的办公场所,并通过系列制度、规定对其进行监督管理。西岗区提供的资金支持也为社会组织的发展提供了保障。"365工作体系"中的企业服务平台,结合了新一代信息技术手段,通过电话、微信两个服务渠道,面向企业及时发布最新动态,现已成为企业发展不可或缺的重要平台。"365工作体系"在不断完善自身组织架构和体系功能的过程中,不断惠及政府、居民、社会组织与企业,各方利益主体也对这一服务体系渐趋适应。主体对于创新项目的需求也是促进项目自我完善、持续发展的动力之一。

5. 持续社会关注与良性社会评价的推动

自"365工作体系"运行以来,社会各界对这一社会治理创新模式的关注度始终居高不下,各地、各级别的调研团队与新闻媒体不断到访,对这一创新项目成功运行的原因进行了提炼分析,并将其创新举措进行了有力的推广。此外,各方利益相关者、调研团队与新闻媒体对这一项目的良性评价不绝于耳,稳定的社会关注与良性的社会评价对项目持续运行给予了强大的动力。一方面,调研团队与新闻媒体的关注。对这一创新项目进行调研的团队可以分为两类,一类是学术界的专家、学者及学生组成的学术团队,旨在深入发掘项目运行成功的深层机理,并剖析制约项目进一步发展的问题及原因,以期在指导项目有序运行的同时,为自身学术研究提供可供使用的一手资料。如2013年11月,中央党校调研组对"365工作体系"进行专题调研,以中央党校原教育长郝时晋为核心的团队还撰写了调研报告,报告被收录至中国领导决策信息系统基础数据库;2014年5月、12月,国务院发展研究中心调研组两次对"365工作体系"进行调研,首次调研形成了国务院发展研究中心专题刊载的《以民为本的城市社会治理创新——大连市西岗区"365工作体系"

的经验和启示》调研报告，二次调研由时任《中国经济时报》副总编柏晶伟一行4人对西岗区365社会治理体系进行了专题采访，并将365社会治理体系的工作模式作为全国二十例"可推广的改革案例"之一予以报道。另一类调研团队是以中央领导、当地或其他地方政府的官员、工作人员为主，地方政府官员旨在学习借鉴先进的社会治理经验，以推广到自身所在的辖区。如时任中央政治局委员、政法委书记孟建柱同志等国家领导人曾亲赴西岗区调研；2012年6月、2013年9月，辽宁省委调研组两次对365工作进行专题调研并形成经验进行推广。另一方面，良性的社会评价。如2014年11月，"365工作体系"荣获"中国城市管理进步奖"，并入选"中国社会治理创新范例50佳"；2015年4月、7月，分别荣获民政部颁发的"2014年度中国社区治理十大创新成果"和"全国社区治理和服务创新试验区"；获得2015年度"中国政府创新与优秀实践奖"。"365工作体系"提高了辖区居民对政府工作的满意度，在历年全市居民满意度调查中均名列前茅。持续的社会关注与良性的社会评价，既在一定程度上使项目所在地主管部门、工作团队与居民对于推广项目更有积极性，又能发挥一定的监督与促进功能，是项目持续运行的重要动力。

四 共建共享视域下城市基层社会治理持续性创新的启示

大连市西岗区"365工作体系"在提高公共服务的质量和效率、促进居民自治与改进基层治理等方面取得了显著成效，也为今后在共建共享视域下城市基层社会治理创新项目的持续性发展提供了启示，主要体现在以下四个方面。

（一）社会治理创新的起点是治理理念的更新

社会治理涉及的范围非常广泛，社会治理创新涵盖的内容自然也就非常丰富。但具体内容各异的社会治理创新，其初始动力都来自治理理念的更新。大连市西岗区"365工作体系"所展现出的多方面社会治理创新，最关键的起点在于提出了"做群众需要的事，做事让群众满意"的核心理念。这一理念的提出，标志着政府的社会治理理念从过去那种偏重于政府本位的管制控制思维，转变到了民众本位的协同治理思路上来，从被动地响应诉求和维稳转变到主动改善民生、完善社会服务、疏导诉求渠道、维护公众权益、协调利益关系、化解社会矛盾、解决社会问题的治理理念上来。有了治理理念的更新，才有了相应的在治理架构、治理方式、资源配置、政府职能转变等多个层面的一系列创新举措。

（二）社会治理创新的持续需要行政管理体制的相应改革

在社会治理理念发生变革之后，原有的政府行政管理体制并不能自动与之适应，而需要相应的改革。过去的各级政府机构设置以经济综合管理部门为主，社会综合管理部门相比之下极为薄弱。同时，各级政府部门的管理对象主要是针对行业和领域，而不是针对公众和群体。大连市西岗区通过从政府相关部门抽调人员组建365市民大楼，并以其为核心构建了涵盖政府各职能部门及市政公用企业的联席协调机制，成功实现了社区事务的"一门式"受理服务和服务的全年无休，大大提高了政府为民众服务的便捷度、透明度和亲和度，是主动通过行政管理体制改革来适应治理理念变革的成功探索。当然，这种探索也需要随着实践的发展进一步深化。

（三）社会治理创新的关注点应是既有管理模式的空白

随着工业化、信息化、城镇化、市场化和国际化进程的加快，社会处于快速的转型和变化之中，社会管理的对象范围大幅度扩大，公众的社会诉求明显增多，过去传统的社会管理模式无论在理念、体系、制度上，还是在机构设置、管理职能、管理方式等方面都与之不相适应，出现了很多管理空白和薄弱环节。大连市西岗区通过构建"365工作体系"实现了对居民反映问题的无条件受理，然后在政府部门内部进行分拨和协调，避免了居民在政府部门之间被"踢皮球"，既改善了政府部门的形象，也提高了居民的满意度。"365工作体系"还注重在日常工作中发现社会管理的空白点、存在多头管理但又缺少统一协调的问题，并积极寻求解决办法。这种以居民需求为出发点的工作理念应当成为社会治理创新的重要方向。

（四）社会治理创新的稳定需要引导和强化居民自治

推进社区自治，是发展基层民主，使居民依法行使民主权利，实行自我管理、自我服务、自我教育、自我监督的有效形式。社区自治的具体事项主要包括社区的公共秩序、民意表达、诉求反馈、邻里关系、居民服务、矛盾调解，以及社区消防安全监督、卫生维护和治安维护等。依托有效的社区自治，很多事务就不再需要行政手段和司法程序等公权力的干预，而可以通过社区各种利益相关者之间的民主协商和合作处理来解决。推进和实现城市社区自治，是基层民主发展的必然趋势，而且有利于降低行政成本和促进社会和谐稳定。大连市西岗区把居民议事会制度作为"365工作体系"的一个重要组成部分，正在向"涉及民生的事让居民自己管、自己议、自己定、自己做"的方向逐步完善和发展，符合十九大报告中关于发展基层民主的改革方向，值得大力提倡和跟踪关注。

创新实践展望

地方政府社会治理创新的可持续性提升路径研究

——以制度伦理为视角*

钟 哲**

一 制度创新：地方政府社会治理创新的内在路径选择

（一）地方政府社会治理创新的历史沿承、内在逻辑与基本含义

自改革开放以来，日益多元、复杂的社会发展态势时刻推动着政府社会治理体系的改革进程。这一现实进程在党政重要文件中有着清晰的发展脉络：自21世纪初提出"全面建设小康社会"[1]宏伟目标伊始，"加强社会建设和管理"[2]，"着力发展社会事业，完善社会管理，推动社会管理体制的改革与创新"，"健全党委领导、政府负责、社会协同、公众参与的社会管理格局"[3]，"加快形成党委领导、政府负责、社会协同、公众参与、法治保障的社会管理体制"[4]等改革方略不断推陈出新，明确地指明了社会管理模式的发展方向。在此基础上，2013年党的十八届三中全会开创性地提出"创新社会治理体制"指导理念，以单向管制为特征的既有社会事务管理体制借此开始向以多元互动为核心的社会治理体

---

* 基金项目：中央编译局重点项目（12ZBA04）；吉林省社科基金（2014B38）；中央高校基本科研业务费专项资金资助（13QN050）。

** 钟哲，东北师范大学政法学院副教授，博士生导师。

[1] 《十六大以来重要文献选编》上册，中央文献出版社，2005，第451页。
[2] 《十六大以来重要文献选编》中册，中央文献出版社，2006，第287页。
[3] 《十六大以来重要文献选编》下册，中央文献出版社，2008，第662页。
[4] 《十八大以来重要文献选编》上册，中央文献出版社，2014，第27页。

制进行转变，地方政府社会治理创新浪潮随之涌现。

　　作为宏观社会治理体制改革的关键环节，地方政府社会治理创新绝非偶然性的运动型政治浪潮，而是建立在多重政治发展逻辑交汇点上的必然性历史选择。首先，在主体勘定方面。社会治理体制的转变不仅需要宏观性顶层设计指引前进方向，更需要微观性创新实践探索可行路径。因此，在微观先行的政治发展逻辑作用下，居于基层这一国家政权与社会力量交汇互动场域中的地方政府肩负着执行国家政策、统合社会资源、协调社会关系，并为宏观性政治与行政体制改革积累实践经验、探索实践路径的重要职责，其必然应成为社会治理体制改革的先行推动者。其次，在理念选择方面。作为一种既有"管理"绩效又有"参与"民主的新型行政模式，"治理"既能应对全球化和不确定社会的风险，实现转型社会对政府管理绩效的要求，又能化解合法性的困局，满足日益高涨的民主诉求，因而替代了原有的"管理"模式，成为推动社会以及国家现代化前行的核心指导思想。最后，在方式遴选方面。在我国的现实语境下，相较于注重制度整体变迁的"改革"，着眼于微观调整的"创新"更加符合我国的政治发展现状，因此为地方政府所广泛采纳，成为推动社会治理体制转变和再造的重要路径。

　　由此可见，从社会管理到社会治理的一字之差中蕴含着深刻的时代诉求和本质内涵的转变。在此基础上，本文尝试性地将地方政府社会治理创新定义为以调整社会关系、协调社会利益、化解社会矛盾、维护社会秩序为目标，以有序的合作关系为基础的地方政府与多元社会主体协同展开的探索社会事务治理新方法与新模式的创造性实践行为。

（二）地方政府社会治理创新的内在动因与实践路径

　　首先，既有制度的缺陷是推动地方政府社会治理创新的内在动因。作为一项推陈出新的改革探索活动，引发地方政府社会治理创新实践的原因存在于多个领域，呈现纷繁复杂的多样化特征。但是从总体来考察，我们可以认为，"社会环境的变迁是引发创新的外部动因，地方政府对于创新利益最大化的诉求是引发创新的主体动因，而引发创新的最根本内在动因则在于现有制度及其结构的内在缺陷所引发的制度供给不足方面"①。具体而言，在原有的"全能政府"和"国家本位"理念的影响下，政府惯于采取政治统治的方式来审视社会事务管理活动，将政府职能视为这一活动的唯一属性，在拒绝多元主体的参与诉求的同时，通过相关政治秩序制度化的方式将社会资源合理合法地集中到自己手中。诚然，这种业已制度化的管理模式在特殊的时代背景下确实具有一定的合理性，但是在当前生产力飞速发展、社会全面转型的情境下，这一传统制度体系却逐渐显露出疲态，其本身存在的矛盾性、僵化性、非均衡性等缺陷愈发明显，亟待完善与更新。

其次，制度创新是地方政府社会治理创新的实践路径。制度创新，是指对制度安排的正向性修正、变动或更替。这种正向性不仅仅局限于经济层面，更体现着政治与公共管理层面的发展要求。制度创新是对"供给障碍、实施困境以及变迁问题"② 等制度缺陷所提出的完善与更新诉求的现实回应，以制度建设与制度变迁为主要内容的制度创新是地方政府治理创新的目标所在和实践路径。进一步来看，"作为系列化的规则、守法程序和行为的道德伦理规范，制度构成了社会存在的基础——即政治、经济秩序中合作与竞争的框架体系"③，因而从宏观上来审视，"中国政府的改革过程，实质上就是中国各级政府推动制度创新的过程，是旧制度安排被取代的过程"④，当前全面深化改革的总目标"国家治理体系和国家治理能力的现代化"的实质也可以理解为国家的制度体系和制度能力的建设。简言之，制度创新是完成地方政府社会治理模式转换的应然性实践路径，也是构建国家制度体系，实现国家治理现代化的必由之路。

---

① 傅大友、芮国强：《地方政府制度创新的动因分析》，《江海学刊》2003 年第 4 期，第 92～98 页。
② 方雷：《地方政府学概论》，中国人民大学出版社，2010，第 365 页。
③ 〔美〕道格拉斯·C. 诺思：《经济史中的结构与变迁》，陈郁等译，上海人民出版社，1994，第 226 页。
④ 郭小聪：《中国地方政府制度创新的理论：作用与地位》，《政治学研究》2000 年第 1 期，第 67～73 页。

二 制度伦理：制度创新的核心价值面向

（一）制度伦理的内涵

从本质上来看，对公共生活秩序的引导和整合是制度所肩负的根本职责，当然，并非所有的制度都能够完美地承载这一功能。制度是否"善"成为衡量制度能否为其所辖问题提供有效外部保障的内在标准所在。作为一种"外部化的集体记忆、规则、标准与价值的社会惯例与结构的存储"[1]，其所应具有的"善"至少包含两层意蕴：在针对具体问题时，制度是否完备和有效；制度本身所蕴含的内在价值导向是否能够真实地借由其本身最大限度地表达出道德意义。在这一意义上，伦理精神则必然是制度建构与解读的重要面向。"制度……属于自由意志的定在，所以伦理属性是制度的内在属性。"[2] 正是基于制度和伦理的共通性，对制度的伦理分析成为应然的可能，以追寻制度"善"为己任的制度伦理应运而生。学界开始通过伦理视角来确认、辨析制度中所蕴含的价值理念，借此来评判、甄选传统制度，将"个体善"逐步提升、固化为新制度，推进制度本身的变革与创新。

正如罗尔斯所述，"制度既可以被视为一种规范体系所表现出的可能的行为形式；还可以具象为在某一时间和场域中在个体思想和行为中的实现"[3]。正是基于制度本身所具有的抽象和具体的双重属性，制度伦理也有着"制度的伦理——对于制度本身是否正当与合理的伦理评价"和"制度中的伦理——制度本身所蕴含着的伦理追求、道德原则与价值判断"[4] 这样的双重意蕴，这也是当前学界在制度伦理研究过程中所广泛采用的"制度伦理化"与"伦理制度化"的双重含义的由来。

简言之，制度伦理化是指以道德价值和规范为视角，对现有制度进

---

[1] 〔英〕马克斯·H.布瓦索：《信息空间：认识组织、制度和文化的一种框架》，壬寅通译，上海译文出版社，2000，第390页。
[2] 高兆明：《制度伦理与制度"善"》，《中国社会科学》2007年第6期，第41~52页。
[3] 高兆明：《制度伦理与制度"善"》，《中国社会科学》2007年第6期，第41~52页。
[4] 方军：《制度伦理与制度创新》，《中国社会科学》1997年第3期，第54~66页。

行是否合伦理性的审视和评判；伦理制度化是指以制度化的形式将一定的社会伦理要求固定下来，在社会生活中加以贯彻执行的过程。在此基础上，我们就可以对制度伦理的内涵加以初步界定。本文认为，制度伦理是指对公共组织的规范体系和运行机制的伦理审视和反思，即对公共组织制度化、规范化的伦理的思考与建构，制度中所蕴含的伦理要求与伦理道德制度化的辩证统一构成了制度伦理的内涵所在。

（二）制度伦理蕴含的社会治理创新诉求

首先，以"伦理"突破旧制度桎梏。随着社会的发展进步，人在社会生活中的主体作用愈发凸现，其所持有的共同性的伦理意识成为制度安排的重要影响因素，道德价值和道德规范成了评判制度的标准之一，"人们从制度伦理视角出发对既有制度所做出的'不好'的道德评价，及其所形成的舆论压力，是引发制度创新的群众基础"[①]。与此同时，"伦理"作为评判制度的内在标准，其本身也处于不断的变化发展之中，"（伦理）这一实体是自我解体了的存在，所以它绝不是死的本质，而是现实的和活的本质"[②]。因此，"伦理"本身的发展必然地持续更新着对制度的评价标准。这样，以制度伦理为视角对现有制度的评议就内在地为以制度创新为主要路径的地方政府社会治理创新提供了主观层面的持续推动。在实践层级，地方政府应在社会治理创新中对原有的法规、制度及规章等政治秩序进行"制度伦理化"的审视，及时修正、更替抑或废止不合理的制度陈习，保障创新的持续前行。

其次，依"伦理"构建新制度体系。如前文中所述，地方政府的社会治理创新活动是微观先行政治发展逻辑作用下，中央政府为应对传统压力型体制逐渐边缘化过程中出现的危机，探索符合现实国情的改革之路而推行的先行实践。因此，地方政府社会治理创新的目的就不仅仅局限在"应激性地高效解决社会治理具体问题"层级，还在于为相同或相近的同类问题寻找出可以广泛推行的共性解决方案。易言之，"解决问题"仅是地方政府社会治理创新的第一步，将创新过程中所形成的"新

[①] 方军：《制度伦理与制度创新》，《中国社会科学》1997年第3期，第54~66页。
[②] 〔德〕黑格尔：《精神现象学》下卷，商务印书馆，1979，第3页。

政策"、"新举措"及"新方法"以制度化的形式固化下来并使其得以延续和推广才是地方政府社会治理创新的真意所在。

正是在上述"经验"固化为"制度"的进程中,制度伦理开始申明其在地方政府社会治理创新中的诉求。具体而言,制度伦理要求地方政府在经验"制度化"的甄选过程中,应严格遵循"合伦理性"、"效用性"和"完备性"的次第顺序,借此保障由社会治理创新实践经验所固化形成的制度的公共利益诉求导向——"善"之价值内核。在制度伦理的作用下,既能渐进式地将创新持续性的保障由创新主导者的权威转化为创新主客体间共同的认同,解决"人走政息"的创新困境,又可以借由制度伦理这一"制度化规范力量"促成公职人员普遍美德的养成,确保符合伦理要求的制度化创新举措可以真正落到实处,维持、增进并传递创新带来的社会效益。

三 伦理缺失:当前地方政府社会治理创新持续乏力困境的根本原因

从历史沿革来考察,以社会管理与治理为核心内容的地方政府创新浪潮发端于20世纪90年代末,在至今为止的不到二十年间,其数量、规模和涵盖领域均呈现了喜人的增长态势。但与此同时,创新实践持续力不足的现象愈发明显,"即便是曾获得地方政府创新奖,在国内具有一定影响力的创新个案,亦有将近30%已名存实亡"[1]。持续乏力已经成为社会治理创新过程中亟待解决的现实困境。

针对这一现实困境,学界有着丰富的理论回应,从多个研究视角提出了"创新主要推动者的人事变动、创新成本难以接受和创新受众认可度较低是造成创新持续性不足的主要原因"[2],"内生、外生和主观决定因素共同影响着创新的可持续性"[3]等观点。在对多样化的研究成果进行共

---

[1] 高新军:《地方政府创新缘何难以持续——以重庆市开县麻柳乡为例》,《中国改革》2008年第5期,第29~32页。
[2] 毛铖等:《地方政府创新的热点领域与制度化研究——对中国地方政府创新奖入围项目的分析》,《中共云南省委党校学报》2011年第2期,第169~171页。
[3] 王焕祥:《中国地方政府创新与竞争的行为、制度及其演化研究》,光明日报出版社,2009,第185~194页。

性分析之后，俞可平教授进一步指出，"制度保障的缺乏是造成地方政府社会治理创新持续乏力困境的最根本原因所在"①。

从传统意义上来考量，地方政府社会治理创新所需的制度保障通常集中在"弹性制度空间"和"创新经验制度化"两方面。本文认为，经由十余年的改革实践，制度保障对于创新持续性的重要性已经得到了广泛的认可，中央政府亦以划定试点和适度放权等方式在一定程度上放松了原有的制度规制。因此，当前地方政府并非缺乏客观上的"制度保障"，而是无法有效地将其运用在创新实践之中。具体而言，地方政府缺乏一种内在的制度评判标准——制度伦理来对当前制度和创新经验进行分析，使其能够充分地利用弹性制度空间，摆脱不合理制度的桎梏，同时对创新经验成果加以甄别，从中选取出符合公益指向，可以总结为制度进而固化推广开来的内容。因而地方政府的社会治理创新实践往往踌躇于政治合法性与法律合法性的冲突中，辗转于领导个体偏好与民众社会需求的困局内，最终导致创新难以持续困境的产生。

（一）双重合法性冲突中隐含的伦理缺失

合法性是地方政府社会治理创新中的核心概念：从宏观层级来审视，应对社会发展变化产生的趋势与问题，为政府增强合法性基础是地方政府社会治理创新产生的重要动因；从微观层级来观察，地方政府的社会治理创新实践属于一种行政行为，其本身亦需具备相应的合法性基础。具体来看，上述合法性间有一定的区别：前者属于政治合法性，后者则属于法律合法性。因此地方政府的创新实践也存在两种不同的合法性导向，而两种本应并行不悖的合法性之间的相互冲突，往往是引发创新持续性困局的原因所在。

政治合法性是指"社会民众对政权正当性的判断和对该政权统治权力的自愿认可和服从"②，"政治合法性是政府权力顺利行使和政局持续稳

---

① 俞可平：《政府改革创新：来自1500多个案例的十大启示》，《半月谈》2012年第5期，第16~19页。

② 何增科：《地方政府创新，从政绩合法性走向政治合法性》，《中国改革》2007年第6期，第12~15页。

定的根本保证"①。在我国的现实政治生活语境中,政治合法性可分为以结果合法性为衡量标准的"政绩合法性"和以程序完备性为基础的"法治合法性",其中前者更多地被称为"有效性",而后者则较多被表述为"规范性"。由此可见,地方政府的社会治理创新实践必须满足结果有效和程序规范的导向要求,并借此确保创新行为对地方政府合法性基础的增强。

  法律合法性是指"考察行政行为是否与法相合,以及法律、规章与制度等政治秩序是否符合良善的道德要求——即'法的精神'"②,"依法行政"是法律合法性最直观的表述。因此,地方政府社会治理创新的内容应避免与法相违,创新过程中形成的具体方案、政策与制度中应贯穿的"法的精神",是就法律合法性创新所提出的创新导向所在。

  不难发现,在理想的状况下,以"创新行为必须有效、规范"为主要内容的政治合法性创新导向和以"创新活动必须依法进行"为核心思想的法律合法性合法导向相辅相成,辩证统一,"政治合法性是法律合法性的基础和前提,法律合法性是政治合法性的限度和保障"③。但在具体的创新实践中,两种合法性却经常为人所异化解读,并直接影响到地方政府社会治理创新的可持续性。

  具体而言,我国的改革与国际上其他后发国家的现代化进程类似,在沉重繁复的政治压力作用下,"生活水平的提升必然地优先于民主法治的建设……相较于结果合法性而言,程序合法性明显地居于次要地位"④。因而在地方政府的社会治理创新过程中,"以强调提升经济发展速度为核心内容的'政绩合法性'逐渐成为了最重要的合法性衡量标准"⑤。当前风行的后果主义衡量指标即发端于此,政绩合法性与政治合法性被等同视之,经济效益成为左右创新方向的最重要因素。与此同时,在创新进

---

① 白钢、林广华:《论政治的合法性原理》,《天津社会科学》2002年第4期,第43~51页。
② 任中平、李睿:《论政治合法性与法律合法性的关系及其调适》,《政治与法律》2007年第6期,第64~71页。
③ 任中平、李睿:《论政治合法性与法律合法性的关系及其调适》,《政治与法律》2007年第6期,第64~71页。
④ 〔美〕亨廷顿:《第三波——20世纪后期民主化浪潮》,刘军宁译,三联书店,1998,第59页。
⑤ 杨雪冬:《过去十年的中国地方政府改革——基于中国地方政府创新奖的评价》,《公共管理学报》2011年第1期,第81~93页。

程中，地方政府对于法律合法性的解读则往往停留在狭义的法律条文考察方面，"与法条一致成为了重要的行为标准"①，而对法律规章等既有政治秩序自身的合法性审视则较为缺乏。因而法条合法性成了法律合法性的代名词，业已成文的制度规范成为创新难以逾越的沉重桎梏。

正是基于上述异化解读，两种本应相辅相成的合法性导向之间开始显现出矛盾的端倪。这一矛盾集中地体现在政绩合法性所要求的对于民众诉求的积极回应和法条合法性所要求的对于现有法律制度的严格遵守的现实冲突中。我们不难发现，这一问题的产生根源于异化解读政治与法律合法性过程中对于"程序性"和"道德性"等伦理要素的忽视。正因为创新过程中制度伦理的缺位，地方政府无从准确地对"民众诉求"背后所代表的是"公意"还是"私利"、现行法律制度是"符合宪政精神"抑或"业已不合时宜"进行判断，对于中央政府所预设的弹性制度空间的运用亦难以称得上完备有效，创新实践自然难以长久保持。

（二）双重价值导向冲突背后的伦理缺失

在地方政府的社会治理创新实践中，除未能形成制度而无法持续下来的情况之外，还存在相当数量的案例重复着"人走政息"的尴尬覆辙。本文认为，已经初步固化为制度的创新经验依旧持续乏力，人走政息的现象缘于创新过程中"领导个体偏好"与"民众社会需求"之间的冲突，制度伦理的缺失依旧是引发这一现象的诱因所在。

首先，"领导个体偏好"创新导向。在中国的地方政府社会治理创新实践中，"'领导'贯穿于创新整个过程中的首要影响因素"②，"大多数的创新项目都带有一把手工程的色彩"③。作为一种"政治—行政"承包机制，"一把手负责制"本身即立足于对常规部门界限和工作流程的超越。因而在创新实践中，作为负责人的行政领导的效用偏好往往是创新展开的最核心价值导向。同时由于相关制度约束的缺乏，领导者的角色

---

① 〔法〕让-马克·夸克：《合法性与政治》，中央编译局出版社，2004，第25页。
② 陈雪莲、杨雪冬：《地方政府创新的驱动模式》，《公共管理学报》2009年第7期，第1~11页。
③ 俞可平：《中美两国"政府创新"之比较——基于中国与美国"政府创新奖"的分析》，《学术月刊》2012年第3期，第5~15页。

很容易向"政治企业家"[①]方向转变,创新成为其提升政治晋升机会和地方(团体)利益的有效路径。

其次,"民众社会需求"创新导向。所谓民众社会需求,是指"在一定的社会发展过程中,人们为了满足当前与未来发展需要而形成的占主导地位的需求意识"[②]。政府对民众社会需求的满足是其合法性基础的必要保障。从本质上来看,对于此类需求的回应是地方政府开展社会治理创新的核心动因所在,这一需求也应自然地成为创新的重要导向。"作为鲜活的动态概念,民众需求始终处于发展变化的过程中。"[③] 单就我国而言,自抗战以来的各个时期,民众需求包含着"民族—民生—民权"等不同内容。时至今日,民众则提出了"共享改革与创新成果……在发展基础上实现公平与正义"[④] 的迫切呼声。

由此我们不难看出,基于创新所面临的紧迫性与复杂性,能够超越现有常规部门设置、职能安排与权力运行机制的"一把手负责制"成为创新实践的现实选择。但是这一非常规制度安排必然地缺乏明确的外在制度约束,在创新过程中,如若领导者本身再缺乏系统的内在伦理判断标准,那么其创新举措则有很大的可能会与真正的民众社会需求相左。在这种情境下,创新的持续完全以领导者权威的存续为前提,一旦出现领导者权力或者人事变动,大多数的创新方案会陷入难以为继的困局。基于行政权威而促成的制度化创新经验,往往"陷入追逐个体或小群体名利的政绩思维中"[⑤],因而缺乏民众等创新客体的广泛内在认同,难免引发"人走政息"现象的产生。由此可见,创新的可持续性并不能和其制度化程度完全地等同起来,而应该进一步对固化的创新经验中所蕴含的内在价值导向进行评判。制度伦理的缺失是创新陷入"人走政息,制

[①] 政治企业家是指在政治市场上提供政治方案、权威和绩效,以换取职位、声望或关系的政治家。
[②] 鲍宗豪:《社会需求与社会和谐》,《中国社会科学》2007年第5期,第49~53页。
[③] Chris Barker, *Culture Studies: Theory and Practice* (London: Sage Publication, 2000), p. 166.
[④] 温家宝:《在全国新型农村社会养老保险试点工作会议上的讲话》,新华网,http://news.xinhuanet.com/politics/2009-08/19/content_11912855.htm,最后访问日期:2012年11月1日。
[⑤] 赫洪:《依法行政才不会"人走政息"》,《人民日报》2013年2月19日,第5版。

随人熄"等持续性困局的内在原因。

四 依伦理易制：地方政府社会治理创新持续性提升的实践路径

正如上文中所总结的，作为一种对于制度正当与否的伦理性认识和批判，制度伦理是地方政府社会治理创新这一制度创新的核心价值面向。地方政府社会治理创新过程中制度伦理的缺失导致其无法对原有制度规章等政治秩序和创新实践所积累的方案经验做出"正当性"判断，因而无法有效地运用中央政府为创新预设的弹性制度空间，并由此引发了创新持续乏力的困境。本文认为，由制度伦理引领的全方面制度体系建设是提升地方政府社会治理创新延续性的关键所在，制度发展观念的培育、制度评估中伦理因素的强化和宏观制度体系的伦理整合是地方政府社会治理创新中可持续性提升的核心路径。

（一）在创新理念中贯彻制度发展观念

毋庸置疑，作为立足于一定的历史条件与社会背景而形成的规范，制度必然地带有相应"场域"的印记。因而我们必须秉承制度"善"的历史主义视角，贯彻制度发展观念，将制度视为处于不断变化发展过程中的鲜活的规范体系，进而从条文中剥离出伦理内核，从时间性与空间性两个视角入手，对现有制度进行客观的伦理分析和评判，并借此完成制度伦理的建构工作。

第一，明辨制度的时代性。时代的变迁潜移默化地推动着制度"善"意蕴与标准的演进。"由古希腊到中世纪再到近代的欧洲，制度善的指向在不断的变化生成之中……无论是亚里士多德在实践理性中阐释而出的'正义与幸福'，抑或是洛克与卢梭倡导的'自然状态'，还是黑格尔所主张的'独立的个人及其平等自由权利，权利与义务的统一'都是对其所处时代制度'善'内在意蕴的概括总述。"[①] 从历史层面来考察，这一

---

① 高兆明：《制度伦理与制度"善"》，《中国社会科学》2007年第6期，第41~52页。

内涵变化在宏观、长期的时代变迁过程中体现得较为清晰，但在转型期这一特殊历史阶段之中则表现得更为集中和明显，在较短时间内社会发展阶段的快速更迭更加彰显出制度时代性考察的重要意义所在。因而地方政府如果能够明晰地认识到既有制度中所包含的时代性内涵，那么制度创新则能拥有更加坚实的法理基础和明确的前行方向。这种创新既是对历史唯物主义的实践践行，又可被视为政府对时代和人民负责的重要表征。

第二，谛视制度的地方性。作为宏观的历史阶段发展诉求，制度的时代性必须与微观的区域、民族以及其他地方特色相结合，落实为具体的区域发展诉求才能够明确地彰显其内在价值，地方性概念即由此产生。"离开特定的历史与文化发展状况而引入的制度，注定会由于其主观指导的无根性而陷入困境。"① 在我国当前所处的不均衡发展态势下，由单一主体设计出具有高度普适性的完整、具体的制度谱系的可能性不高。因此，地方政府应该在沿承、遵守基本的制度框架的基础上，因地制宜地审视和评估具体的制度内容，针对本地方的发展状况有的放矢地对非根本性制度进行尝试性创新，以此确保制度在满足本区域发展诉求的同时凸显"时代精神"。

（二）在制度评估中树立伦理准则

创新理念中制度发展观念的贯彻是制度创新得以展开的思想前提，而制度评估过程中伦理准则的树立则是推进制度伦理建设的现实途径。以时代精神等伦理要素为主要准则的制度评估将借由对制度内容及其内在价值逻辑的合伦理性检验，直接地对既有制度做出明确的价值判断，从而对制度创新的前行方向提供引导和规范。

作为一种实践领域中的评估准则，我们必须"舍去（制度善本身的）具体样式而把握其中的根本性思想"②，明确"时代精神"这一宏观伦理观念中的核心要素所在，并以此为基准，构建起相应的伦理性制度评估体系。

---

① 〔德〕黑格尔：《法哲学原理》，商务印书馆，1961，第292、259页。
② 〔德〕黑格尔：《法哲学原理》，商务印书馆，1961，第292、259页。

首先，把握当前历史阶段的时代精神内核。

正如上文中所指出的，生发于社会发展实践历程中的"时代精神"具有不同的外在表征，但人的自由这种"善"的绝对性内容却始终是凝聚于其中的定在伦理内核。虽然伦理内核在不同的历史发展时期会具现为具有一定差异性的时代性发展诉求，但是其与政治、经济与社会发展状况的密切关联则会自然地导致其呈现一种规律性的共性特质，这也是具体的时代精神能够为我们总结认识的原因所在。

具体到现实层面中来考察，当前的中国正处于历史形态的跃迁进程中，因而改革初期兴起的"以经济建设为纲"的效率性、20世纪90年代前后风行的"平等的基本自由权利"的自由性，以及21世纪初期重新掀起的"共享现代化国家发展成果"的平等性等时代诉求往往同时作用于制度建构过程之中。正是基于这种犬牙交错的复杂发展态势，实践界和理论界在对上述发展诉求进行总结的基础上达成了共识，指出"当代的时代精神谓之公正"[1]，"正义（即公正）应成为社会制度的首要价值"[2]，"在发展基础上实现公平与正义"[3] 是当前社会发展阶段的核心价值内核所在。

其次，构建以公正为核心准则的制度评估体系。

"只有将抽象的伦理导向和具体的制度标准结合起来评判一种制度才称得上是客观而有现实意义的。"[4] 要将公正这一时代精神贯穿于制度评估过程之中，则必须将其转化为广泛、具体、完备及可执行的制度标准。由此所建构而成的制度公正标准则应对制度的内容和形式均有涵盖，并针对不同的领域制定出不同的具体评估细则。其具体应该包含以下的内容（见表1）。

---

[1] 杨思远:《"公平正义"是社会主义核心价值体系的根本价值诉求》，中国社会科学网，http://www.cssn.cn/news/466052.htm，最后访问日期：2013年2月27日。

[2] 〔美〕罗尔斯:《正义论》，中国社会科学出版社，1997，第1页。

[3] 温家宝:《在全国新型农村社会养老保险试点工作会议上的讲话》，新华网，http://news.xinhuanet.com/politics/2009-08/19/content_11912855.htm，最后访问日期：2012年11月1日。

[4] 周燕军:《制度伦理与制度创新》，《社会科学报》2001年2月22日。

表 1　制度公正的内涵与相关评议标准

类别		标准
内容公正	政治制度公正	1. 保障人民合法权利； 2. 扩大人民参政议政和决策的权利； 3. 加强弱势群体保护； 4. 维护最广大人民的根本利益
	法律制度公正	1. 保障法律面前人人平等； 2. 立法公正、程序公正、执法公正
	政府管理制度公正	1. 建立健全政府管理的各项规章制度； 2. 保证行政过程的公平、廉洁、民主和高效
	文化制度公正	1. 保障不同社会群体受教育的平等权利； 2. 文化市场的公平竞争； 3. 宽容和公正地对待不同文化及其交流
形式公正	公开性	内容标准公开、过程公开、反馈结果公开
	参与性	尽可能让所有具有资格的成员参与到制度的制定、实施、监督、评价与修正过程中

资料来源：何颖等：《行政伦理与社会公正》，吉林人民出版社，2009，第 156～176 页。

（三）在制度秩序重构中促成伦理整合

作为一项指向性和应激性都较为明显的专项治理行为，地方政府社会治理创新的成果往往体现为针对某一显著问题的整改措施或方案，很少能够形成带有全局性质的完整制度体系。正因如此，创新所形成的新生制度将无法避免地受制于"协作效应"[①] 反作用下既有制度体系的排斥和倾轧，其持续性往往难以保证。

在完整的制度体系中，各个具体制度间借由相同或相近的伦理价值内容而达成相互间的认同和互动，新生制度与既有制度间伦理价值内核的不一致是引发制度间冲突的根源所在。很难想象以"效率"为导向的监督、评价和反馈制度能够真正地对以"公正"为价值内核的新生制度施以公允的客观评估。由此可见，在强调创新个案中制度伦理的建设的同时，我们还必须要与之同步地创建起与之相对应的制度秩序环境。对

[①] 协作效应是指在既定的制度框架下各地方政府及部门之间、各种配套制度之间会产生显著的协作关系，在其影响下整个政府机关习惯于这一模式的制度安排，任何率先进行的创新行为所产生的新制度都存在与同系统内其他制度相协调的问题。

制度体系的整体性伦理整合是制度伦理得以真正建构完成的重要保障。

在较长的时间周期内，制度秩序完全可以在多种社会因素的平衡互动中实现伦理价值内核的自我整合。但是在当前中国社会所处的历史形态转型跃迁期中，留给社会因素动态平衡的时间不多。在制度自我整合力弱化的情境下，"价值观和规则标准都无定数，人们无从分辨何为公正，何为合理"[1]，"在这个时候，作为社会公共利益代表的（地方）政府能够，也理应成为社会公正的维护者"[2]。地方政府应通过施加外力的方式来整合制度体系的整体伦理内核，尽可能消除制度体系内部由伦理问题引发的制度冲突，为制度伦理的建构完成和社会治理创新的持续前行提供完善稳定的制度秩序环境保障。

---

[1] 〔法〕杜尔凯姆：《自杀论》，浙江人民出版社，钟旭辉等译，1988，第12页。
[2] 张康之：《道德整合：社会公平与社会秩序获得的根本出路》，《学习与探索》2002年第1期，第30~34页。

县级政府管理创新的财力保障：
相关性与对策思路[*]

刘桂芝　张　赫　韦红云[**]

一　问题的提出

温总理曾在 2010 年的政府工作报告中说过，"我们所做的一切都是要让人民生活得更加幸福、更有尊严，让社会更加公正、更加和谐"。人民是否感觉到有尊严和幸福并不取决于经济社会发展的绝对值，而是取决于经济社会发展的变化是否被感知，也就是说经济社会的发展是否帮助人民改善了生活环境，提高了生活水平。我国目前的公共服务供给体系尚不健全，尤其是地方政府在农村公共产品供给中仍存在总量短缺、总体质量不高、供求矛盾突出、决策体系不健全、绩效评估机制缺失等问题，严重制约着新农村建设的进程。当前中国绝大多数县级地区及县级以下地区的公共物品与公共服务供给状况不容乐观，与市级以上城市相比呈现严重不平衡状态。这种不对等的现状是对生活在县级以下地区居民的一种不公正，因此亟须完善县乡公共物品供给体系，提升公共服务供给水平。只有如此才是对在这些地区生活的民众尊严的一种维护，才能让民众感受到经济社会的发展变化并提升个人生活的幸福感。

当前，要提升县级及以下地区公共物品及公共服务的水平，虽然从

---

[*] 基金项目：本研究受吉林省社科基金规划项目资助，课题项目为吉林省新农合基层经办机构管理体制困境与创新研究（2011B061）。

[**] 刘桂芝，东北师范大学政法学院教授；张赫，东北师范大学政法学院研究生；韦红云，东北师范大学政法学院学生。

理论上可推论引进多供给主体与政府供给主体协同完成，这也是当前政府管理创新所倡导的。但是如果我们对中国当前社会现实有所了解就会发现，如果我们以此为理论依据，等待县乡地区相应条件成熟、环境完善，非政府供给主体，尤其是民间资本进入公共产品和公共服务领域，那就是对这些地区，尤其是广大落后地区民权的一种忽视，是进一步以牺牲乡镇地区民众利益为代价的不公平的社会发展战略。为印证本文思想，我们特选取东北地区某县级市为例进行了典型案例研究。我们想要阐明的中心思想是政府管理创新作为一种政府行为与地区经济发展及财力状况存在相关性，经济落后地区地方政府将依然是公共物品与公共服务的主要供给主体。财政资源是制约政府行为的物质基础，从地方政府管理创新内容角度分析，地方政府管理创新的财力保障主要体现在公共服务领域，地区经济发展及财力状况是影响地方政府对公共产品和服务的关注度的重要因素之一。

二 县级政府管理创新能力与地区经济发展及地方政府财力状况存在正相关性

在全球化日益加深、国际国内环境日趋复杂的当今时代，我国各级政府的管理创新显得非常必要和迫切。2000年伊始，中共中央编译局比较政治与经济研究中心、中共中央党校世界政党比较研究中心和北京大学中国政府创新研究中心联合发起了"中国地方政府创新奖"。从各地方政府的申报和获奖情况可看出我国在地方政府管理创新方面取得了较大成就，一些做法已经在全国范围得到推广。虽然财力状况对地方政府创新的影响是多维的，可能对地方政府管理创新起到引发作用，也可能起到抑制作用。[①] 但是，"中国地方政府创新奖"的获奖地域主要集中在东部发达地区和经济发展状况较好城市的事实，客观上印证了地方政府管理创新与地区经济发展状况或地方政府财力状况有着正相关关系。

---

① 陈雪莲、杨雪冬：《地方政府公共管理创新：经验与趋势》，吉林大学出版社，2009，第85页。

（一）县级政府管理创新的含义与内容界定

政府管理创新是指由行政环境、行政任务变化引起的行政职能、行政方式、行政体制、行政作风、行政政策法规、行政管理方式方法等的一系列新变化和革新。[①] 这种变化和革新的目的是使公共管理活动更有效率，而有效率的终极目标是更好地为公民提供服务，让人民生活得更加幸福、更有尊严。本文认为政府管理创新的终极目标在于更好地服务人民。

从地方政府管理创新内容角度分析，地方政府管理创新与财力保障的相关性主要体现在公共服务领域。地区经济发展及财力状况是影响地方政府对公共产品和公共服务的关注度的重要因素之一。按照学者俞可平对创新内容的分类方法，将其分为政治改革、行政改革和公共服务三类。其中政治改革包括民主选举、政治参与、政务公开、干部选拔、权力监督、立法改革、司法改革和决策改革等，行政改革包括机构编制、行政责任、行政成本、行政审批、行政管制、行政程序、绩效管理、行政激励和公务员制度等，公共服务包括公益事业、社区服务、社会保障、公共安全、公共教育、公共卫生、环境保护和扶贫济弱等。政治改革增强了政治合法性和政府的责任意识，扩大了公众在决策过程中的发言权，提高了决策的质量，减少了决策失误，且有助于政府回应公民的要求。行政改革降低了政府运行的行政成本，提高了办事效率，提升了政府服务质量，有助于提供优质、高效、低廉的公共服务以满足公民的需要。另外，行政改革改善了投资环境，为经济主体提供便捷高效的审批服务，为当地经济社会发展创造了一个良好的服务环境，从而促进经济的发展。公共服务改善了社会收入分配状况，促进了社会公正，提高了公共产品和服务的质量。因此，本文认为政治改革和行政改革为公共服务创造了基础和条件。同时，滞后的政治改革和行政改革会制约公共服务的发展。

对于县级政府而言，不论从公共需求角度还是县级政府的职能定位角度来分析，县级政府管理创新都有其独特的目标和内容。从公共需求

---

① 李庆钧、陈建：《中国政府管理创新》，社会科学文献出版社，2007，第9页。

角度分析，县级政府管理创新的独特性在于其管理创新的目标是更好地提供公共产品和服务。县级政府的服务对象主要是广大农民，相较于城市居民，县级及以下地区民众所享有的公共产品和服务比较匮乏。对于广大农民而言，政治体制改革、行政职能的转变、行政体制改革都是手段，他们更关注这些手段能否改善他们的生活，如基础设施建设、农村义务教育、环境保护以及惠农服务等，以及这些公共产品和公共服务在数量、质量、效率、公平性、人性化方面能否达到他们的期望。从职能角度分析，县级政府管理创新的独特性也在于其管理创新的内容是以公共服务领域为核心。县级政府是指县、县级市、市辖区政府。县级政府是我国直接面对广大农村和基层的具有全面管理政治、经济、文化等各个方面事务的完整职能的，各个方面机构设置齐全的一级行政建制。县级政府职能的特点是工作重点在农村，担负着直接为经济建设和人民生活提供良好的外部环境和各种社会服务的重任，主要负责执行性事务和具体管理工作。[1] 一般来说，县级政府的事权主要包括：负责提供县内的公共产品及服务，如治安、消防、城镇基础设施建设及文化、教育、卫生等，负责农村社会保障事务。相应的支出主要有：本级政府行政管理支出、地区性科教文卫事业支出、城镇基础设施和产业投资支出、社会保障支出及各种补贴支出、对乡的转移支付支出等。[2] 由此可见，县级政府作为主要承担执行性事务和具体管理工作的一级政府，政治改革和行政改革方面的创新动力或压力较小，其政府管理创新主要集中在公共产品和公共服务领域。

我们认为，以公共服务领域为核心的县级政府管理创新的内容包含五个方面，这五个方面的内容具有一定的层次性和递进性，如图 1 所示。

内容 1，公共服务的种类和数量。没能提供或者没有好的机制来提供的公共产品一旦被提供出来就能够满足人们的需要。因此，在种类和数量上着手改革是第一层次的创新。

内容 2，公共服务的质量。仅仅提供公共产品，即便在数量上是充足的，但如果质量较低，达不到公众的要求也是难以令人满意的。所以，

---

[1] 张文礼：《当代中国地方政府》，南开大学出版社，2009，第 159 页。
[2] 张文礼：《当代中国地方政府》，第 244 页。

在提高公共产品的质量上寻求突破是第二层次的创新。

内容3，提供公共服务的效率。公共产品的供给是否符合经济效率，如果公共产品在数量上和质量上都是高水平的，但它不符合成本收益原则等要求，那也只能是不尽如人意。用更高的效率提供公共产品是地方政府管理创新追求的更高层次的目标。

内容4，公共服务受益的公平性。高水平的数量和质量、符合效率原则，但在公平性上存在漏洞，这也是需要改革的重点。公共产品要符合公平的目标是毋庸置疑的，但公平没有绝对性，只能是相对的，追求更高水平的公平是地方政府管理创新不断追求的目标。

内容5，公共服务人性化供给。在高水平的数量和质量、符合效率原则和公平原则的基础上，使人们在享有公共产品时感到便利、快捷，这是更高层次的目标。公共产品的人性化供给是以人为本的理念在政府管理上的具体体现，这个目标不是一朝一夕能够达成的，与基层政府的执政理念息息相关，是地方政府管理创新追求的终极目标。

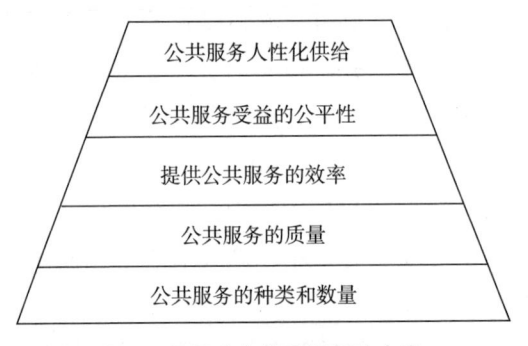

图1　县级政府管理创新的内容

（二）县级政府管理创新能力与地区经济发展及地方政府财力状况相关的理论分析

政府管理创新作为一种政府行为与地区经济发展及财力状况存在相关性。财政资源是制约政府行为的物质基础。刘天旭在《财政压力、政府行为与社会秩序》一书中认为，政府职能、意识形态等因素都只是规定了政府的活动范围、活动方式及活动方向，组织结构也只是影响了政府行为的效率。真正为政府活动提供动力，使政府能真正"动起来"的是物质能量,即政府的财政资源。① 从这一意义上讲,政府管理创新是政府行为的一种,这种行为是否有效部分取决于政府的财力状况,而地方政府的财力大小根本上要依托地区经济发展状况,地区经济发展状况是地方政府财力的主要来源和长远保障。

王焕祥在对东、中、西部地方政府创新内容比较研究中发现,从数据上看,东部地区更多关注公共服务的创新,其次是行政改革,最后才是政治改革。而西部地区正好相反,它更多地关注政治改革,其次是行政改革,最后才是公共服务。中部地区地方政府创新内容结构居于东、西部两者之间。在对这一结果的理论解释中,他认为,原因主要有两方面。一方面,东部地区的政治改革和行政改革为公共服务创新提供了广阔的发展空间,公共服务创新行为活跃。而西部地区的政治改革和行政改革还相对滞后,制约着公共服务的创新。但另一方面,东、中、西部创新内容结构上的差异也反映了区域所处经济发展阶段的差异,经济越发达的地区,越可能关注公共服务方面的创新,为公民提供超平均水平的公共产品和服务。② 从这一角度可以证明,地区经济发展及财力状况是影响地方政府对公共产品和公共服务关注度的重要因素之一。

本文将县级政府管理创新定位为更好地提供公共服务,对于以广大农民为服务对象的县级政府,公共服务最主要的表现形式即公共产品。农村公共产品主要以农村基础设施、农村公共卫生服务、农村义务教育为代表。近年来,农村公共产品供给机制处于不断调整和完善的过程之中,我国财政支农支出逐年增加,但县级政府财政普遍困难等原因造成了我国农村公共产品供给依然存在诸多问题,突出表现为供给总量不足、供给结构失衡、质量偏低、效率不高、均等化程度以及人性化程度较低。根据前文县级政府管理创新内容体系,由低到高,除了公共产品供给效率主要与供给机制有关外,其他几个内容的实现都要以财力保障为必要条件。但是,在我国,农村公共产品供给主体单一并且责权失衡。除东部沿海经济发达地区以外的广大内陆地区,由于私人资本和社会中介组

---

① 刘天旭:《财政压力、政府行为与社会秩序》,知识产权出版社,2010,第42页。
② 王焕祥:《中国地方政府创新与竞争的行为、制度及其演化研究》,光明日报出版社,2009,第212~214页。

织运作机制不成熟，县级政府一直是农村公共产品供给的主体，很多地区政府甚至是唯一的供给主体。在现行体制下，作为农村公共产品供给主体的县级政府，财政普遍困难，难以支付农村公共产品的供给成本，难以满足农民的公共需求，无法实现公共产品和公共服务的充足、有效供给。因此，在地方政府财政困难与公共服务供给主体单一的双重压力短期内难以解决的情况下，本文立足现实，分析症结，探索县级政府管理创新财力困局的解决之道。

三 A市公共服务供给状况亟待以政府管理创新为契机进行扭转

陈雪莲、杨雪冬以2007～2008年度"中国地方政府创新奖"20个获得提名的地方政府创新项目为研究样本，通过发放问卷的方式进行调查，结果显示，"资金不足""项目受益人参与率不足""利益被触动者反对""领导不表示支持""公众的误解"等因素是地方政府创新中遭遇的五大主要困难，其中，"资金不足"问题位列榜首。[1] 前文分析也将县级政府管理创新界定于公共服务领域。为了进一步佐证本文观点，我们选取A（县级）市为研究样本做个案分析。之所以选中A市，是因为A市坐落于东北地区，是经济不发达的县级市，非"中国地方政府创新奖"获得者。如果以A市为典型样本进行研究并验证了本文中心思想，那么与陈雪莲等学者以"地方政府管理创新奖"获得者为样本的研究结论可以互补，从两方面论证本文立论的可靠性。

（一）A市当前公共服务供给水平较低，社会对公共服务的需求迫切

A市是坐落于东北地区的农业粮食主产区，行政级别为县级市，幅员4722平方公里，总人口127万人，拥有耕地436万亩，占全市总面积的68%，粮食总产量约占全国的1/170。阿瑟·刘易斯在《经济增长理

---

[1] 陈雪莲、杨雪冬：《地方政府公共管理创新：经验与趋势》，第62页。

论》中提到,"如果没有高瞻远瞩的政府的积极推动,没有一个国家能够在经济上取得进展"。对中国而言,没有当地政府积极有效的推动,地方经济也不会得到发展。A 市农牧业发达,劳动力资源丰富,在分税制改革以前,农业税在 A 市财政收入中占相当大的比重,分税制实行后,这些优势逆转成制约当地政府财政收入的最大因素。在人们对公共产品需求日益增加、财政困境日趋明显的双重压力下,管理创新成为 A 市政府改革的必然选择。

一般来讲,县级政府提供的公共产品多种多样,主要以农村基础设施建设、农村义务教育、医疗卫生服务为代表。

1. A 市基础设施建设居于全国县级城市中等偏下水平

县域范围内的基础设施建设主要包括农村交通基础设施、现代通信基础设施、农田水利基础设施建设等。通过对 A 市相关部门及工作人员的访谈,我们了解到 A 市基础设施建设各个方面表现出来的问题。第一,农村交通基础设施等级低,综合运输能力差。以 2010 年为例,交通基础设施建设总投资 2.54 亿元。其中,投资 1.2 亿元建设农村公路 350 公里。全市 388 个行政村已全部通上了水泥路,通村比例达到 100%,通屯率达到 80%。[1] 但是,A 市农村交通基础设施存在的问题也比较具有代表性:公路密度不足,全市农村公路每 100 平方公里仅有 12.1 公里,还有 7 个村 35 公里没有通油路[2];等级偏低,全县的二级公路只有 5 公里,有 1/3 的乡村公路是四级路和等外路,路面只铺有简易的沙土碎石,路面狭窄,抗灾能力差,保险系数小;质量不高,道路分布的数量和质量不均衡,乡镇中心村的情况普遍好于偏远村,不通公路的村和村组集中处于距离市中心偏远的地区。第二,农村现代通信基础设施普及率低。2010 年,邮电业务总量达到 37390 万元,比 2009 年增长了 19.1%,本地电话用户总数达到 128812 户,其中农村电话用户总数达到 84561 户,这中间包括住宅用户 76589 户;市内电话用户达到 44251 户,其中住宅用户 42385 户。移动电话用户总数达到 668657 户,互联

---

[1] 参见 A 市 2010 年国民经济和社会发展统计公报,A 市人民政府网站政务公开栏目,2010。
[2] 此数据为课题组在 A 市调研所得,下文中未做注释的 A 市数据均为调研所得。

网用户34500户。① A市农村邮政通信信息基础设施的现状是：邮政通信基本上能满足需要，但通信和信息化相对落后，有待完善。随着农村经济的发展和产业结构的调整，大多数农民希望借助于现代通信获取更多的科技、市场信息，因而农村电话市场具有广阔的发展空间，但现有通信设施还不能完全满足所有农村居民的通信需求。虽然广播电视设施有较大改观，但农村电脑普及率低，从而使农村居民的信息需求得不到充分的满足，形成新的信息鸿沟。A市农村邮政通信信息基础设施情况如表1所示。第三，农田水利基础设施薄弱，防险避灾能力差。近年来，A市大搞水利工程建设，加强水利工程管理，取得明显成效。从量和质上看，这些水利设施还不能完全保证农业生产和农民生活的用水需求。一是农村存在饮水困难。78%的农民能饮用上自来水，有1.2万人存在饮水困难，已建成的自来水管道尚有170多处因年久失修、管材质量差，不能正常供水，有的水源地还存在供水量不足、冬季停水等问题。二是水利工程质量不高。很多水利设施陈旧失修，渗漏严重，"带病作业"多，蓄水能力弱，效益低下。例如，某水库灌溉水田面积3万多亩，因年久失修，已成险库，直接威胁水库下游4万多人的生命安全，亟待维修。

表1　A市农村邮政通信信息基础设施数量与所占比重

单位：个，%

项目	数量	所占比重
通邮的村	327	84.3
通电话的村	327	84.3
通广播的村	327	84.3
广电覆盖率	-	97.5
村通互联网率	-	81.3
农村有线电视入户率	-	71
乡村固定电话用户	-	83

① 参见A市2010年国民经济和社会发展统计公报，A市人民政府网站政务公开栏目，2010。

2. 义务教育发展水平落后于发达地区县级市，教育资源分配不均衡

教育是一种重要的公共物品，是介于纯私人物品和纯公共物品之间的准公共物品，理论上可以由市场和政府共同提供。我国于1986年颁布《中华人民共和国义务教育法》后，计划到20世纪末期中部地区基本实现九年制义务教育。实行县、乡、村三级办学体制，县、乡两级管理体制后，举办基础教育的责任主要落在县乡基层政府身上。A市共有各级各类学校及幼儿园530所，其中高级中学7所，初级中学41所，九年一贯制学校10所，普通小学359所（其中村小305所），中等职业学校4所，幼儿园108所（国办幼儿园6所），特殊教育学校1所。教育局直属单位7个，社会培训机构9家。2010年，补聘教职工140人，申请特岗教师33人，教师队伍结构得到优化。[①]"两免一补"政策[②]大大减轻了农村家庭的教育负担。显然A市义务教育办学条件得到了很大改善，教育资源得到了优化，但是对照社会对教育发展的需求，对照家长对学校的期望，对照发达地区义务教育的发展状况，还是存在显著差距。第一，农村教育配套设施投入不足。农村中小学实验用具老化，图书室藏书陈旧，校舍规模小，活动场地不充足，现代化教育设备配备滞后，例如幻灯机、投影仪、多媒体实验室、电脑室等还没有在全市农村范围内普及。第二，农村教师队伍待遇有待提高。农村教师工资低、工作环境差、受培训机会少、保障制度不健全等一系列问题，导致农村教师人员不稳定，工作热情不高，教学质量差。

3. 医疗卫生服务供给体制及服务水平亟须做出改革调整

近年来，A市农村医疗卫生服务工作得到越来越多的重视，服务能力不断增强。建立健全了县、乡、村三级医疗卫生服务网络，全市拥有各类医疗卫生机构716所，每万人拥有医院床位21.69张，每千人拥有卫生技术人员1.32人。[③] 现有医院、卫生院30余家，疾病预防控制中心站1所，防疫站20余所，其中卫计委二级甲等医院2所。乡镇卫生院达标建设全部完成，市、乡、村三级疾病预防体系不断得到完善。新型农村

[①] 参见A市2010年国民经济和社会发展统计公报，A市人民政府网站政务公开栏目，2010。
[②] "两免一补"政策即免除义务教育阶段学杂费、课本费，补助寄宿生生活费。
[③] 参见A市国民经济和社会发展第十二个五年规划纲要，A市人民政府网站政务信息港，2011。

合作医疗参合人数92.4万人，常住人口参合率达到100%，报销比例提高到40%，惠及人口36万人。2010年，参加新型农村合作医疗人数为979559人，占常住农业人口的100%。[①] 同时，乡镇卫生院基本完成了业务用房的改扩建，大部分更新了卫生院的设备和就医条件。农村卫生人员队伍建设得到加强。但经过实地走访，我们发现A市的医疗卫生服务工作与公众期望还有较大差距。第一，卫生资源结构不尽合理，使用率不高。医疗卫生资源的分散性分布使政府对卫生领域有限的投入不能集中为优势资源，这不仅限制了当地卫生事业的发展，也促使患者向大城市医院转移，从而进一步加剧了卫生资源的区域配置的不平衡。第二，乡镇卫生院内部改革迟缓，缺乏有效激励机制和用人机制，服务模式陈旧，技术水平低，致使乡镇卫生院的医务人员规模逐渐萎缩。

（二）A市现实条件决定短期内无法实现非政府供给主体的增长，唯有继续依托政府这一单一供给主体

政府不是唯一的公共产品供给主体，私人也可以提供公共产品，这一观点早已得到证明。科斯在其经典论文《经济学的灯塔》中认为，从17世纪开始，在英国，灯塔作为公共产品一直是由私人提供的，并且不存在不充分供给的情况，政府的作用仅限于灯塔产权的确定与行使方面。科斯的研究表明，一向被认为必须由政府经营的公共产品也是可以由私人提供和经营的。理论上，农村公共产品可以分为纯公共产品和准公共产品两大类。准公共产品可以由非政府主体提供，而且准公共产品在农村是普遍存在的。这里的非政府主体主要包括农民（乡镇企业）、农村社区、非营利组织。

农民（乡镇企业）的供给动力机制缺失。从理论上讲，按照谁投资谁受益的原则，由农民（乡镇企业）出资提供农村公共产品是完全可行的。从已有的实践来看，对于农村急需的、政府又无力提供的公共产品，依靠农民自己组织劳动力，自己出资修建，然后由出资出力者共同使用，不失为一种独特的农村公共产品供给模式。但是，当农村环境不成熟、农村社会发展水平较低时，农民自己作为公共产品供给主体的方式存在

---

① 参见A市2010年国民经济和社会发展统计公报，A市人民政府网站政务公开栏目，2010。

较大的局限性：第一，这种方式具有明显的应急性特点，不能长期供给公共产品，公共产品的持续性无法得到保障；第二，农民供给公共产品是出于其意愿，而不是基于义务或责任，具有不确定性、不稳定性；第三，农民群体不是公共权力组织，因而无法使用强制力来聚集经济资源，不具有充分供应公共产品所需的大规模动员经济资源的能力；第四，这种方式适用范围较小的公共产品或公共服务领域，有些公共产品是农民依靠自身条件和能力无法提供的，如农村义务教育、医疗卫生等典型的公共产品。经过调查了解到，A市农村地区存在农民提供公共产品的情况，如农村电网改造、水利灌溉渠道改造等，但以A市的经济发展水平、公民自治程度和农民实际收入状况，在短时间内A市的农民力量不能成为公共产品供给的主要力量。另外，企业提供公共产品可以弥补政府在提供公共产品方面的失灵，有利于经济和社会效率的提高，有其存在的合理性，可以突破农户的劣势。但是在A市乡镇企业提供公共产品的实践较少，A市的社会成熟度也未达到足以吸引乡镇企业资本积聚并有动力提供地区发展所需公共产品的阶段，公共产品多元供给机制并不成熟。因此，短期内A市的乡镇企业同样难以发挥在公共产品供给领域中的作用。

农村社区供给公共产品和公共服务的能力较弱。我国学者一般把行政村界定为农村社区，社区内农户居住相对集中，住户间血缘或地缘关系密切。从公共经济学角度看，社区是不同于政府或者企业的公共产品的供给主体。社区提供公共产品的特点在于，社区公共产品的生产是基于生活聚集区居民的实际需要，由居民根据协商原则集资完成。我国的农村社区具有关系紧密性和共生性，如果能在一个农村社区范围内将大家聚集起来，形成一个强有力的农民利益共同体，不仅有利于防止农民的整体利益在内耗中消散，也有利于明确农村公共产品的供给主体。有些地区的实践证明，农村社区的集体收入在供给农村公共产品方面起到一定作用，弥补了政府供给的不足。但是，从根本上讲，农村社区是自治性组织，依赖的是村民的自觉性和经济状况。社会资本的这种柔性约束使得农民争取公共产品的集体行动存在不确定性，这是农村社区在为公共产品提供资金方面最大的难题，决定了农村社区供给公共产品的方式只能是一种辅助形式，难以成为主要渠道。另外，A市的现实情况是，由于农民的民主意识和政治参与意识不强，农村社区处于松散的形式化状态，短时间内，A市农村社区凝聚力量，依托经济社会信息和自身需求发挥提供公共产品供给主体作用的趋势不明朗且难以预测。

非营利性组织供给公共产品和公共服务活跃度不高。非营利性组织在向社会提供公共产品和公共服务方面有自己独特的优势。美国著名管理学家彼得·德鲁克曾指出，非营利性组织的效能是政府的2倍。近年来，非营利性组织在我国快速发展，已成为农村公共产品供给中不容忽视的力量，如希望工程、春蕾计划、春苗行动等，它们既可以为农村公共产品的生产和建设提供部分资金，又可以对农村公共产品资金的筹集和使用进行规范管理。但是，除了非营利组织自身存在的资源经费短缺、企业化经营倾向、行政化作风、业余主义等弊端之外，对于身处东北非经济发达地区的A市而言，非营利性组织在提供公共产品方面发挥作用有限。调研中我们了解到A市有希望小学1所——A市华夏希望小学，生源有限，覆盖面窄，师资力量和教学质量水平较低。而且在A市，各种非营利性组织并不活跃，中国妇女发展基金会华夏教育基金是其中较为活跃的非营利性组织之一，但它的作用也仅限于捐资修缮校舍、募集爱心捐款等。因此，非营利组织的发展程度以及A市的自身条件决定了短期内A市非营利性组织在公共服务供给方面难有作为。

综上，A市的现实条件决定了非政府供给主体难以取代地方政府成为公共服务供给主渠道，在以公共服务为主要内容的地方政府管理创新中难以成为改革的主攻方向。A市农村公共产品的供给即政府管理创新唯有继续依托政府的力量。

四　A市财政状况直接掣肘以公共服务领域为核心的地方政府管理创新进程

（一）A市财政收支结构不平衡矛盾突出

A市财政收支结构不平衡矛盾突出。地方政府在解决三农问题、发展县域经济等社会目标面前，担负着提供地方发展所需公共物品和公共服务的职责，需要巨额资金支撑。A市属财政补贴县，分税制改革以后，每年都处于收不抵支状态。2004年至2010年本级财政收入从9120万元增加到5亿元，总财政支出从5.4亿元增加到29.2亿元，存在巨额资金缺口（见表2）。

表2 2004~2010年A市财政收支情况

单位：万元

	2004年	2005年	2006年	2007年	2008年	2009年	2010年
财政收入	9120	11578	15600	25000	30000	39000	50000
财政支出	54000	98082	73210	130000	177000	230000	292000
工资性支出	34200	37960	34800	55600	60000	75000	-
社会保障支出	2270	10667	5800	14258	17500	27500	-
全市债务	82853	123521	120864	127697	126468	113000	132989
到期债务	74282	98428	79261	88297	28159	24000	17235

资料来源：表中数据来源于 http://zw.****.gov.cn/list.php?fid=62。（应A市要求略去可能泄露信息的文字）

A市财政收入增长缓慢，财政支资、社会保障等刚性支出持续增长。同时，与全国其他城市（县）相比，A市财政供养人口明显过多，工资性支出过高。2004年工资性支出为34200万元，占总支出的63.3%，甚至超出当年本级政府财政收入，2005年至2009年占财政支出的比例分别为38.7%、47.5%、42.8%、33.9%、32.6%，所占比重虽有所下降，但仍然是政府主要支出部分。

A市财政状况并非个案。分税制改革以来，尤其是全面取消农业税以后，县乡财政困难问题全国普遍，这在很大程度上削弱了县乡级政府为广大农村提供公共产品和建设社会主义新农村的能力。虽然全国财政总收入连年增加，但是地方政府财政收入占全国财政总收入的比重却呈下降趋势。1993年地方财政收入占总财政收入的67%，2007年却降到了46%。地方政府所承担的公共事务却越来越多，服务成本不断上升，地方财政支出规模越来越大。1993年地方财政支出占总财政支出的比重为63%，2007年提高到77%。[①] 事权与财权不对称导致了地方财政收支结

---

① 根据1994年、2008年《中国统计年鉴》整理所得。

构矛盾问题突出。

（二）A市非税收入管理失当导致难以成为县域公共服务供给的资金主渠道

A市非税收入由于未纳入财政主渠道进行有效管理和使用，因而也未能形成有效财力。地方政府非税收入一直游离于财政监管之外，据学者研究和估计：2004年，我国非税收入已突破10000亿元，相当于同期财政收入的39.8%，其中，省及以下各级政府非税收入为8896亿元，占地方财政收入的74.8%。中央财经大学公共与管理学院院长马海涛估计2006年全国非税收入至少有2万亿元。中央党校教授周天勇则估计2007年非税收入达到8.7万亿元，超过当年的财政收入3亿多元。天津财经大学财政学科首席教授李炜光也认为，非税收入的规模至少相当于当年的财政收入。据A市一位领导人透露，2009年A市非税收入为17900万元，占本级财政收入的45.9%，2010年为1.9亿元，占本级财政收入的38%。由于非税收入管理上的失控，如此规模的非税收入被更多地用于"三公"支出，没有发挥出弥补地方财力不足、支持地方经济和各项事业发展、有效提供公共产品和服务的作用。

（三）A市财政状况直接掣肘地方政府管理过程中可能的创新尝试

首先，A市由于财政自给度低而导致社会管理创新能力比较低下。财政自给度是衡量地方财政收入能力状况的指标，其范围在0~1。财政自给度越接近0，说明财政困难程度越高，对上级财政的依赖性越强，反之越弱。财政自给度（DBR）是一般预算收入（GBR）与一般预算支出（GBE）之间的比值，即：DBR = GBR/GBE × 100%。

表3显示，A市从2004年到2010年的财政自给度在17%~21%，远远低于全国县级财政自给能力的平均水平。从全国范围看，县级财政自给能力呈下降趋势，虽然县级财政收入每年都有所增长，但财政支出的增长速度远大于财政收入的增长速度。从1994年至2006年，县级财政自给能力系数已从0.4下降为0.25，县级财政收不抵支的状况日益严重。

如果上级财政没有给予转移支付或转移支付数额不足，县级财政公共支出就无法得到满足，财政难免陷入困境，转而靠举债度日，几乎只能维持在"吃饭财政"的状态，没有足够的财力为农村公共产品和服务提供保障，更谈不上政府创新。

表3　2004~2010年A市财政自给度指标分析

单位：万元，%

	2004年	2005年	2006年	2007年	2008年	2009年	2010年
GBR	9120	11578	15600	25000	30000	39000	50000
GBE	54000	98082	73210	130000	177000	230000	292000
DBR	17	12	21	19	17	17	17

资料来源：根据A市财政局提供数据整理和计算而得。

其次，"吃饭财政"导致A市难以有结余的财力进行可能性的管理创新。数据显示A市财政状况为典型的"吃饭财政"。工资性支出在总财政支出中所占的比例可以在一定程度上反映地方的财政困难状况，同时也反映出财政供养人口的规模是否合理。表4显示，A市工资性支出比例很高，2004年甚至超过了本级财政总支出的60%。从支出总量来看，工资性支出规模不断扩大，这与国家不断调整工资水平等因素有关。从支出比例来看，随时间变化，工资性支出比例有所降低，但仍然超出了合理水平，对照表2中财政收入与工资性支出的相关数据可以看出，工资性支出已经大大超出了A市本级财政收入的承受能力。A市一些部门拖欠工资的现象仍然存在，只发工资不发福利津贴的"裸体工资"现象也普遍存在。

表4　2004~2010年A市工资性支出占总财政支出比例

单位：万元，%

	2004年	2005年	2006年	2007年	2008年	2009年	2010年
总财政支出	54000	98082	73210	130000	177000	230000	292000
工资性支出	34200	37960	34800	55600	60000	75000	—
工资性支出比重	63	39	48	43	34	33	—

资料来源：根据A市财政局提供数据整理和计算而得。

最后，财政债务负担率和财政偿债率可以反映地方政府一般财政困难状况，这两个比例越大，说明地方的债务负担越重。财政债务负担率是指，如果财政用本级一般预算收入的全部来还债，需要多少财政年度才能完全偿还，它是债务与一般预算收入的比值。财政偿债率是指，如果财政支出项目只有还债，需要多少年才能全部偿还，它是债务与一般预算支出的比值。A市财政自给能力弱，且上级政府的转移支付资金也有限，为了弥补支出资金缺口，A市政府只好大规模举债。表5显示，从2004年到2010年，A市债务从82853万元上升到132989万元，债务规模不断扩大，并且每年还要偿还一定数额的到期债务。这些表明该市财政一直在高风险中运行。虽然表中数据显示财政债务负担率、财政偿债率不断下降，说明其债务负担在减小，然而从绝对指标看，债务负担仍然沉重。因此，A市的财力是无法满足日益增长的公共需求的，难以更好地提供公共产品和服务。

表5　2004~2010年A市财政债务负担率和财政偿债率指标

单位：万元，%

	2004年	2005年	2006年	2007年	2008年	2009年	2010年
财政收入	9120	11578	15600	25000	30000	39000	50000
财政支出	54000	98082	73210	130000	177000	230000	292000
全市债务	82853	123521	120864	127697	126468	113000	132989
财政债务负担率	9.08	10.67	7.75	5.11	4.21	2.90	2.66
财政偿债率	1.53	1.26	1.65	0.98	0.71	0.49	0.46

资料来源：根据A市财政局提供数据整理和计算而得。

五　县级政府管理创新活动的路径依赖与策略选择

"十二五"规划纲要显示政府已经开始向"民生政府"转变，将面临八大转变，即从注重"国富"转向更加关注"民富"、从"经济型"转向"民生型"、从"投资型"转向"内需型"、从"卖地型"转向"管地型"、从"要素型"转向"体系型"、从"失衡型"转向"均衡型"、从"包揽型"转向"总揽型"、从"被改革型"转向"想改革型"。中国是一个政府主导型的社会，政府掌握着汲取、动员和调配一切社会资源的权力，政府在很大程度上决定着社会经济发展的走向。A市原来以农业为主导，耕地面积广阔，农业人口众多，工业和服务业发展落后，在经济和社会转型的大背景下，当地政府面临发展经济和服务民生的双重任务。完成任务的根本途径是创新工作思路，进行产业结构调整和优化升级，转变经济发展方式，实现经济发展的同时完善公共服务体系，实现地方政府管理创新。

根据A市"十二五"规划，A市在未来三年将重点做好以下工作。社会事业方面，到2015年，全市人均综合受教育年限达到9年以上，高中段入学率达到90%，高等教育入学率达到43%。每万人拥有医院床位达到25.72张，每千人拥有卫生技术人员达到1.52人，城镇卫生服务覆盖率达到100%。人口计划生育率超过92%，出生率控制在7.1‰，人口自然增长率控制在3.2‰以内。资源环境方面，到2015年，全市森林覆盖率达到6.3%，城镇建成区绿化覆盖率达到34.01%，城市生活垃圾无害化处理率达到95%，农村生活垃圾无害化处理率达到60%，城市污水集中处理率达到90%，工业固体废弃物综合处理利用率达到100%，城市空气环境质量符合国家二级标准，万元生产总值能耗降低到0.5878吨标准煤。新农村建设方面，加强农村劳动力技能培训，促进农民转移就业，增加工资性收入。加大农业生产、农民生活、公益事业等各方面的投入，进一步改善农村交通状况，加大农村安全饮水工程建设。强化村屯环境整治和管理，提高村屯绿化、美化标准，发展清洁能源，农村沼气农户达到6万户，大力改善农民生产和生活条件。城乡基础设施建设方面，构建更为便捷的交通体系。改建二级公路为一级公路，建设高速公路，完成铁路附属工程和火车站功能改造，修缮港口，建设客货运综合码头，加强农村道路、桥梁和客运站点建设，启动实施农村"屯屯通"工程，全面改善城乡路网结构。建设高效安全的供电网络。扩建高压配电网，改造城乡中低压配电网，优化中压配电网网架结构，满足社会经济发展的需要。加强供水和排水系统建设。以提高水资源利用效率为核心，建成水量充足、水质优良、普及率较高的现代综合供水体系。推进信息化建设。健全城镇光纤电缆和数字微波系统，扩大通信业务范围；建成信息网、数字同步网及相应的管网系统，实现全市信息网络化；建设快速、便捷、布局合理的邮政网络，满足城乡通信需求。

实现 A 市在公共服务领域的创新管理，财力保障是重中之重。根据 A 市"十二五"规划，每项公共服务建设都会带来相应的财政支出，比如需要筹集资金 8000 万元用于城市建设支出等。此外，为了满足人们日益增长的对公共服务的需求，政府也需要大量的配套资金。

随着我国 GDP 的持续高速增长，地方政府财政收入从理论上来说也应该是有保障的。现实情况如前所述，地方政府财力十分薄弱，很多地方政府不得不"举债度日"。从长远角度看，可能需要发展县域经济、改革税收体系、建立规范的政府债务管理机制等。这里我们仅从当下县级政府作为社会管理创新的主导者角度进行分析，要解决县级政府管理创新的财力保障问题，在短期现有财政体制下需要从完善转移支付体系、财政政策设计与法律制度支持、建立管理创新专项资金账户、降低政府成本、加强财政监督等方面作为主要策略选择。

（一）完善转移支付体系是地方政府管理创新财力保障的战略性路径选择

转移支付制度对地方各级政府的财力和事权匹配起着非常重要的作用，是政府间财政分配关系的必不可少的调节制度。省以下财政转移支付制度是中央对省转移支付制度的贯彻和延伸，在制度设计上几乎与中央相同。省以下财政转移支付同样存在事权划分不清、转移支付政策目标不明确、转移支付结构不合理、转移支付资金分配办法不科学以及拨付和使用缺乏监督等问题。所以，省以下财政转移支付除了在以上五个方面需要加以改革和完善之外，当前可行之处在于理顺转移支付模式和扩大转移支付的规模。

地方财政转移支付模式合理与否事关转移支付的效率。转移支付模式包括横向和纵向两种。横向上，我国大部分省份还未建立起横向转移支付模式，几乎没有市与市和县与县之间的转移支付，因此只能从更长远和规划的角度上建议省财政充分发挥其调节功能，通过合理的制度安排将资金从财力充裕的地区向困难地区转移,以弥补省级财政纵向转移支付的不足。纵向上,扩大转移支付的规模是当前缓解县级地方政府财力不足的关键。我国目前正在推广改革"省管县"的财政体制格局,在此基础上,结合国家当前致力于社会管理创新的目标和改革取向,因地制宜,提高省级以下地方政府的转移支付规模和建立专项社会管理创新基金是比较重要的可行举措。在这一点上,主要的阻力不是上级政府财力的问题,而是地方政府管理和执政理念的问题,是基层政府的社会管理职能在执政者思想中的地位或排序问题。

(二)财政政策设计与法律制度支持是地方政府管理创新财力保障的必然要求

为地方政府管理创新提供财力保障需要配套相应的政策改革和财政安排。人口流动所产生的"公共产品"问题导致农村社会服务的供给不充分,即农村政府面临一种矛盾:政府为本地人提供的医疗和教育越好,本地人越有可能离开本地去到其他更能发挥这种拥有良好教育与健康所带来好处的地方。在这种情况下,农村地方政府通常在社会公共服务方面的投入比社会期望政府投入的资金少。国际上主要通过建立专项转移基金来解决这一问题。这类问题同时也提示我们为了地方政府管理创新的有序进行,政府在提高转移支付的同时配套政策改革和财政安排是必要的。

法律制度支持方面,地方财政转移支付的法制建设尤为重要,它是规范省以下财政转移支付体系的关键。通过立法确定转移支付的目标、原则及其方式;通过立法固定转移支付的程序和专项用途;转移支付的保障和调整、相关数据的计算和整理也应该有相应的法律法规来确定和规范;完善对转移支付的监督和管理,成立专门的监督管理机构。

(三)建立规范的政府管理创新专项资金账户是地方政府管理创新财力保障的创新之举

建立政府管理创新风险准备金机制。县级政府要结合本地财力情况,每年在年初预算中都要拿出一部分财力注入管理创新基金中。通过预算安排、财政结余调剂等途径,建立政府管理创新专用资金,专项用于公共服务等重点领域的管理创新安排中。此外，考虑到新时期政府管理创新的长期性，应保持基金资金稳定并逐年增长，年度预算要将其作为固定支出项目。而且，该基金应由专门的管理机构来统一支配，财政部门还要成立专门的检查组对专项资金的使用情况做效益评估并监督，实行一把手负责制和连带负责制。

（四）控制县级政府行政成本是地方政府管理创新财力保障的保守性策略选择

行政成本的无限膨胀会削弱其公共服务的能力，再多的财政资金也无法满足支出的需要。

加强政府内部事务管理、降低"三公"经费是控制政府行政成本的当务之急。在生态行政理念的影响下，政府既要实现对社会公共事务管理的低碳化，也要加强自身管理的低碳化。要加大当前各部门机构的公开透明性改革力度，以公开实现监督，以监督促进改变。同时，建立政府运行成本的绩效评估体系，通过成本收益分析选择最优的支出管理手段，如公务用车、公费住宅电话、会议费、差旅费等支出项目，可将货币化分配与实物分配相结合，将政府运行成本与公务员利益挂钩，充分调动其积极性，从而达到减少财政开支、减轻财政负担的目的。

（五）加强财政监督是地方政府管理创新财力保障的必要手段

县级财政运行中各种低效行为、寻租活动和腐败行为频频出现，成为县级财政在保障政府管理创新方面的主要障碍。为此加强财政监督、确保财政资金使用的合法性和合理性是构建公共财政框架的内在要求，也是保障县级政府管理创新和促进财政良性循环的有效手段。在强化人大及其常委会、审计机关、金融行业对县级政府财政监督的基础上，县级政府要强化制度建议，提升财政资金的管理和使用效率，将有限的财政资金用到有利于政府管理创新、有利于提高县域整体综合发展能力、有利于满足公众需要的项目上，发挥其保障作用。另外，要拓展公众对财政的监督渠道，在做出重大决策前召开听证会，听取社会公众的意见和看法，保证公民的知情权、参与权。

政府治理现代化视域下东北地区简政放权改革的困境与出路

高洪贵*

在改革开放以前的计划经济时代，政府管制过强，市场和社会的功能和积极性的发挥受挤压。[①] 而在全国范围来看，东北地区的经济发展更是全国计划经济发展的典型。随着经济发展市场化水平逐渐提高，迫切需要政府治理现代化的协调跟进，传统管制型政府必然需要通过转变政府职能向服务型政府转变，而简政放权改革正符合这种现实需要。[②] 国家治理现代化要求简政放权改革实现改革放权化、放权参与民主化、放权过程科学化、放权监管法治化。简政放权改革涵盖行政审批制度改革、投资领域改革、职业资格改革、清理收费改革、商事制度改革以及教育科学卫生改革等方面，对应着体现国家治理现代化的政府治理、社会治理和市场治理三大领域。政府治理现代化通常包括政府、市场和社会治理现代化三个部分，分别表现为政府过程高效化、市场配置资源决定化和社会自我管理分权化。简政放权主要面向基层政府、市场和社会进行放权改革，以实现基层政府接权、市场配置资源的决定性作用和社会自我管理。可见，无论是在要素构成上，还是在表现特征上，政府治理现代化与简政放权改革都构成了宏观目标与微观实现路径的逻辑关系。况且，在推进政府治理现代化和简政放权改革中，政府都是主导者和参与者。因此，从政府治理现代化的视角讨论东北地区简政放权改革的实施

---

* 高洪贵，黑龙江省社会科学院政治学研究所研究员，硕士生导师，博士。
① 郭小聪：《政府经济学》，中国人民大学出版社，2012，第82页。
② 周光辉：《构建人民满意政府：40年中国行政改革的方向》，《社会科学战线》2018年第6期，第10~21页。

进展、问题及解决路径，具有一定的解释力和新颖性。

一 东北地区简政放权改革的具体实践和成效

（一）东北地区简政放权改革的具体实践

2012年，党的十八大的召开拉开了东北地区新一轮行政体制改革的序幕。2013年5月15日，国务院印发《国务院关于取消和下放一批行政审批项目等事项的决定》（以下简称《决定》），指出国务院将取消和下放一批行政审批项目等事项，共计117项。此后，中央政府面向东北地区地方政府稳步推进简政放权改革的力度空前。2014年8月19日，国务院办公厅印发《关于近期支持东北振兴若干重大政策举措的意见》文件指出，东三省市场经济的发展要以简政放权改革为突破口，着重提高市场的经济活力，更加深入推进简政放权，对已经下放地方的投资项目审批事项，按照"同级审批"的原则，依法将用地预审等相关前置审批事项下放地方负责。[①]

2014年，黑龙江省政府常务会议决定取消、下放37项行政审批事项，并且将具体内容在省政府门户网站面向社会予以公布。[②] 同年，辽宁省政府前后经过三轮审核，取消和下放行政职权达到783项，其下的14个市政府单位取消和下放的行政职权高达1423项，放权内容涉及商业、医疗卫生、教育等。2015年3月27日召开的黑龙江省政府常务会议上，报告了本省保留列入省级权力清单的3119项权力事项，总精简比例高达69%。2016年，吉林省政府积极推动"五公开"建设，并着手清理和整顿行政审批中介服务事项，此外还印发了《关于取消和规范一批行政审批中介服务事项的决定》。2017年，吉林省和辽宁省政府积极推进"放管服"改革信息公开建设。吉林省政府公开了工商登记前置审批事项目录以及企业后续监管责任清单，并且印发了《吉林省全面推行"双随机

---

① 《国务院印发〈关于近期支持东北振兴若干重大政策举措的意见〉》，国务院网站，http://www.gov.cn/xinwen/2014-08/19/content_2736756.htm。
② 《2014年黑龙江省政府年度报告》，黑龙江省政府网站，http://www.gov.cn/gkml/detail.html?t=1&d=1061m。

一公开"监管工作实施方案》。该方案的出台实施对完善行政审批的事中事后监管的意义不言而喻。辽宁省2017年取消和下放356项省级权力事项,放权内容覆盖面广,涉及投资领域改革、商事制度改革和收费清理改革等方面,放权力度在全国领先。辽宁省14个地级市都成立了行政审批服务局,将多部门的审批集中于一个部门办理。将40个省直单位中的422项审批事项纳入服务中心办理,审批时限压缩了50%以上。①

(二)东北地区简政放权改革的成效

总体而言,东北地区简政放权改革的成效主要分为现实效益和长远意义两个方面。从现实效益方面看,通过简政放权改革,政府审批程序更加简洁、高效,降低了制度性成本对效益产出的影响,为企业、个人带来了切实的经济效益。从长远意义方面看,通过简政放权改革,政府自身得到减负和瘦身,市场和社会力量得以显著发展,治理现代化目标得以初步实现。更为重要的是,在政府、市场和社会三者之间形成了均衡健康的良性互动关系,三方大体形成了各司其职、相互配合、相互监督、互为补充的局面。

二 东北地区简政放权改革的现实意义

(一)放权化改革是恢复政府与市场和社会均衡关系的强力杠杆

从政府与市场和社会的关系看,简政放权使得东北地区市场和社会不再受政府权力"挤压"。受特殊发展历程的影响,东北地区经济结构长期以来存在"两高"的特点,即"企业总体中国有企业所占比例高"和"能源型重工业所占比例高"。政府在市场资源配置和社会管理过程中起着绝对主导作用。政府、市场和社会三者之间关系的重心明显偏向于政府,政府"手太长",管得太多。随着改革开放的逐渐深入,市场竞争优胜劣汰的趋势进一步强化,而习惯受国家政策照顾扶持、熟悉计划指令

---

① 《2017年省政府工作报告——2017年1月17日在辽宁省第十二届人民代表大会第八次会议上》,辽宁省政府网,http://www.ln.gov.cn/zfxx/zfgzbg/szfgzbg/201701/t20170123_2732001.html。

性经济的东北经济，随之逐渐出现断崖式下滑的局面。而简政放权改革是政府自身权力的精简与下放，使原来政府与市场和社会间偏向政府的倾向得以扭转，进一步回归到合理均衡的状态。面向基层政府放权，基层政府自主性、积极性进一步提高，改变了以往各种行政许可事项都需要去省级政府、去中央政府审批的流程，改革成效惠及公众和企业多方面主体。面向社会放权，发挥社会组织自我管理、自我服务的功能。面向市场放权，突出市场对资源配置的决定性作用，进一步激发了市场的活力，降低了制度性的成本，使原本病态的营商环境恢复正常。① 例如，"多证合一"，登记制度的改革，简化了政府行政审批流程，提高了政府工作效率，降低了制度性交易成本。② 因此，简政放权改革的实施培育了市场和社会的力量，相应地形成了政府与市场和社会之间的良性互动关系。

（二）科学化行政审批制度改革降低腐败现象的发生

权力过于集中容易滋生腐败。东北地区各级政府由于长期受计划经济影响，行政审批程序繁杂，办事效率低下，有些政府部门明显存在"门难进、脸难看、事难办"现象。这不仅造成行政低效拖沓，更容易增加滋生腐败的可能性，而简政放权是抑制腐败的特效药。在改革进程中，权力清单和责任清单制度的实施，使得各个行政机构的职责权限更加具体、公开透明，实现法无授权不可为，极大地压缩了权力寻租的空间。同时，随着行政审批制度改革的深入推进，审批流程得到极大缩短。例如，黑龙江省地税局发布了《办税事项"最多跑一次"清单》和《办税事项"全程网上办"清单》，其中涉及 5 大类的 57 个事项实现"最多跑一次"，涉及 6 大类的 91 个办税事项实现"全程网上办理"，极大地简化了行政流程，最大限度地减少了腐败发生的环节，降低了"权力寻租"的可能。③ 此外，东北地区的各省政府政务服务网都对放权事项、具体清

---

① 《推动"放管服"改革，更好发挥政府作用》，《中国价格监管与反垄断》2016 年第 6 期，第 1 页。
② 曹堂哲：《当代中国政府治理现代化的核心进展研究——兼论改革开放以来中国治理发展的阶段性特征》，《广东行政学院学报》2018 年第 5 期，第 5~14 页。
③ 《黑龙江省地税局发布两项清单》，《黑龙江日报》2018 年第 4 期。

单、办事流程介绍、投诉咨询、反馈公告进行了公示，所有信息一览无遗。政府政务服务网既方便办事，也方便监督投诉。从"反腐先治权"的角度看，推进简政放权改革起到了治理腐败问题的功效。

（三）商事制度和投资事项改革助力改善营商环境

从市场自身发展来看，良好的营商环境是提高市场活力的前提。而商事制度和投资事项改革具有改善营商环境以及提高市场活力的双重效果。首先，如前文所述，通过行政审批制度改革，取消和下放行政权力，这是针对长期以来政府干预经济的"有形之手"的主动收缩，进而为市场配置资源腾出空间，去掉了市场调控的枷锁，创造了市场主体公平竞争的环境。其次，下放、取消一些行政审批事项，简化行政审批程序，缩短了行政审批时间，为经济活动提供了营商环境平台。此外，建立责任清单、权力清单和负面清单制度给经济活动以法律法规的制度性保障。例如，哈尔滨市在商事制度方面的改革，明确规定各类政务事项办理的时限，到了规定的时间必须要给群众结果或者说法。结果业务审批用时大大缩短。[1] 仅 2014 年哈尔滨市新增市场主体 10.2 万户，同比增长 20%。在投资审批事项方面，吉林省为进一步深化审批制度改革，在政府网站开设了省投资项目并联审批办事平台，这样全省投资项目就在该平台上实现"一网告知，一网受理，一网办结，一网公开和监管"。[2] 东北地区政府通过商事制度改革激发了市场活力，有效改善了营商环境。

三 东北地区简政放权改革的困境

总体来看，自党的十八大以来，东北地区开展的简政放权改革，实现"量""质"共进，改革成果显著。简政放权作为政府主动放权"瘦身"的一项改革举措，在实施的过程中涉及削权、限权、放权、接权和监管等方面。从政府治理现代化视角看，简政放权改革存在的问题主要

---

[1] 吴天飞：《简政放权，激发市场新活力》，《哈尔滨日报》2015 年 4 月 1 日。
[2] 《吉林省投资项目在线审批监管平台简介》，吉林省政府网站，http://www.jltzxm.gov.cn/dtjj/61455.jhtml。

表现为：有些权力下放质量不高、基层政府接权能力不足、上下级部门联动互通机制不健全和法治化监管措施不到位。这些问题使简政放权改革的成效受到影响。

（一）放权质量不高

下放权力不彻底。即上级部门将其权力下放给与之关系密切的中介机构或部门。这种"数字游戏"造成了部门表面上的审批事项减少，但在实际的行政过程中没有任何改变。例如，辽宁省某政府部门就有关建设项目选址意见书的核发事项权力交由具有相应能力、资格或技能的单位。而这些单位与该政府部门关系密切，在其工作运行过程中受到该政府部门的影响。又如，黑龙江十二届省委第三轮巡视组向省发改委反馈常规巡视情况显示，"省发改委审批权限下放不彻底，服务对象'最后一公里'的获得感不强。权力运行'任性'，内部管理'灯下黑'"。[1] 这种问题出现的原因是多方面的。首先，接权的标准模糊化。政府放权时未明确规定达到何种标准才算是具备资格，这就造成了权力下放的随机性，政府部门容易进行权力寻租。其次，由于中介机构本身的两重性，一方面，中介机构与政府关系密切，政府的"影子"依然存在。另一方面，将这类权力事项的审批权下放给中介机构，两者相互勾结，更容易与社会利益团体发生权力寻租。这不但会造成腐败现象，更会造成重大的社会生产发展隐患。这类问题虚化和背离了政府治理现代化的要求。

放权不均衡。这种不均衡现象，从宏观的角度看，主要体现在各领域放权的力度和深度上。从微观的角度看，主要体现在各领域放权改革的数量差别上。受各个政府部门自身的性质、特点等因素的影响，即使在充分放权的情况下，行政审批权的下放数量也是参差不齐的。这种现象的现实反映就是在有些领域中，与民生热点紧密相关的改革放权力度不大，而在一些比较冷门的、迫切性低的领域放权改革则比较充分。例如，辽宁省2016年省级行政职权调整中取消和下放的356项省级职权中，普遍倾向于商业个体经济方面的改革。这种不均衡的放权，既不符合政

---

[1] 张璐，《黑龙江省住建厅、黑龙江省体育局等10个省直部门巡视反馈清单全在这里》，东北网，https://heilongjiang.dbw.cn/system/2018/11/13/058105216.shtml。

府治理现代化分权化的初衷,也不符合科学化指导原则。

(二)县(市)权力承接能力不足

县(市)政府是简政放权的主要承接方,对下放的权力是否承接到位直接关系到全省简政放权的质量和效果。调研中发现,东北地区各县(市)政府对下放的权力或多或少存在无法有效承接或无能力承接的问题,具体表现为三个方面。一是承接人员的力量不够、素质能力不足。当部分项目的权力下放后,如若相配套的规章制度和机构设施没有及时供应上,下级承接部门的工作量就会急剧增加,再加上下放的项目内容的业务性和专业性往往很强,对工作人员的数量和素质便会提出更新、更高的要求。如某市体育系统多数区、县(市)缺少承接依法履行监督检查职责的行政编制人员。同时,现有的体育系统行政人员对体育相关法律法规掌握得不够清晰,特别是一线的工作人员对实际操作中的理解和把握还不够全面,导致一些区、县(市)的体育行政部门存在对行政许可立卷不及时、案卷不规范等问题。二是有的权力下放后没有相应部门或单位承接。一些县(市)政府缺乏对于承接权力必需的专业、服务、技术、经验等方面的能力,导致承接存在困难。三是有的权力下放后不具备承接技术。权力的下放并不是最终结果,要有配套的技术人才和设施加以承接来达到简政放权的目的。如某省政府将机动车安全技术检验机构资格许可下放到设区的市。但目前仅有2个较大的市有相应的检验鉴定机构,其他设区的市都没有。下放权力承接不流畅这一问题源于下放的行政权力与基层政府能力建设不匹配,事权与财权、要素配置权等不配套。技术承接不顺畅会导致许多项目无法落实到实践中去,这不仅会大大降低基层企业和社会公众对权力下放工作的认同感,还会影响到改革效果的社会好评度。

(三)全覆盖事中事后监管格局尚未建立

监管是保证审批事项规范运行的重要环节。东北地区各级政府在简政放权改革中存在以下监管问题。一是存在责任"认领盲点"。审批和监管是市场监管部门的两大重要职能,实行后置审批是"放",事后监管是

"管"，改革行政审批简化了相关流程，但在某种程度上来说，工商行政部门通过前置审批手续的简化、快捷导致其他相关部门"认领"困难，市场主体的"宽准入"导致大多数企业因为没有主动上门备案而处于监管的"盲区"。当监管部门下放这部分权力之后，相关部门直接失去了部分监管权力，导致在市场监管中形成了部分真空区域。二是市场监管执法协作联动尚有差距。当前我国市场监管部门力量较为分散，呈现区域化、碎片化的特征，因此需要将不同区域和各层级的市场监管部门整合起来，使之有机联系起来，形成一个市场监管整体。东北地区各级政府存在"放管脱节"现象，呈现了监管不得力的态势。

（四）"互联网+政务服务"存在短板

推进"互联网+政务服务"，把简政放权、放管结合、优化服务改革推向纵深的关键环节，对于加快转变政府职能，提高政府服务效率和透明度，便利群众办事创业，进一步激发市场活力和社会创造力具有重要意义。近年来，东北地区各级政府初步构建"互联网+政务服务"平台，积极开展网上办事，取得一定成效。但也存在网上服务事项不全、信息共享程度低、可办理率不高、企业和群众办事仍然不便等问题，同时还有不少地方和部门尚未开展此项工作。一是部分市、县尚未接入全省监管系统。2017年第一季度电子监察分析显示，目前黑龙江省13个市（地）、2个直管市中，有14个已将电子监察系统会聚到全省监管系统，哈尔滨市电子监察系统正在建设中。全省131个县（市、区）中，有84个已将电子监察系统会聚到全省监管系统，齐齐哈尔市所属16个县（市、区）虽已建成电子监察系统，但县（市、区）实体政务服务中心未联通电子政务外网，导致无法接入全省监管系统；其他尚未建成电子监察系统的31个县（市、区）中，哈尔滨市有18个，牡丹江市有8个，七台河市有3个，黑河市有2个。二是县级网上政务服务中心办件量小，尚未发挥实际作用。以黑龙江为例，目前已经接入全省监管系统的84个县（市、区）中，有56个一季度网上办件量为零，有10个一季度办件量少于10件，网上办事功能尚未发挥实际作用。基于电子监察系统的相关数据统计无法进行，这些县级网上政务服务中心尚未发挥实际作用。

四 推进东北地区简政放权改革深入发展的路径

简政放权是一项重大的政府改革工程，核心要义是通过转变政府职能，推进国家治理体系和治理能力现代化建设。

（一）建立审批连带责任机制

政府治理科学化原则要求简政放权改革要统筹兼顾。为保证简政放权的效果，应探索建立中介服务行业主管和前置审批部门连带责任机制等，从制度上加以规范。一是将对中介组织诚信考核纳入审批部门的工作考核。中介部门作为社会组织，可以在政府的支持和培育下更大限度地发挥其社会责任和社会职能。因此，必须打破中介服务行业的垄断，培育更多专业化、高水平的中介服务机构，通过立法来规范社会组织使其良性健康地发展。建立中介机构信用管理体系，完善中介服务机构信用体系和考核评价机制。中介机构信用管理体系是社会信用体系的重要组成部分，要建立中介组织诚信记录台账，对参与无序竞争、不讲诚信和弄虚作假等现象予以曝光，相关信用状况和考评结果定期向社会公示，加大中介机构诚信惩戒的力度，引入竞争机制，设立中介服务机构诚信资料库，真正体现公开、公正、透明的原则，使权力在阳光下运行。同时，行业主管部门要负连带责任，并纳入相应审批部门和窗口的工作考核。二是捆绑中介机构与政府部门的审批时间。行政审批流程不仅包括政府部门内部的流程，而且包括中介机构的服务时间，将中介机构的市场行为与政府部门的行政行为相挂钩。即从企业委托中介机构开始，到审批部门做出审批决定的全过程，以审批部门为第一责任人，负责限时完成，监察部门对审批部门进行考核，对每一笔超期办理的业务实行责任倒查，从根本上解决中介服务和部门审批的效能低的问题。三是明确政府部门对中介机构的监督与管理责任。各行业主管部门要加强对中介机构的监督与管理，通过制定完善中介服务的规范和标准来阻隔与某些政府部门之间的利益联系。以法律法规和规范约束服务机构及从业人员的执业行为，明晰对中介机构的违规行为进行监督管理的权责范围。

（二）建立简政放权的精准衔接平台

作为综合性的放权改革，没有常态化联动互通渠道必然影响改革的效果，也影响政府治理现代化水平的提升。在实施放权改革过程中，需要建立权力下放承接工作的精准衔接平台。一是健全完善上下级政府间权力运行信息互联互通机制。重点解决如何接权和如何用权的问题。各级政府要落实简政放权改革的整体需要，重视统筹协调，规避某些政府因"部门利益"而进行选择性地下放权力的行为，打破部门信息壁垒，通过运用各级部门简政放权工作的信息平台，加强政府各部门之间关于简政放权改革的沟通、推进权力承接的顺畅性和连通性，最大化地发挥平台作用，有效地整合资源，提升服务效能，促进东北地区各基层政府权力承接能力整体提升发展。二是建立权力下放承接责任捆绑机制。权力下放在承接过程中不仅表现在权力事项的增减上，还体现在行权主体的变更上，相关责任也随之发生改变。因此，要调整放权部门与承接部门的职责，将"责任清单"落实到位。放权部门要加强业务的指导与监管，承接部门则要增加对新增工作的职责。放权的本质是提供更好的公共服务，在放权接权过程中应建立共同责任机制，县市政府与省市共同商讨如何做好简政放权，这有助于调动上级政府培训指导的积极性，督促上级部门通过集中培训、以会代训、研讨交流等多种形式，加强业务指导与培训，提高县市政府审批部门的业务水平和综合服务管理能力，确保将上级部门下放的政务项目接稳管好，促进县市级能在权力转移过程中更好更快地适应，进而提高公共服务效率。

（三）巩固现有清单制度，推进依法监管步伐

政府治理现代化视角下放权改革需要制度化监管方式。完善有效的监管措施是政策实施并产生预期效果的重要保证。[①] 为此，对简政放权改革要从事前、事中、事后整个环节进行全方位监管。首先，按照谁放权谁负责的要求。下放权力运用情况如何，放权单位有义务也有权力对其

---

① 王静宇：《让简政放权与加强监管并行》，《中国经济时报》2015年6月3日，第A01版。

运行情况进行监管负责。积极推动"权力清单制度"①、"责任清单管理"②和"负面清单"③制度建设，遏制一些部门在行政过程中"藏着掖着"进行权力寻租行为。同时，要推进政府信息公开平台建设，政府部门相关信息应及时公布，所公布的信息要真实有效，使滥竽充数、从中渔利的行为无处躲藏。其次，从顶层设计角度推进政务信息公开标准化规范化平台建设，提高政务信息的透明度。此外，深入推进简政放权改革，还需要加强法律法规的"立改废"工作，坚持法律建设与改革同步跟进。④ 现有的行政过程的变更必然涉及原有责任、义务的改变，相应法律法规的修改更新也应及时跟进。最后，完善推进"双随机、一公开"监管制度，坚持不定时间、不定地点、不定内容进行抽查通报。⑤

（四）构建放权接权无缝衔接机制

简政放权要处理好"放"和"接"的问题，既要"放得下"，又要"接得住"。应通过建立完善培训机制提升基层的承接能力，提升权力配置和运行的配套性和高效性。一是编制培训指南。按照"谁下放谁编制"的原则确定培训指南编制主体。把一些法律、法规、规章和政策要求，包括一些权力事项的办理流程、实施标准、操作程序及业务要求汇编成册，指导基层政府部门来办理。在培训指南中应对所下放权力事项流程进行逐项解释，通过案例教学和图文并茂的方式增强可操作性，也可制作详细的下放权力运行流程图。二是实施"互联网+培训"工程。要顺应"互联网+"时代的需要和特点，创新培训方式。在网络时代，应善于将微博、微信等现代科技手段与政府工作结合起来，布局"互联网+培训"战略，推动放权业务培训转型升级。三是强化现场实践指导。建议东北地区各省级政府制定《简政放权业务培训指导规定》，以省政府办

---

① 《十八大以来重要文献选编》中，中央文献出版社，2016，第165页。
② 《习近平关于全面建成小康社会论述摘编》，中央文献出版社，2016，第67页。
③ 《十八大以来重要文献选编》中，中央文献出版社，2016，第567页。
④ 石亚军：《简政放权提质增效须加速法律法规的立改废》，《中国行政管理》2016年第10期，第6~10页。
⑤ 王鸣鸿、姜良永、刘菲：《放管结合，优化服务，推进政府职能转变》，《行政科学论坛》2016年第11期，第7页。

公厅文件下发，在规定中突出现场培训指导的作用。

（五）推进审批"大数据"智慧政务平台建设

"数字化"已成为政务服务改革的新方向，将大数据与政务服务融为一体。打通"信息孤岛"，推进政务服务一张网建设，实现本区域"一平台、一张网、一个库"。一是推进"互联网＋政务服务"平台建设。利用国家、省政务服务大厅大数据汇聚整合的人口、法人、企业信用、电子证照、政务服务业务相关数据的共享服务，优化整合政务资源，实现部门之间、层级之间的协同合作，实现资源共享，真正实现"业务通""网络通""数据通"，并积极研究以审批"大数据"平台为基础的行政审批管理创新。二是在推进商事登记网上审批系统的基础上，加快"建设项目网上联合审批系统"的开发建设和运用，将所有与建设项目相关的区级审批部门内部审批系统与市级平台对接，并结合数字化图库的推广和应用，最终实现审批信息的共享互联、审批材料的跨部门流转、建设项目的网上办理、审批进程的实时跟踪等多种功能。三是积极探索电子签章的应用。通过探索电子签章的应用、审批资料"项目化归档"等方式，有效解决审批材料重复提交的问题，降低企业办事成本。同时，将各行政审批业务系统纳入电子监察范围，对行政审批受理、审核、批准等全过程实施动态监察，做到可检查、可举证、可追溯、可考核，打造城市智慧政务平台。

（六）创新监管方式，构建"四维共治"监管新格局

伴随东北地区高质量发展中新业态、新模式层出不穷的态势，在监管中不能简单套用政府"唱独角戏"的老办法。改变政府对事中事后监管"大包大揽"的局面，应坚持包容审慎监管原则，创新监管理念与方式。实现监管方式由政府"保姆式"监管向企业自律合规转变，由单一部门、单一事项监管向多部门协同监管转变，由以罚代管向以服务促监管转变，由传统全覆盖式监管向基于大数据的智慧监管转变。构建企业自治、行业自律、社会监督、政府监管"四维共治"的监管新格局。以"双随机、一公开"监管为基本手段、以重点监管为补充、以信用监管为

基础，建立适合东北地区高质量发展，全覆盖、保障安全的事中事后监管制度，创新监管方式，立足审批集中带动综合监管，切实促进监管提质增效。一是加强信用监管。市场经济是信用经济，信用监管是新型监管的基础。加快企业信息归集共享进程，对行政许可和处罚的市场主体信息及时录入，推进各部门协同监督平台的运用，共享信息数据，真正实现监管"一张网"。实施守信联合激励和失信联合惩戒机制，让市场主体"一处违法、处处受限"。依法严惩各种违法违规行为，使之承担相应责任。信用监管的突出特点就是有限、精准监管。把有限的监管资源着重放到重点领域、重点对象上。利用互联网、大数据等信用评价技术，找到风险概率最大的部分，做到监管对症下药。二是加快智慧监管步伐。东北地区各级政府应创新监管方式，充分运用物联网、大数据、云计算、人工智能、数据挖掘等技术，以监管信息化为关键，通过互联化、物联化、智能化的方式，实现监管信息强度整合、高度共享、深度应用，最终实现政府监管数字化、网络化、智能化的高度融合，减少人员依赖，提高监管效能。三是发挥行业协会商会的社会监督作用。建立协会商会信用承诺制度，鼓励协会商会建立自律公约和内部激励惩戒机制，发挥其在社会监管体系建设中的积极作用。鼓励政府部门以政府购买社会监督服务的方式，与相关行业协会商会等具备资质的第三方社会监督服务机构合作，对辖区内市场主体的运营状况进行评估监督，完善社会监督评价机制。建立协会商会监督与政府间的事中事后监管互联共享机制，推进行业自律和监管执法的良性互动。

（七）科学再造全链条流程，提升审批服务标准化、集成化、便民化

东北地区行政审批局应充分发挥集中审批体制优势，提升群众、企业办事体验感，不断摸索改进集中审批工作方法。一是探索实行"情景式"审批。可借鉴武汉经开区新区行政审批局，围绕群众、企业办事最迫切需求，改革痛点难点，进一步深化提升审批服务标准化、集成化、便民化建设水平，积极探索"情景化"审批服务新模式。可挑选出食药、文体、教育、人力资源、卫生等与企业、群众生产生活联系紧密，审批

服务量大面广，可一次收件、并联审批的事项清单，制定"情景化"审批工作方案，向群众、企业提供套餐式服务，推行综合收件、并联审批、综合勘验新举措，进一步优化审批流程。二是探索并实施推广"区域评估"。开展区域评估，提前完成建设项目审批过程中涉及的前置性评估评审工作，形成整体性、区域化评估结果，提供给进入该区域的建设项目共享使用，进一步提高审批效率。三是建立健全帮办服务机制。组建企业帮办代办队伍，设置联审联办帮办窗口，完成"一张表单"的整合，推行"一口受理、联合审查、容缺受理、信任审批"。四是不断完善全链条审批体系。新区应进一步完善权力清单。梳理确定新区行政权力事项目录清单，确保全链条审批的每一个环节都能够于法有据。在此基础上编制行政审批流程图。围绕项目报建重点领域，调研梳理全链条审批运行流程图，逐个环节细化明确实施主体、办理条件、申报材料等，形成全闭环全链条审批体系。此外，探索启动"多评合一"政策。对节能评估、环境影响评价、安全评价、地灾评估等相关前置评估环节，实行提前指导、统一受理、同步评估、同步评审、同步审批、统一反馈。五是推动平台建设，营造最优网上办事环境。积极配合并做好各系统平台与省市"一张网"的深度对接融合，开展审批服务事项标准化梳理、编制、审核、发布工作，进一步规范审批服务事项实施清单。以审批智能化、服务自助化、办事移动化为重点，把实体大厅、网上平台、移动客户端、自助终端、服务热线等结合起来，推进线上线下集成融合，实现功能互补、合一通办。

"政企合作、管干分离"的环卫管理新体制研究
——以盘锦市环卫一体化为例*

林 丽 李慧杰 张昕婧**

我国在治理现代化方面面临的最迫切的挑战之一就是粗放型的生活垃圾治理模式。一方面,随着城市化进程的加快、城镇人口的快速增长,加之网络订餐、外卖行业的迅猛发展,塑料餐盒等外卖垃圾造成的"白色污染"再一次抬头,垃圾治理形势日益严峻——传统的"填埋"作业,纵使已经消耗了大量的土地资源,但处理能力依然难以跟上受城市规模和消费水平扩张所推动的生活垃圾的增长速度,"垃圾围城"早已迫在眉睫。另一方面,政府单一化的供给方式已暴露出许多弊端:环卫业务条块分割现象比较普遍,同一区域的环卫作业,有可能分别由市政、城管、园林等多个部门监管,作业模式与作业要求不一,部门之间易出现推诿扯皮;生活垃圾终端设施建设涉及众多责任部门,处理能力的提升因行政层层审批容易贻误时机,加上垃圾增长速度过快,新账旧账堆积给后续规划、执行造成不小的难度;垃圾"三化"(减量化、资源化、无害化)的处理效果强烈依赖不同环节之间的匹配与联动,但当前垃圾处理链条的分类—收集—运输—处理都被分割开来,协同性较差。此外,许多地区依然沿袭着传统管理模式——政府负责拨款进行投资和运行管理,但是资金有限,环卫事业单位负责作业和监管,政府既管又干缺乏激励,环卫服务整体专业化水平不高、作业效率低下、效果不佳。

我国已有一些城市开始建立以PPP(Public-Private-Partnership,又称

---

* 基金项目:国家社会科学基金青年项目"中德地方环境治理模式比较研究"(18CZZ010)。
** 林丽,吉林大学行政学院博士研究生;李慧杰,吉林大学行政学院讲师,德国斯图加特大学博士;张昕婧,吉林大学行政学院硕士研究生。

"公私伙伴合作关系")模式为基础的"政企合作、管干分离"的环卫管理新体制。由专业化企业统揽垃圾的收集、运输和处理，打通生活垃圾治理的流程分割和部门分割、打造环卫服务一体化格局，努力实现生活垃圾治理模式的市场化、专业化和规模化创新。因此，本文对缓解地方政府财政压力、提高服务效率的环卫PPP模式加以关注，结合盘锦案例，探寻其中的政企合作经验，亦为其他领域的政府职能转变提供参考。

一 环卫服务市场化走向：从"政府专营"到"市场化"，再到"公私合营"

我国环卫服务业的发展经历了三个阶段：政府行政主导阶段（1949~2000）、小规模市场化阶段（2000~2012）、市场化推广阶段（2013年至今）。[1] 第一阶段由政府"一揽子"包办。最初政府与外部市场主体的合作仅限于设备采购和施工采购，政府事业单位负责环卫项目的监管、实施，政府既要投入资金，又要管理环卫队伍，还要包办环卫设施和环卫技术，压力与难度巨大。从第二阶段开始，部分沿海发达城市率先启动政府采购公共服务试点，陆续有环卫事业单位转为企业，道路清扫与垃圾收运等工作业务开始外包，环卫市场化进程逐步经历了"从南到北、从沿海到内地、从发达城市到不发达城市"的发展轨迹。2002年建设部印发《关于加快市政公用行业市场化进程的意见》的通知，指明了市政公用行业的发展方向，2006年下发《关于印发中国城乡环境卫生体系建设的通知》和《中国城乡环境体系建设》白皮书，对于强化环卫管理体制机制有着重要的指导作用——这些政策文件在持续推动着环卫市场化进程。十八届三中全会更是提出要深化行政体制改革、深入推进政企分开。2013年国务院办公厅《关于政府向社会力量购买服务的指导意见》发布，明确要求在公共服务领域更多地利用社会力量，加大政府购买服务的力度。自此，各地环卫市场化力度明显增大。2015年国务院办公厅转发《关于在公共服务领域推广政府和社会资本合作模式的指导意见》，

---

[1] 《2016年中国环卫服务行业发展现状分析》，北极星环保网，http://huanbao.bjx.com.cn/news/20161029/784609.shtml，最后访问日期：2018年4月1日。

鼓励私营企业、民营资本与政府开展合作,在基础设施和公共服务领域大力推广政府和社会资本合作(PPP)模式。环卫领域的 PPP 项目陆续出现,并呈井喷之势。PPP 模式在环卫领域的广泛应用,标志着环卫服务业正由"劳动密集型"向"资本密集型"过渡,环卫企业也渐由承包"扫大街"时代步入"环卫一体化承包企业"阶段。环卫一体化运营方式不断打通产业链,实现上下游的布局联系,为前后端串起服务网,更深入、全面地迎合垃圾分类与资源化、无害化处理等需求。

PPP 模式作为政府与社会资本合作的一种模式,通过政府与私营部门合作,使非公共部门的资源参与到公共产品和服务的供给中来,政府与私营部门共担风险、共享收益。[①] 本文所讨论的环卫一体化 PPP 项目重点围绕特许经营模式,指政府采取 PPP 模式引入社会资本,将道路清扫保洁、垃圾收运、环卫设施建设等推向社会,实行市场化运作。与传统承包模式不同,此 PPP 模式是政府部门与中标公司合资成立项目公司,后者获得特许经营权,并由其全权建设运营环卫一体化项目。此模式最大的不同在于改变了旧的管理方式,加快实现了政府职能的转变,管理与服务彻底脱钩,解决了管理机构政企不分、多头管理的问题;政府公共部门和私人部门的环卫资源得到了有效整合,优势互补,以最经济的成本为公众提供了更高质量、更高效率的服务。

二 盘锦市城乡环卫一体化 PPP 项目探索

盘锦市位于辽宁省中南部,是辽宁沿海经济带重要的中心城市之一。GDP 常年位居辽宁省前列,也是全国优秀旅游城市。为加速推进城乡一体化和宜居乡村建设,盘锦市委、市政府创新思路,引入市场机制,于 2015 年 5 月与北京环境卫生工程集团有限公司[②](以下简称"北京环卫

---

① 贾康、孙洁:《公私伙伴关系(PPP)的概念、起源、特征与功能》,《财政研究》2009年第10期,第 2~10 页。
② 北京环境卫生工程集团有限公司成立于 2006 年 4 月 28 日,是在原一清集团、二清集团、四清集团和北清集团的基础上组建而成,注册资本 9 亿元,总资产 17 亿元,主营收入 5 亿多元,职工 5000 多人,拥有各类环卫作业车辆 1500 余部,现代化环卫基础设施 19 座,是首都环卫规模最大、综合实力最强的国有独资公司。

集团")合作并签署了《盘锦市一体化大环卫合作框架协议》，构建了覆盖盘锦全域的大环卫一体化体系，打造出全国首个城乡固废一体化、无害化处理地级示范市。总结盘锦市的实践经验有助于我们更好地理解和把握引入 PPP 模式的环卫管理新体制，以便思考、展望环卫一体化 PPP 模式的发展前景，为其他地区的环卫管理提供借鉴。

（一）现实动因

1. 垃圾成山亟须出路

在快速增长的垃圾产生量与末端处置能力不足的尖锐冲突面前，盘锦市垃圾场里垃圾成山、白色垃圾飞得到处都是已被市民诟病许久，政府急需一支专业、高效的环卫队伍帮助盘锦市解决原有生活垃圾的无害化处理以及新增垃圾的去向问题。

2. 争创文明城市的需要

创建全国文明城市是 140 万盘锦人的共同期盼，是盘锦市委、市政府以国际化的视野谋划盘锦发展的顶层设计，对于提升盘锦城市品位、改善人居环境、促进盘锦经济社会全面协调发展具有十分重要的意义。创建文明城市、创建卫生城市，以及盘锦作为旅游城市，首先要有干净、整洁、美丽、有序的市容市貌，因此政府想摆脱垃圾成山的心情也更加急切。结合城乡一体化战略，将盘锦市打造成全国首个城乡一体化大环卫地级示范市，也将具有十分重要的意义。

3. 处于城乡一体化发展的提速期

最近几年，盘锦市宜居乡村建设如火如荼，村屯环境得到了极大改善，农村居民的环境意识不断增强，改善环境的需求也迅速增加。为了加速推进城乡一体化，加快宜居乡村、美丽乡村建设，需要构建覆盖盘锦全域的一体化大环卫体系，以全面提升盘锦市全域的环境卫生质量。

（二）发展历程

盘锦市城乡一体化大环卫项目是以北京环卫集团辽宁分公司为运作平台（以下简称"京环辽宁分公司"），由北京环卫集团与盘锦市政府采取 PPP 合作模式运营的环卫综合服务项目。该项目借助北京环卫集团的资源、资金、技术、人才等优势，以盘锦京环环保科技有限公司（以下简称"盘锦京环公司"）为依托，通过组建新的环卫合资公司，整合盘锦市全域环卫资产，建设固废收运处理一体化运营管理体系，提供"大环卫、全覆盖、一体化"服务，实现了政企合作与管干分离。

其实，早在2009年，北京环卫集团就通过竞争性谈判，积极与盘锦市政府合作，最终以BOT形式特许经营盘锦市生活垃圾的转运、处理、处置和环卫设施的投资、建设；2012年，盘锦市生活垃圾卫生填埋场被国家住建部评为Ⅰ级城市生活垃圾无害化填埋场，同年，盘锦市政府继续加大与北京环卫集团的合作力度，将盘锦市第一、第二污水处理厂产生的污泥委托北京环卫集团进行无害化处理；2015年，盘锦市政府下发了《一体化大环卫体系工作的实施方案》（以下简称《实施方案》），明确了截止到2016年底各阶段的主要任务，并与北京环卫集团签署《盘锦市一体化大环卫合作框架协议》，将环卫业务前沿至农村生活垃圾清运；2016年，北京环卫集团再度与盘锦市展开合作，全面承接辽东湾新区道路清扫保洁业务，进一步推进盘锦市大环卫一体化体系建设进度；自2017年以来，北京环卫集团全面接收了盘锦市市区环卫业务，环卫合作向纵深发展，一张"大环卫、全覆盖、一体化"的环卫服务网络正在快速形成。盘锦城乡一体化大环卫项目的推进过程详见表1。

表1 盘锦城乡一体化大环卫项目的推进过程

时间	内容	备注
2009年6月	北京环卫集团与盘锦市政府启动合作，签署《盘锦市生活垃圾卫生填埋场项目特许经营协议》	特许经营范围：盘锦市生活垃圾的转运、处理、处置和环卫设施的投资、建设
2009年7月	成立盘锦京环公司	
2012年9月	污泥委托北京环卫集团进行无害化处理	为此北京环卫集团成功建设和运行第一个污泥处理设施
2015年4月	盘锦市政府下发了《实施方案》	明确截止到2016年底各阶段的工作任务
2015年5月	双方签署《盘锦市一体化大环卫合作框架协议》	环卫业务前沿至农村生活垃圾清运

续表

时间	内容	备注
2015年6月	双方签署《盘锦市城乡一体化大环卫体系战略合作备忘录》，成立清运中心	农村正式启动"户集、村收、合资公司统一收运处理"的垃圾收运体系
2016年3月	北京环卫集团承接辽东湾新区道路清扫保洁业务	道路清扫面积达581万平方米
2016年10月	北京环卫集团中标盘锦市城乡一体化大环卫项目	特许经营期限30年
2016年12月	双方签署《盘锦市城乡一体化大环卫特许经营协议》	特许经营范围：盘锦市辖区内的城市道路、公园、广场、物业弃管小区的清扫保洁；公厕保洁；垃圾分类；全市生活垃圾清运；环卫设施的投资建设运营等
2017年1月	盘锦市城乡一体化大环卫体系全面运行	提供城乡生活垃圾收运处理综合环卫服务
2017年3月	兴隆台区设立垃圾分类试点	
2017年9月	双台子区签署垃圾分类协议	

（三）主要做法及创新性

1. 组织结构建设

北京环卫集团与盘锦市政府依托盘锦京环公司组建的环卫合资公司，是目前负责盘锦市城乡环卫一体化项目具体建设运营的单位。2009年，北京环卫集团与其全资子公司北京环卫投资有限公司合资成立了盘锦京环公司，主要负责盘锦市生活垃圾转运、处理、垃圾处置设施的投资和建设。2015年，北京环卫集团在东北地区成立了分支机构——京环辽宁分公司，盘锦京环公司成为其下的一个直属机构。2015年，盘锦市政府以现有环卫设施、设备、房屋等实物形式出资，北京环卫集团以现金和实物资产出资，组建了环卫合资公司，负责盘锦全域的环卫服务。2016年，盘锦京环公司股权变更，由北京环卫集团的另一个全资子公司北京环境有限公司（简称"北京环境公司"）投资5000万元持股100%。其经营范围也扩展至城乡市容管理、物业管理、环境卫生管理等15项内容。各公司具体的组织关系详见图1。

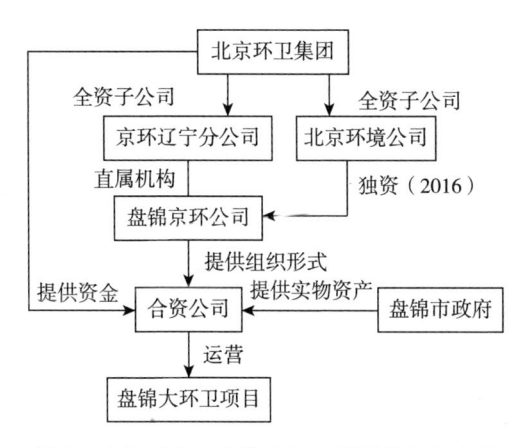

"政企合作、管干分离"的环卫管理新体制研究

图 1　盘锦城乡一体化大环卫项目的组织建设

2. 盘锦市城乡一体化大环卫项目的内涵

（1）农村垃圾实行"户集、村收、合资公司统一收运处理"。每村保洁员每天到户收集垃圾，在村一级集中进行初次分类，农用生产性垃圾就地掩埋，生活类垃圾进入收集点，各村再将垃圾运送至垃圾楼（每镇一栋）。① 北京环卫集团采用公交运行模式，对盘锦市 30 个乡镇、303 个行政村、1600 多个自然屯的 303 个桶装站、403 个桶群集中点的垃圾定点定时收运，并将其运送至盘锦市生活垃圾卫生填埋场进行无害化处理。②

（2）形成从道路清扫保洁到垃圾收、运、转、处的全产业链。建立城乡生活垃圾收运处理综合环卫服务，将道路清扫保洁、道路除雪铲冰、生活垃圾（含农村生活垃圾）清运、生活垃圾填埋处理、生活垃圾焚烧处理、餐厨垃圾处理、医疗垃圾处理、污泥处理等环卫业务系统考虑，同步建成固废综合处理循环经济园区，提供一体化环卫服务。

3. 盘锦模式下政府与企业的职能划分

盘锦市政府和北京环卫集团于 2015 年 6 月 28 日签署《盘锦市城乡一体化大环卫体系战略合作备忘录》（以下简称《备忘录》），并于 2015 年下半年成立合资公司。按照《备忘录》规定，政府和合资公司的职能划

---

① 韩美璐：《全国首创之举——我市构建城乡一体化大环卫体系系列报道之一》，《盘锦日报》2015 年 8 月 12 日，第 1 页。
② 数据来源于北京环卫集团官网，http://www.besg.com.cn/content/details78_412.html。

分如下（见图2）。

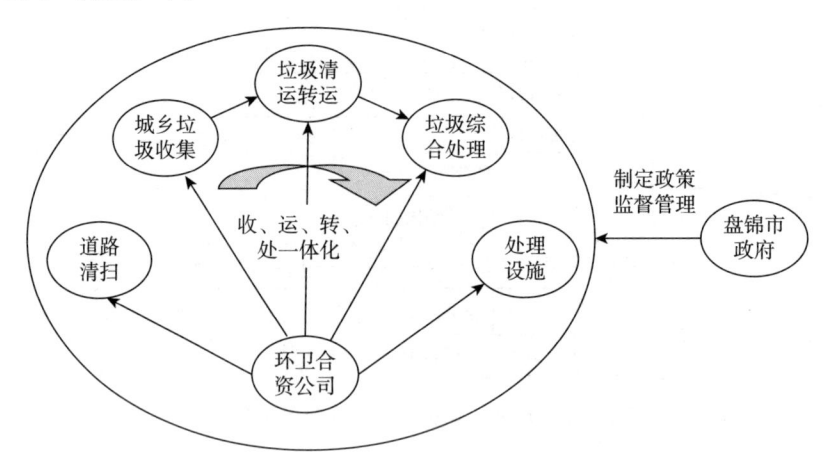

图2 盘锦城乡一体化大环卫模式的职能划分

（1）政府：负责监督管理。市政府支持合资公司经营管理；负责出台有关餐厨、医疗及一般工业废弃物的无害化处理等相关政策，确保合资公司规范管理运营；负责落实上级政府给予合资公司的有关优惠政策，并积极推广落实环保政策，提高居民环卫意识；为合资公司的安全稳定经营提供便利条件，负责制定盘锦市环卫事业发展规划和环卫作业标准；对合资公司进行监督考核；负责提出改造、新建环卫设施需求并支持合资公司建设规划、选址、环评等工作。

（2）合资公司：提供环卫服务。合资公司向市区、各县区、经济区提供道路清扫保洁、垃圾收集运输等环卫服务，主要包括：盘锦市全域的城市道路、公园、广场、物业弃管小区的清扫保洁、冬季扫雪铲冰、清除非法小广告；公厕保洁；绿化带保洁；垃圾分类；建筑渣土运输和消纳；粪便清掏运输处理；包括农村地区在内的全市生活垃圾的清运、转运、处理；灯杆、指示牌和护栏清洗；环卫应急保障等；生活垃圾焚烧发电、医疗垃圾、餐厨垃圾、污泥及工业一般废弃物处理设施等循环经济园区的投资、建设和运营。

4. 创新之处

（1）顶层设计构建一体化网络。盘锦市政府在城乡一体化大环卫项目的酝酿阶段，从顶层设计出发，首先，明确了整体性治理的基本思路，在结合实地调研的基础上,系统地构建出一张覆盖盘锦全域、整合垃圾治理全流程的环卫服务网络,将农村垃圾治理纳入环卫服务范围的同时,拟建立起从道路清扫保洁到垃圾收集、运输、转运、处置的全产业链;其次,针对项目各阶段任务的开展,盘锦市政府通过颁布《实施方案》做出了进一步部署,明确以政府主导、行业指导为原则,成立由分管副市长任组长的盘锦市构建一体化大环卫体系工作领导小组,对各项工作进行统一领导,同时要求各县区、经济区、乡镇政府及村委会积极配合,市住建委、环卫部门等对工程进行综合协调、检查指导和监督考核等。正是在这一顶层设计的指引下,盘锦市环卫服务业的发展打破了以往条块分割的局面,进而实现了环卫服务质量全方位、多层次的提升。

(2) PPP模式重塑政府职能。传统的环卫管理体制下,盘锦市政府同时行使监管、经营的职权,既是"裁判员",又是"运动员"。不仅要制定出台相关的环卫法规,负责环境保护与环境污染的监管,还要控制环卫资金的拨付和使用,负责环卫作业具体任务的执行。这种管理体制模糊了政府的职能边界,加之公众参与、行政监督及激励机制的缺乏,导致财政负担沉重、作业效率低下,环卫服务质量不尽如人意。而在盘锦市目前的城乡一体化大环卫模式中,政府通过引入社会资本,以PPP模式运作环卫服务项目,将环卫服务的全部业务交由市场上具有竞争力的企业运营,政府只负责环卫服务的监督管理,这使政府得以从繁杂的事务中抽身,实现了政企合作与管干分离。PPP模式对政府职能的重新定位,扭转了以往政府在环卫服务中的被动局面,重申了以政府为主导的原则,为环卫服务企业的运营营造了良好的政治环境。

(3) 社会资本激发经济活力。社会资本参与公共服务的供给,是充分发挥市场在资源配置中的决定性作用的体现。"让专业的人做专业的事",有助于提高项目的运营管理水平,提高公共产品和服务供给效率。2015年以来,国家层面加大了对私营企业、民营资本与政府在公共服务领域开展合作的支持力度,盘锦市政府正是在这一大的背景下与北京环卫集团签署了环卫服务的特许经营协议。依托北京环卫集团的技术优势,彻底改变了以往由政府直属的事业单位从事环卫作业所导致的专业化水平低下、作业标准不规范、环卫作业人员老化等问题。用新的环卫机械设备代替以往的人工作业，提高了机械保洁水平；固废综合处理循环经济园区的建成，促进了大环卫全产业链的形成，使盘锦市垃圾处理水平大幅提高；将农村与城市全部的环卫服务纳入一体化大环卫体系之内，提高了城乡统筹水平。此外，盘锦市政府还充分利用世行贷款、国债资金和企业资金实施环卫体系建设，充分整合了社会资源，激发了经济活力。

（四）主要成效

自2015年4月盘锦市政府下发了《实施方案》，各阶段任务有序开展。到2015年末，盘锦市完成了对303个行政村的桶装式垃圾收集点以及30个垃圾楼的建设工作，其间，各县区、经济区环卫作业被纳入新的环卫合资公司运营。目前，全市303个行政村，1600多个自然屯的垃圾实现日产日清，收集率超过90%，垃圾处理率达100%。与此同时，固废综合处理循环经济园区的建设稳步推进，到2016年末正式建成并投入使用。园区内现有生活垃圾填埋处理场、生活垃圾焚烧处理厂、餐厨垃圾处理厂、医疗垃圾处理厂、污泥处理厂等垃圾处理设施。

自2017年1月1日起，北京环卫集团接手原环卫系统的近5000名员工，作为环境的综合服务商，从垃圾清扫、保洁、清运到固废处理，展开一条龙服务。此外，还包括100多座公厕的保洁服务、70多座无物业管理小区的保洁工作。截至2017年7月，北京环卫集团新投入车辆设备100余台，其中电动车100辆，垃圾压缩车2辆、餐厨车1辆、手扶式除雪机10辆，洒水车4辆，清扫车21辆等。[1] 经初步估计，盘锦市道路每天清扫保洁面积约1500万平方米，生活垃圾收集、清运、转运大概为1000吨/天，现有生活垃圾处理能力约为1000吨/天（包括焚烧600吨/天），污泥处理能力为200吨/天，医疗垃圾处理能力为5.5吨/天，餐厨垃圾处理能力为80吨/天。[2]

---

[1] 《"大环卫"让盘锦环境卫生"大变样"》，《盘锦要闻》，http://www.panjinhonghaitan.cn/news/info.aspx?id=9962，最后访问日期：2018年3月28日。

[2] 数据由调研单位盘锦京环环保科技有限公司提供。

盘锦市城乡一体化大环卫项目的建设让盘锦市的市容发生了巨变：道路更加整洁，尘土残存量严格控制在了5克以下；空气质量明显改善，PM10（可吸入颗粒物）比2016年同期下降了两成。在加快了盘锦市城乡环境建设的同时，推进盘锦市环境卫生事业不断向专业化、社会化、市场化方向发展，真正实现了盘锦市城乡环卫公共服务均等化，在全国范围内形成了很好的示范效应，因而荣获2016年中国人居环境范例奖；同年，盘锦市入选"中国地级市民生发展100强"之一；在2017年6月，盘锦市被命名为"国家卫生城市"；2017年10月，盘锦市被授予"国家园林城市"；2017年11月，盘锦市获"全国文明城市"光荣称号；等等。

北京环卫集团与盘锦市政府在环卫服务领域的公私合营模式既解决了盘锦市政府环卫资金投入不足和技术处理的专业性难题，又充分发挥了北京环卫集团作为大型国企的社会责任和专业管理优势，政企合作实现共赢。盘锦市城乡一体化大环卫项目的建成运营，极大地改善了当地的环境卫生状况，显著地提高了盘锦市整体环境卫生质量，得到了当地政府和市民的交口称赞。这不但是北京环卫集团"京环模式"在东北区域拓展项目的成功实践，也为全国其他地区大环卫一体化项目建设提供了一个成功的范例。

三 与其他环卫一体化项目的异同

在盘锦市城乡一体化大环卫项目建设、运营的同时，国内其他地区也在积极开展着环卫服务体系的探索与建设。其中，以江苏省宿迁市的"一揽子"项目与山东省寿光市的城乡一体化环卫模式的建设较为典型。

（一）宿迁模式

2016年9月，宿迁市政府与北京环卫集团正式合作，并签约组建了"京宿环卫公司"，将原来分散在住建、水务、交通、园林、环卫、街道等部门的保洁权全部打包整合，形成"一揽子"项目，统一交由该公司负责，环卫作业实现了市区"全覆盖"，有效解决了管理保洁职能分散交叉的问题。① 按照宿迁市政府2016年出台的《市区环卫保洁市场化PPP项目实施方案》，政府每年的采购价格上限为8343.84万元，并通过细化绩效考核，将京宿环卫公司的服务质量与政府付费直接挂钩。该方案同时明确了京宿环卫公司的作业范围，主要包括道路清扫、垃圾收集转运、公厕运营维护、水面保洁、绿化垃圾捡拾、河岸保洁、城市家具擦洗、雨水井箅清掏等18项内容（见图3）。

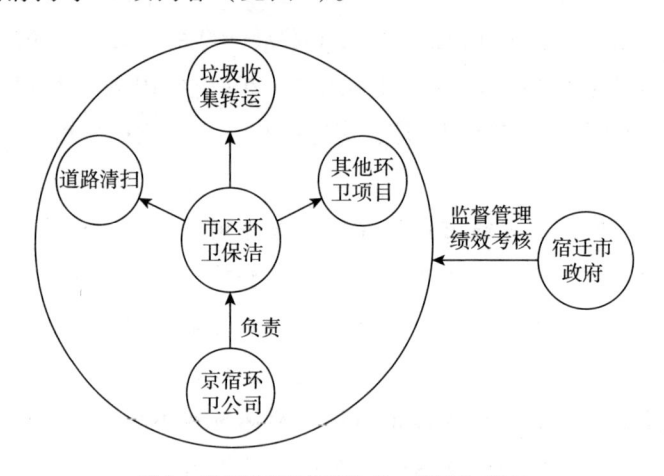

图3 宿迁市环卫保洁"一揽子"项目

（二）寿光模式

寿光市是全国开展城乡环卫一体化较早的市县。通过自身探索，创新模式，制定了城乡环卫一体化实施方案，到2010年底就基本实现了城乡环卫一体化工作的全覆盖。2012年，寿光市政府与福建省丰泉环保控股有限公司（以下简称"丰泉环保公司"）签订《特许经营权协议》，投资5亿元建设生活垃圾焚烧发电项目。2015年，国有独资企业寿光环卫集团有限公司（以下简称"寿光环卫集团"）成立，通过整合寿光市环卫处下属的寿光环卫垃圾清运公司、伟业清运保洁服务有限公司、正大保洁公司三大公司资源，由分散经营向市场化、集约化经营方式转变。目前主要负责寿光市城乡道路保洁，城乡生活垃圾、建筑垃圾、大棚秸

---

① 叶锋、于登才：《城市环卫保洁市场化改革的调查与思考——基于江苏省宿迁市采用PPP模式建构"大环卫"体系的实践》，《财政监督》2017年第7期，第66~69页。

蔓、一般固体废弃物的清运处置，环卫基础设施建设，垃圾处理厂投资运营，物业管理服务等。寿光市政府同各镇政府承担环卫工作所需的全部费用。寿光市城乡环卫一体化模式见图4。

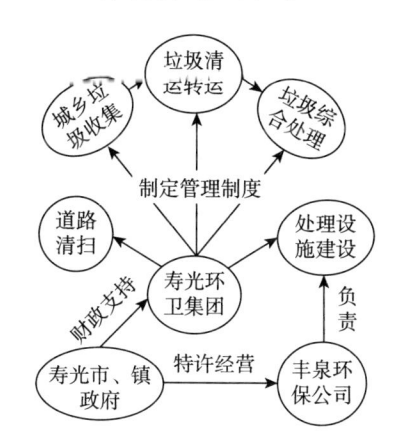

图4 寿光市城乡环卫一体化体系建设

（三）与盘锦模式的对比分析

1. 共同点分析

盘锦市城乡一体化的大环卫模式、宿迁市环卫保洁"一揽子"项目以及寿光市城乡环卫一体化体系都是基于政府与社会资本的合作，借助市场化、专业化的运作方式整合垃圾治理的资源，实现垃圾部分流程或全部流程的一体化治理。政府与企业签订协议，由前者负责监督管理，同时给予后者相应的财政补贴和政策优惠，企业则负责垃圾治理的具体项目建设、运营。可以说，这种市场化改革的成效是显著的。通过对垃圾整合治理做出的积极尝试，这三种模式均在一定程度上解决了以往垃圾分散治理下所导致的环卫作业主体的多元性、政府资金投入不足、环卫人员老化、作业效率低下、环卫标准不一、治理监管缺位等问题。

2. 差异性分析

三种模式尽管都采用了政府与社会资本合作的方式，但在具体的运作上又呈现差异性。归结起来，主要有以下三点。

第一，环卫服务一体化的程度不同。这主要是指企业特许经营的范围不同。在盘锦模式中，北京环卫集团不仅承担了垃圾全部流程的治理，实现了垃圾"收、运、转、处"一体化,而且将农村垃圾也一并纳入治理范围,实行"户集、村收、合资公司统一收运处理",此外,还负责城乡道路保洁、公厕保洁等一系列环卫保洁业务,因此其一体化的程度最高;在寿光模式中,寿光市城乡垃圾收集转运、环卫保洁及部分垃圾处理业务一并交与寿光环卫集团负责,除此之外,寿光市政府还与丰泉环保公司合作,建立生活垃圾焚烧厂,因而其一体化程度较高;在宿迁模式中,北京环卫集团仅负责宿迁市区的环卫保洁,包括垃圾的收集转运,但不包括垃圾的处理,因而其环卫服务一体化程度相对较低。

第二,政府与企业的合作方式不同。这里主要指负责环卫服务的公司的性质以及政府给付资金的方式不同。在盘锦模式和宿迁模式中,两市政府与北京环卫集团分别签订特许经营协议,政府以既有的环卫资产作价入股,与北京环卫集团成立合资公司,由新成立的公司负责相应的环卫业务。如在盘锦模式中,由环卫合资公司负责盘锦市全域的垃圾治理,在宿迁模式中由京宿环卫公司负责宿迁市区的环卫保洁。政府按照协议规定,在进行绩效考核的基础上按年一次性支付给企业相应的资金。而在寿光模式中,与政府合作的寿光环卫集团,是在整合市环卫处下属三大公司资源的基础上形成的国有独资公司,在很多项目的实际运营中,政府往往以财政拨款的形式直接给予资金支持。如寿光市政府先后投资1亿多元高标准建设配套了垃圾场、中转站、垃圾桶等环卫设施,投资9500多万元扩建生活垃圾处理厂,每年投资2000万元作为蔬菜大棚秸蔓清运处理费用。①

第三,民众参与垃圾治理的程度不同。这里主要指垃圾收费的情况。在盘锦模式中,政府每年向每家每户收取200元的垃圾分类处理费,费用包括提供可回收设备(如垃圾桶)的成本、人员(垃圾分拣员,督导员)配备的成本、投入运输车辆(可回收垃圾运输车辆)的成本等;在宿迁模式中,按照政府出台的相关规定,居民住户每人每年需缴纳18元的垃圾处理费;在寿光模式中,垃圾治理需要的各项资金均由政府财政直接拨付,居民不需要缴纳垃圾治理的费用。

---

① 《积极引入市场化机制全面提升寿光城乡环卫一体化水平》,中国城乡环卫网,http://www.cncxhw.com/intecontent.aspx?id=170806692,最后访问日期:2018年3月19日。

四　展望

纵观我国环卫服务业近70年的发展历程，其管理模式经历了政府单一行政主导、小规模市场化改革、市场化推广三个阶段。目前正在环卫服务领域如火如荼开展的公私合营模式，正体现了当下公共服务领域市场化改革的大趋势。这种政府与社会资本合作的模式，一改原来由政府同时负责监管、经营环卫服务业而导致效率低下、财政负担沉重的困境，通过引入社会资本，在环卫服务的部分或全部领域进行市场化经营，实现了政企合作与管干分离，极大地提高了环卫服务的成效。

本文介绍的盘锦模式、宿迁模式、寿光模式均为这种公私合营模式的典型，对于其他城市开展环卫服务一体化颇具借鉴意义。但同时我们也应该看到，目前的环卫服务一体化模式仍然存在一些问题。比如，对于前端垃圾分类和回收利用的重视程度不足，相应的垃圾收费制度、分类制度、资源回收制度等尚未明确建立，这些都需要政府与社会资本加强合作。一方面要求政府做好监管的角色，及时制定出台相应的政策、制度，细化环卫服务的考核标准，加大对市民的宣传教育力度；另一方面需要企业积极创新垃圾分类方式，完善企业管理制度，拓宽垃圾处理业务范围，积极配合政府开展各项工作，通过不断扩大合作的广度、深度，逐步完善环卫体系建设，最终实现环卫领域的全流程、一体化服务。可以预见，在未来，随着深化改革步伐的持续推进，这种公私合营的模式还将在环卫服务领域发挥更大的作用。

网络民意的政府创新性回应

——以大连"中山民情互连网"为例

徐 炎*

一 问题提出

互联网普及至今，网民数量呈几何倍数增长。CNNIC（China Internet Network Information Center）发布的统计报告显示，截至2017年12月，我国网民规模达到7.72亿人，是全球规模最大的网民群体。[①] 随着我国的网络新技术发展迅速，这种由信息技术搭建的虚拟世界有了越来越庞大的支持力量。他们利用网络所具有的交流性、迅速性、敏锐性以及包容性的种种优势，迅速推动线上网络变为表达公民切实需要的重要途径。通过互联网体现民生、倾诉民愿、集中民情、交流民意的状况逐渐形成。在互联网的阵营中，网民在情感诉求方面总会出现较多的同一性，这样一来，通过互联网就会形成势不可当的民声民情，它的威力不可小觑。近年来，上网群体整体素质不断提升，他们不再满足于随意式地传播社会观点，而是拥有越来越一致的集体诉求。他们将互联网作为与政府交流思想的新的渠道，从直接宣泄情感转变为理性地通过这一平台解决问题，从集中关注个体利益转变为热情地关注整个群体的诉求，从只是将政府作为寻求帮助的途径转变为对政府工作进行有效监管，上述种种转变都足以说明网络民意从整体上、根本上正在转变，其开放化的特点正

---

* 徐炎，吉林大学行政学院博士研究生。
① 《第41次中国互联网络发展状况统计报告》，中国互联网信息中心，http://www.cnnic.net.cn/hlwfzyj/hlwxzbg/，最后访问日期：2017年3月22日。

在逐渐显露。同时，它的发展态势也对政府回应有了较之以往更加多样的诉求。特别是最近这些年，上级领导对此更是颇为重视，习近平同志在网络安全和信息化工作座谈会上强调："网民来自老百姓，老百姓上了网，民意也就上了网。……对网上那些出于善意的批评，对互联网监督，不论是对党和政府工作提的还是对领导干部个人提的，不论是和风细雨的还是忠言逆耳的，我们不仅要欢迎，而且要认真研究和吸取。"这充分说明，网络民意得到了上级领导的充分支持，通过线上平台表达群体需求的崭新途径得到了上级领导的高度认同。

相比于我国迅速推进的网络民意，政府回应效率和质量还有待进一步提高。政府从某种意义上来说，掌握着大多数的资源，还享有支配权，在我国具有重要的社会地位。网络民意的引导作用能被最大限度地挖掘出来，政府回应的效果起着至关重要的作用，它是所有环节的重中之重。不过，我国在全面转型过程中，在相当程度上存在政府回应的区域差异和地区发展不协调等现象。从社会整体来看，目前的网络民意回应相对滞后和延缓，甚至也会出现完全没有回应的情况。"恐网症"仍然制约着许多官员为人民服务的步伐。政府回应途径根本不能做到对互联网民众意愿及时疏导，线上网络平台的声音可能转而变为生活和社会中的对抗，它的后果很严重，甚至会导致秩序的混乱。上述问题出现的根本原因正是政府在服务社会的过程中没有及时做出规范的网络回应。

基于此，本文从网络民意的政府回应入手，以政治沟通等理论为基础，总结当前我国政府回应网络民意的特点和存在的问题，并通过对"中山民情互连网"这一在政府回应网络民意方面较为成熟的体系进行分析，归纳出"中山民情互连网"在回应网络民意方面的特点，为提高我国政府回应网络民意能力提供有益借鉴，并结合相关理论基础和我国政府回应网络民意的现状，为政府如何更有效地回应网络民意提出相应的路径选择。

二 政府回应网络民意的理论建构

网络民意是"公众在互联网平台上针对社会上发生的具体事件和热

点话题、表达观点、传达愿望和心声的集中体现"。政府回应包括公民传递意愿、政府做出反馈的双向互动与沟通，在整个流程中，双方是平等但不对等的，它们都可以被看作回应的"主体"，但是，综观这个流程，双方的角色又有所差异。从双方手中占有的资源来看，政府无疑占据着主导地位，出于这个原因，政府更应该从大众利益出发，在社会管理和回应的过程中，不断提高服务水平，规范有关程序，促进双方的交流，确保回应过程的平稳运行。本文的研究对象是政府对网络民意的回应，该研究对象在很大程度上可以被看作双方通过互联网平台进行交流和互动的环节，双方都可以被看作这个环节中的主体，民众在互联网上提出的各种诉求都可以被看作这个过程中的客体，互联网是双方交流的平台。综上来看，广义概念范畴之内的政府回应恰恰与本文的研究主题相契合。

（一）政府回应网络民意的理论渊源

1. 政治沟通理论

政治沟通理论于20世纪40~50年代萌芽。美国社会学家哈罗德·拉斯维尔（Harold Lasswell）和迈克尔·贝尔（Michael Berrer）对选民投票意愿与信息传递关系的分析拉开了沟通理论的序幕。对于政治沟通概念的界定主要有以下三种观点。①政治沟通是政治系统进行输入—输出的工具。[①] ②政治沟通是一个包含发送和接收方、交换渠道、消息筛选和反馈的整体过程。[②] ③政治和机械自动化存在相近特征，通信发挥了类似政治活动神经元的重要作用，政治系统内外时刻发生信息交换，通过接受、筛选、转移、传递、计算等环节完成处理。

卡尔·多伊奇政治沟通模型的核心要素包括主客体、信息与通道、反馈路径（见图1）。政治沟通理论的核心分析范畴包括：系统、输入、处理、输出、反馈。网络民意的政府回应过程就是回应主体（政府）和回应客体（公众）之间信息的输入—处理—输出—反馈的互动过程，是

[①] 俞可平：《权利政治与公益政治——当代西方政治哲学评析》，社会科学文献出版社，2000，第44页。

[②] 刘成文、张英魁：《近十年来大陆"政治沟通"研究述论》，《高校社科动态》2008年第2期，第22页。

政治系统对公众诉求的输出。政治沟通理论分析可以揭示政府回应网络民意的动态过程，是本文基本的重要理论依据。

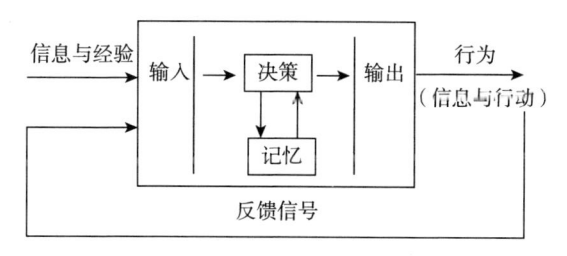

图1　卡尔·多伊奇政治沟通模型

2. 政府回应理论

20世纪80年代，政府回应理论开始在西方一些国家萌芽。西方学者最先提出了政府的责任性、效率和回应性的问题，将政府回应纳入民主理论体系中。政府回应理论代表人物格罗弗·斯塔林（Grover Starling）认为回应意味着政府对民众对于政策变革的接纳和对民众要求做出的反应，并采取积极措施解决问题。[①] 政府回应理论的内涵主要分为以下四个方面。①政府回应是政民之间双向互动沟通过程的集中体现。这种互动性既包括政府的回应，同时也包括公众的反馈。双向的循环互动沟通状态可以提高政府回应的质量与效率。②政府回应是政府基于行政责任的综合体现。政府回应理论认为政府的回应性和责任性是相辅相成的，因为责任型政府自始至终都会重视回应性的提升，同时政府回应性的不断强化是政府承担行政责任的必然选择。③政府回应是民主程度的重要衡量标准。政府回应理论认为民意的有效表达是政府回应最关键的环节。如果民众的诉求表达渠道受阻，政府回应就可能固化成为政府的单向管理模式，会阻碍民主政治的良性运转。④政府回应是回应主体（政府）对回应客体（公众）做出的理性反应。政府回应理论认为回应的目的是对民众诉求和愿望做出客观、理性的答复和反馈。政府对民众诉求的回应并非"有求必应"，而是要对民众诉求做出理性客观的甄别和筛选，按照诉求的合理性和重要性程度确定解决次序。

---

① 〔美〕格罗弗·斯塔林：《公共部门管理》，陈宪译，上海译文出版社，2003，第115~125页。

政府回应理论为政府回应网络民意的问题研究提供必要的理论基础。该理论认为民众正通过不断创新参与方式，积极展开讨论和直接对话，表达自身利益和诉求，获得政府的关注，提高对公共决策的影响力。政府和民众的良好沟通过程能使各主体更好地理解政府治理的运行机制，避免主体"缺位""越位"等问题的出现，充分发挥合作治理的优势。政府回应理论不仅在价值层面上为本文研究网络民意的政府回应问题提供了导向，在具体的回应方式上也提供了很多参考。

（二）网络民意与政府回应关系的理论建构

1. 政府回应与网络民意的汇合

总体来看，政府回应与网络民意在操作的过程中会发生一系列的汇合现象，值得注意的是，这个过程不是二者的简单相加。二者的这种汇合过程是比较复杂的，它也使政府回应较之以往发生了较大的改变。要想清楚地了解政府回应的具体含义，就要弄明白这个复杂的交互沟通的过程。

首先，政府回应在网络民意的推进下，完成了向实质化的转变。以往的政府回应在内涵方面十分丰富，包括实现公众期望、满足社会需求的一系列政府行为和政府活动。从广义上来看，随着服务型政府建设的不断推进，政府回应的概念内涵与政府活动的具体指涉大致一致，这直接导致了概念范围的宽泛和研究对象的不明确。从目前国内外的研究状况来看，单独针对政府回应问题展开专题论述的很少，一般都将之作为研究内容的小论点加以提及，即使是那些以专题来研究的，切入点不是政府政策视角就是人类学视角，对于民众诉求与政府机关之间的交互过程与途径的研究相对较少，这样一来，直接导致了相关研究抽象化和理论缺失化。不过，随着网络民意进程的不断推进，相关方面的状况稍有改观。政府回应针对的是人民意志和网民愿望，这样的性质也使它具有了行政方面的特点，在相关研究方面占有了一席之地。

其次，政府回应在网络民意的推进下，完成了向常态化的转变。传统意义上的民意与网络民意在内涵方面有较大区别，传统民意的传播力和感召力都相对较弱，形成所需时间也比较长。网络民意与此相比有很大的不同，这与其传播媒介和方式有很大的关系。网络的特性正在于其时效性，它的传播速度极快，网民的意见在短时期内以惊人的速度聚集，凝聚为一股强大的力量，其所能形成的社会影响力是巨大的。网民通过网络时刻关注着政府新动向与政府回应内容，这直接形成了原有的政府回应的偶发性向日常性的转变。因此，政府回应在无形之中就成为相关部门的一项必要工作，它在政府工作中的重要性也在不断加强。

再次，政府回应在网络民意的推进下，完成了向制度化的转变。在社会发展过程中，当某种现象或行为开始反复出现时，相关方面必须着手建立一系列的政策措施来保障社会的平稳运行，防止不必要的行为的产生，这样就从政策上对人们的各种行为活动提供了保障。基于这些原因，一方面，相关部门应当完善有关制度和政策，进而提高政府回应的效率。另一方面，完善和提升政府回应的质量和水平，也是政府与时俱进、自我更新的必然结果。

最后，网络民意水平的不断提升，推进了政府回应的进程。我们在日常生活中发表观点，无论别人是支持还是反对，其实都是好现象，最差的情况就是别人面对你的意见不做出任何反应，网络民意亦然。面对网民意愿和诉求，政府如果不能及时对它做出回应，就会在很大程度上损害广大网民参与社会生活与公共管理的信心，使他们的热情大大降低，网络民意的顺利开展也就得不到保障。因此，政府的及时回应在某种程度上促进了网络民意的进步。只有这样，才能在最大程度上吸引更多的民众参与社会生活、参与社会治理。

2. 政府回应网络民意的运行过程

基于线上服务的平台，政府与网民之间双向交互信息、沟通交流的动态发展过程，即政府回应运行过程，它可以分为两个阶段。第一阶段，通过互联网平台，网民开展交流，表达自己的意愿和诉求，并将之汇集为一体，形成网络民意。政府经由互联网渠道对这些信息进行接收，成为下一阶段工作的参考。第二阶段，政府部门根据有关流程的规定，参考以往的工作总结和经验，形成回应决策，回应决策通过网络传递给网民。政府回应引起的反响及新的民意信息会作为新的网络民意再次反馈给政府，这一过程是多次往返的循环，如此循环往复成为政府回应网络民意的有效运行过程（见图2）。

图2　政府回应网络民意的流程

三　政府回应网络民意的现实背景

（一）政治层面：坚持"以人民为中心"的应有之义

党的十九大明确提出了我们党要深入贯彻以人民为中心的发展思想。坚持以人民为中心的重要表现就是政府要坚持立党为公、执政为民，践行全心全意为人民服务的根本宗旨，不断推进和完善政府回应的有关内容和加大相关政策实施力度。政府管理的原有模式比较看重对社会的操控，政府扮演的是掌舵的角色。在这种模式下，政府回应的及时性必然会有所缺失。而新型的政府则会将社会的集体诉求和人民群众的切身利益作为最高行为准则。政府回应建设的不断完善和发展将会增进与公众之间的交流，使政府能更好地实现了解群众需求、关心群众生活的目的，进而为下一步的工作做出有针对性的指导，更好地服务于人民。提高政府回应能力、畅通政府回应路径是政府部门的重要工作任务，说明了在新时代背景下，建设服务型、以实现人民利益为工作重心的政府是当前政府工作的重要内容。

（二）经济层面：网络经济形态的必然选择

信息时代通信技术和网络的进步提高了生产效率，网络经济的诞生推动了传统经济结构和产业结构的变迁和升级。网络经济与传统经济的差异集中体现为以智力为基础，而非单纯依靠资本和劳动力的投入。技术创新由此成为网络经济的首要动力。在新型交易市场中占据席位必须在制度、理念和能力方面进行突破。此外，以虚拟形式呈现的网络经济与现实经济互相关联、相互影响。虚拟经济体的发展和培育是现代经济进步的重要目标。市场经济的相关理念诸如契约、自由等也就在一系列的变化之中悄然渗透到个体参与者的理念当中。每当这些观念遭到质疑的时候，社会成员就会寻求政府渠道去解决相应的问题。而且这还是一个愈演愈烈、逐渐累积的过程。随着越来越多的问题出现，民众提出的愿望越来越多，他们强烈渴求政府对之有所回应。所以要不断完善政府回应体系，使之与社会经济的发展相顺应，适应时代发展的要求。

（三）技术层面：互联网技术带来的创新要求

互联网以及以互联网为代表的一系列新技术，带来一次史无前例的底层技术革新。它创造了前所未有的、超越以往的崭新的网络生存方式和网络公共空间，它的出现为人们通过技术化、虚拟化的线上平台来表达自身意愿提供了更大的可能。在线上平台中，网民有更大的随意性，他们能够隐藏自己的身份，以虚拟的身份参与到互动当中来。这在很大程度上开阔了社会实践的视野，强化了网民的主体性。一块块电脑、手机屏幕汇成智慧化的洪流，冲刷出与传统生活方式、思维理念全然不同的"社会河床"，原来所有的社会样式都要重新换一个地基，在上面重新运行。在崭新的智慧时代，如何打破原有的社会管理结构，把庞大行政体系的"每一根血管，每一块血肉"在互联网这个基础上重新搭建起来，获得重生，更符合时代需求，更适应互联网"原住民"的诉求习惯，成为政府执政能力新的试金石？在这样的背景下，政府也逐渐走向虚拟政府与现实政府的完美结合。政府需要在网络平台上发挥整合力量和信用担保。与其他平台不同，它在传播信息、发布消息时必须要遵循实事求是的原则，没有更大的随意性。另外，由于网络平台在整合信息和信息共享上的优势有利于弥合传统官僚制背景下的部门之间的利益冲突，以及增强在连接网民与政府或者政府与社会上的便利性，因此它在实现网络平台上的真实参与方面也具有独特的价值和意义。虚拟的网民与现实中的公民以及现实的政治过程以网络平台为媒介相互联系起来，日益形成一个统一体。这一现实是在未来政府的建构和改革中必须予以回应的。

四 政府回应网络民意的创新实践探索——以大连"中山民情互连网"为例

(一)"中山民情互连网"概述

"中山民情互连网"是在大连市中山区打造社会治理品牌建设中产生的。2013 年,大连市中山区委、区政府提出要在中山区建设以"热情服务、便民惠企、开拓创新、履职提效"为宗旨的一站式智慧服务平台。在统筹规划、顶层设计、科学整合全区便民惠企服务信息、项目、资源等内容的基础上,结合先进的互联网技术,搭建了热线呼叫平台、民情受理平台、政务资源平台、社会综治平台、舆情分析平台、应急服务平台六大平台。

为了更好地实现政民互动,"中山民情互连网"以手机、电脑中的软件为基础平台,以区、街、社区三级社会治理服务体系为主体,市民通过网络解决衣食住行等问题,提高居民生活质量和社区服务管理质量。中山区政府通过"中山民情互连网"的民意调查,掌握每个社区住户常遇到的问题,改善社区生活条件,固定周期内统计公众对"中山民情互连网"中功能的新需求。据统计,自 2013 年成立至 2016 年 7 月 31 日,"中山民情互联网"办理企业和居民诉求共计 8.57 万余件,诉求办结率 95.2%。[①] 2016 年,中南路 23 号房子保暖被列为"暖房子"工程、桃源早市建一处拥有 200 余个停车位的停车场、老虎滩碧浪园附近修建健身公园等数个政府办实事项目的决策依据都来源于"中山民情互连网"的民意诉求。

"中山民情互连网"的精髓在于实现政民互动,创新在于实现从传统的政府服务大厅模式向网上服务转变,通过社会实践调查不断丰富网络平台建设,使服务于"中山民情互连网"的各个部门默契配合。通过以中山区民情互连智慧服务平台开发利用为主线,以政务资源信息中心为

---

① 董仲磊、仰山:《中山区民情网升级 居民诉求"四网合一"》,http://news.hexun.com/2016-07-31/185248748.html,最后访问日期:2017 年 3 月 22 日。

支撑，推动中山区政府跨部门的互联互通、信息共享和业务协同，促进多部门协同解决公众利益诉求问题。

(二)"中山民情互连网"回应网络民意的运行过程

1. 网络民意的收集和甄别环节

"中山民情互连网"通过网络进行民意调查有两种方法。一种是主动搜集。"中山民情互连网"下设一个"中山民情互连网"舆情分析中心，政府通过主动检索的方式对QQ、微信、微博、贴吧、人人、知乎、百度搜索等用户量高的App中的信息进行采集，采用数字化的技术对全网的信息进行分析处理，快速掌握民情，提供舆情信息检索、热点信息发现、热点跟踪定位、敏感信息监测、辅助决策支持、舆情实时预警、舆情实时监管、舆情统计分析等技术，将辖区内每个用户的检索记录和需求分析制成报表。根据用户高频的搜索内容推荐服务内容，提高服务效率和质量，避免用户浪费时间，从而帮助中山区委、区政府以及相关部门能够及时掌握网络民意动向。主动搜集的方式比较浪费时间，消耗的人力、物力也比较大，需要专业的统计人员配合工作，优点是精度高、范围广。另一种是被动搜集。这种方式接收的有效信息通过用户的主动提交获得，政府发布关于民情搜集的信息，网民在官方的链接下提交自己的建议，政府被动接受。虽然被动搜集不能检索所有样本的需求，但是通过小样本的概率分析可以得出全部样本的信息。

除了网络民意的获取机制外，"中山民情互连网"还建立了专门的信息筛选机制。开发和利用专门的数据分析系统，并指定专人负责网络民意信息的甄别，定期培训，按照诉求事项类别、归属部门等具体的指标参数形成基础数据，进行定性分析和甄别，而后形成统计图表，按照诉求的基础数据分析结果和诉求的特点进行不同层次的处理。

2. 网络民意的处理环节

经过层层筛选，符合标准的网络民意通常具有严密的逻辑性和普遍性，是大众关注度较高的话题。接下来这些网络民意将受到规范化的处理，这是整个回应程序中的重中之重。

"中山民情互连网"对网络民意的处理主要有三步。首先，进行任务分配。根据网络民意涉及的内容分给不同的部门处理，处理棘手的或比较复杂的诉求时，要求各有关部门协调完成网络民意相关的工作任务。如：每个部门都有固定的专业领域，网络民意根据部门职能分派下来，很多时候"中山民情互连网"平台搜集的民意具有政治复杂性，需要多个涉及的部门相互协作，才能合乎规范地完成网络民意要求的任务。其次，存储记录。相关的调查过程和数据要记录在案，便于以后处理同类问题时参考借鉴，并把相关的资料信息存储起来，便于以后查阅。最后，上报及对外公布。要将最终的调查处理结果向上级报告，经上级批复后交由中山区新闻信息中心发布。为了保证"中山民情互连网"平台对民意诉求的回应质量，在处理环节，中山区新闻信息中心负责对每月的平台民意诉求受理信息进行统计和分析，并将统计、考核和评价结果公开在大连市中山区政府网站的"政民互动—信息公开"栏目中，供政民进行查阅和监督。

3. 网络民意的回复环节

在民意回复阶段，主要有以下三点要求。首先，保证平台回应的及时性。"履职提效"是"中山民情互连网"平台的服务宗旨之一，"中山民情互连网"承诺在一个工作日内回复民意诉求，有呼必应。为了实现承诺，排班制度要保证每个时间段均有值班职员，保证任何突发情况下"中山民情互连网"平台上民众的意愿都能快速得到回复。很多时候，事情在一开始的状况并不严峻，在发展过程中一波三折，回复时间不及时可能会导致情况恶化。因此，"中山民情互连网"平台应保证对民意回复的速度，让棘手的问题在恶化之前得到有效解决，及时地处理问题是问题得以解决的重中之重。及时解决问题要求在最短时间内有效地解决问题，而不是对民意敷衍的回复，否则起不到实际作用。其次，网友提出的问题轻重缓急程度不一致，"中山民情互连网"平台应优先选择较严重的问题回应，没有恶化可能的事件留到最后处理。网友的一些问题是私人问题，这些涉及个人隐私的民意在回复过程中保持低调，未经过网友同意，不在平台上对所有用户公布。一些提问频率较高、关系到群众利益的问题应通过公告等形式发布，既可以彰显政府对民意的重视程度，又避免重复回复同一类问题。最后，网民向政府提出问题和建议的目的是赢得政府对此类问题的重视，进而发布相关政策，切实保障人民利益，而不是得到政府的回应之后，迟迟看不到政府的作为，形式主义在政府工作中是被绝对禁止的。所以，"中山民情互连网"平台在回应时涉及的具体落实细节和进展情况会公开在平台的"办理细节"栏目中，便于民众查阅。

4. 回应后的反馈环节

"中山民情互连网"为了保证政府回应结果的有效性，建立了回应反馈机制。诉求者可以对获得的回复进行再回复和打分。在有关部门的回复得到诉求者满意的反馈后，说明这条网络民意的处理过程已经达标，可以告一段落；当有关部门得到诉求者不满意的回复后，会积极采取其他措施，力求达到诉求者对政府的期望值，直至诉求者给出满意的答复或者表现出对回复工作的认同，以期达到预期的效果。此外，"中山民情互连网"还构建了回应评价机制。缺少评价制度的监督，政府工作人员的积极性不高，在工作中常常有疏忽、办事不利的情况出现。回应评价机制的建立使政府直观地感受到民众的满意程度，在第一时间调整工作方式方法。这个回应评价机制将回应的效果和相应部门的政绩考核挂钩。

（三）"中山民情互连网"在政府回应网络民意方面的创新点

"中山民情互连网"是一个综合性的政府回应平台。通过政民有序互动的方式，政府部门赢得了更高的公众支持率和满意度，在很大程度上推动了大连市中山区政府服务方式转变的进程。产生这些效果主要是因为"中山民情互连网"平台具有如下主要特点。

1. 整合平台资源，建立覆盖面广的网络系统

大连市中山区将民心网、民意网、12345市民平台和"中山民情互连网""四网合一"，进一步提升为民服务的效率和水平，完成了功能提升和布局调整升级。"中山民情互连网"项目建成了统一的民情受理平台。

所谓统一的民情受理平台主要是对市民和企业所反映的各类事件所形成的工单进行受理、调度、处理和反馈。民情受理平台受理的工单包括网站在线工单、二级平台上报的工单、无线中山App软件上报的工单、微信平台工单和微博工单等。系统根据业务先自动完成工单级别定位，

将大部分工单直接定位到二级平台或三级平台，一级平台工单将通过人工分析后再进行分拨。后台支撑系统能监督全部工单的处理过程及结果反馈，并联动到前台系统供市民和企业查询相关进展。民情受理平台所建成的民情业务数据库能够按照中山区政务资源信息中心数据交换共享要求，将民情业务数据库中对外交换的信息提供给政务资源信息中心基础信息资源数据库，保证数据共享、互联互通。

2. 完整的职责分工与完善的信息公开机制

为推行"中山民情互连网"平台的建设，中山区委常委会成立了工作推进领导小组，由中山区委书记郝明和区政府区长张淑华担任组长，区委副书记周勤，区政府副区长岳君年、迟磊担任副组长。领导小组下设办公室，办公室主任由副区长岳君年兼任，办公室副主任由区公共行政服务中心主任朱兰萍、区监察局副局长兼区公共行政服务中心副主任徐少峰兼任。由办公室领导成员制定下属各部门相关工作职责。

与此同时，中山区委、区政府制定了完善的考核指标和民情信息公开制度，由"中山民情互连网"项目工作小组推进政府对下级有关部门工作情况的了解和查验。由区新闻信息中心负责对每月的区民情网、民心网、民意网等民意诉求受理信息进行统计和分析，并将统计、考核和评价结果公开在大连市中山区人民政府网站的"政民互动—民意诉求统计"栏目中，供政民查阅。

3. 主动采集民意，及时掌握舆情动向

"中山民情互连网"舆情分析平台是民情互连网项目的重要平台之一。它是指利用互联网信息采集技术、智能信息处理技术和全文检索技术，对境内和境外网络中的新闻网页、论坛、贴吧、微博、博客、新闻评论等网络资源进行全网采集、定向采集和智能分析，提供舆情信息检索、热点信息发现、热点跟踪定位、敏感信息监测、辅助决策支持、舆情实时预警、舆情实时监管、舆情统计分析等技术，将每个用户的检索记录和需求分析制成报表，从而帮助政府以及相关部门能够及时掌握舆情动向。

"中山民情互连网"舆情分析平台的建设和实施，将建立和完善中山区区级民意信息收集与分析，实现高效的多部门联动处理机制，实现系统内民意信息共享，同时系统中所涉及的民意问题的处理结果，可为上级政府或其他部门对相关事项进行监督和管理提供参考和依据。该平台民意采集由主动采集和市民提交两种方式组成。主动采集方面，需对指定网络区域进行定向采集；市民提交方面，辖区市民需通过手机 App 进行民意提交。该平台可同时面对多种不同的使用者，直接面向的角色有：政府主管部门的领导、相关处室及相关部门、业务监管和检查部门、辖区市民及系统后台管理人员。"中山民情互连网"舆情分析平台主要功能模块包括网络民情采集模块、民情信息研判模块、民情工作展示模块、舆情统计报告模块、业务归口管理模块、民情数据存储模块、政务人员 App 专用版等。及时掌握舆情动向，增强本行业、本系统工作的针对性和有效性，在一定程度上帮助政府回应由被动转为主动，从源头上解决群众的普遍性需求和利益要求。

（四）"中山民情互连网"的局限性

1. "中山民情互连网"的适用性

大连市中山区相关数据显示：2017 年中山区总面积 43.85 平方千米，海岸线长 27.5 公里，常住人口为 360494 人；下辖 9 个街道，分别为海军广场街道、桂林街道、人民路街道、青泥洼桥街道、昆明街道、葵英街道、桃源街道、老虎滩街道、东港街道。[①]

"中山民情互连网"的回应方式如果是在大城市中，其工作量将是巨大的。单一的分管领导会很难胜任，监督水平也将大大降低。由于回应平台创立初期需要一支高水平、有远见并且由专业领域和新闻媒体等各个行业与政府中坚权威部门组建的团队，所以该平台在管理规模、管理水平、管理带头人、管理环境与条件、领导的支持层级等方面具有相当高的要求。

2. 虚拟空间组织构建的问题

"中山民情互连网"平台中，除平台自身外，其余组织全部由现实中的行政序列投影到网络当中，行政层级较为烦琐。网民很难找到相应的

---

① 《2016 年大连市中山区国民经济和社会发展统计公报》，大连市中山区，http://www.dlzs.gov.cn/info/1023/61831.htm，最后访问日期：2018 年 3 月 22 日。

部门去交流与投诉,这就给平台带来巨大的工作压力,究竟是一级一级层层督办,还是上监督与下监督去除中间层级的紧密联系,这就造成行政效率与行政惯例的矛盾。有时会出现越过中间部门的多个不同层级的部门直接联动的情况,造成部门中的矛盾与摩擦。同时,部门越多,监督效果越差,造成某些部门的下属部门回应平台长期处于闲置状态,产生负面影响。

3. 处罚手段与激励机制不配套

"中山民情互连网"平台工作的绩效评估考核与责任追究体系基本完善,但是没有相关的激励措施。曾有政府相关部门人士谈到,"这就是本职工作,做好工作有什么可奖励的"。只有惩处体系,即只有外在压力而没有内在动力的话往往会造成难以持续的情况。长此以往,这种激励机制明显与处罚手段不配套的工作模式会对工作人员的责任意识和工作积极性造成影响,容易使管理人员产生疲态心理。

五 政府回应网络民意存在的问题及其原因

(一)政府回应网络民意存在的问题

1. 主体层面存在的问题

(1)政府回应网络民意的主动性不强。政府主动回应意识的缺乏主要表现在不予回应和选择性回应两方面。不予回应指政府对公民的利益诉求缺乏关注,只有当诉求通过互联网等媒介传播扩大造成一定社会影响时,有关部门才会予以关注,缺乏对网络民意的理性认识和直面网络的勇气。部分政府工作人员将网民视为"刁民",有强烈的网络恐惧症,对网络民意的回应简单粗暴,对公民的回应没有诚意,甚至是用语粗暴。最后政府形象受到损害,丧失了政府公信力,同时也增加了政府管理的成本。选择性回应表现在只对领导重视的问题采取切实有效的解决措施。著名学者李伟权将政府的回应层次分为职能性、诉求性、责任性和前瞻性,其中后三个层次对政府回应的有效性提出更高要求。社会环境的复杂性和公民社会需求的变化要求政府在政策制定层面做出调整和完善,需要体现政府的应变能力、前瞻思维、创新意识和责任感,因此增大了政府进行综合管理和统筹回应的难度。

(2) 网络民意存在无序表达的现象。网民主观性，价值偏好多元，网络民意表达时往往掺杂一些网民自身的情绪，网络民意存在无序表达的现象。例如钓鱼岛事件中，有些网民本着爱国的初衷，在表达方式上却失之偏颇，言辞过激，持相同意见的网民会形成一个群体言语攻击持其他意见的网民群体。随着矛盾的激化，网络上的言语冲突转为现实中的暴力事件，破坏他人财产等恶性事件发生，带坏社会风气，破坏社会秩序。正如埃瑟·戴森指出："数字化世界是一片崭新的疆土，可以释放出难以形容的生产能量，但它也可能成为恐怖主义和江湖巨骗的工具，或是弥天大谎和恶意中伤的大本营。"[1]

2. 回应过程中存在的问题

(1) 诉求筛选标准不固定。政府对网络民意的调查筛选缺乏经验。网络上的民意质量参差不齐、真假难辨，很多事件的轻重缓急在网络的隐藏下变得模糊。政府的工作人员在筛选网络民意时没有固定的标准，只能通过直觉来判断事情的严重性，与网民一样带有主观色彩，难免使政府的行动与人们的期待有所差距，这种差距造成民众心理上的落差，会降低政府公信力。

(2) 回应透明度不够。政府隐蔽性的回应方式是回应透明度不够的直接体现。信息不对称理论中提出实现信息对称的条件是双方信息的透明性，就是双方之间不存在隐瞒信息的行为。实际上，政府很少将获取的信息与民众全部公开，例如，《中华人民共和国政府信息公开条例》规定的年度报告制度是提供政府与民众交流的平台，公开整个年度的工作情况，接受人民的检查。中国社会科学院法学研究所发布的《政府信息公开工作年度报告发布情况评估报告（2016）》显示，有关部门常常私下在年度报告上做出调整，不符合评估报告的法律规范，具体表现为发布不及时[2]、发布后

---

[1] 〔美〕埃瑟·戴森：《2.0版数字化时代的生活设计》，胡泳、范海燕译，海南出版社，1998，第17~19页。
[2] 《政府信息公开条例》规定，行政机关应当于每年3月31日前发布本机关上一年的政府信息公开工作年度报告。但截至2015年4月1日，重庆市监察局、重庆市文化委员会、重庆市国有资产监督管理委员会、江北区政府的信息公开年报既未在重庆市政府信息公开工作年度报告集中发布平台发布，也未在本行政机关的门户网站发布。

有变动、年报的可获取性不强[①]、内容不翔实等问题，客观上不利于社会公众通过此种方式对政府信息公开工作进行监督。[②] 这些现象的存在严重阻碍了政府回应网络民意的深度和效度的提高。

（3）回应平台的运营管理水平不强。王玉琢在《社会媒体时代的政民互动现状分析》中对9个政务网站和社交媒体平台进行调查发现：许多政府回应平台对民众留言答复少，答复时间过长，仅在省长信箱中的来信模块有大量政府有关部门的回复。[③] 经过层层筛选后的民众评论具有较高的质量，是所有样本中信息量最大、最需要政府回应的评论，虽然政府派专员对这些评论进行了回复，但是评论的时间长、质量低，这种现象说明政府发布的关于平台管理的任务完成质量不过关。此外，政府搭建的官方平台数量很多，主流的平台受到的关注较多、回复质量较高，其他的一些平台没有固定的职员负责，民众的意见常常被搁置，影响政府获得网络民意的效率。民众向政府提出的问题通常具有针对性，缺乏工作经验的人员无法准确回答网友的问题，常常答非所问，互动的结果也不尽如人意。

（4）回应有效性不足。政府回应的有效性，是指民众表达的诉求得以快速解决和响应。目前政府回应有效性不足，主要表现在政府回应的公众满意度较差。例如，在"江苏启东反对污水排海工程群体性事件""上海黄浦江死猪事件"中，政府对事件的回应情况成为事件发生的导火索，南通排海工程项目遭到社会群众的强烈反对，公众自发性的组织起来到政府平台上提出建议，得到的回应是暂停该项目建设，政府敷衍性的做法引起了公众的不满。在政府"不作为"回应的第二天，成千上万的启东市民自发组织游行，给政府施压，政府没有预料到网友的情绪会如此激动，这说明公众与政府在网络上的交流受到社会的广泛关注，政府应该对民众的意见，特别是群众产生共识的意见给予重视，考虑到群

[①] 该项评估发现在87家网站中，青海省、吉林省政府的年报不能复制并且不能下载，占比达2.30%。
[②] 中国社会科学院法学研究所、国家法治指数研究中心、法治指数创新工程项目组：《政府信息公开工作年度报告发布情况评估报告（2016）》，中国社会科学出版社，2016，第33~40页。
[③] 王玉琢、汪祖柱、王金树：《社会媒体时代的政民互动现状分析》，《现代情报》2015年第9期，第39~43页。

众的情绪,不能马虎了事。"江苏启东反对污水排海工程群体性事件"结束于政府态度的转变,市民的强烈反对使政府不得不永久取消南通排海工程,这场风波直到政府给出公众满意的答案方才平息。后者"上海黄浦江死猪事件"为公众的正常生活带来了隐患,社会的关注点集中在:第一,死猪从何而来;第二,为什么大量的猪同时死去;第三,死猪中所含的细菌会不会影响居民用水,饮用黄浦江的水是否安全。食品安全问题一直是社会的重要话题,多种食品中接连检验出有毒物质,人们对市面上事物的安全性产生了担忧,死猪事件的发生加深了公众的恐慌。政府要站在公众的角度回应评论,逃避事实、敷衍的说辞会激发公众的愤怒,大规模的社会投诉的问题肯定是迫在眉睫的,政府应给出有效的解决办法,让公众感觉到政府对公众的关心和爱护。

(二)政府回应网络民意存在问题的原因

1. 政府回应理念落后,缺乏互联网思维

杰弗逊曾说过,"思维方式决定行为方法"。落后的思维方式则不会产生有效的行事方法。随着计算机技术和互联网技术的迅速发展,各种网络社交平台相继推出,网友们已经习惯在网上获取信息。及时了解民意有利于政府部门更好地行使职权,但是我国政府部门并没有将注意力集中在官方网络平台的管理上,面对网络上的一些舆论和负面新闻,政府的回复没有表现出充分的诚意。无法与民众有效沟通的网络平台没有实质的作用,反而会增加政府与民众间的沟通障碍,久而久之会让民众放弃向政府传达真实的想法,使政府不能及时有效地处理社会问题。

政府回应理论要求政府注重与公众的平等对话,但部分政府部门及其管理人员在思想上难以接受被管理者平等参与管理,在行动上依然以管理者自居。这些管理人员敷衍地回复有关网络民意的评论。政府的一举一动都被人们高度关注,没有诚意地解决问题不如不回复网友的评论,舆论会因为负面新闻扩大传播范围,影响政府的号召力,同时负面舆论也使其失去民众的支持和拥护。

2. 网络民意表达存在非理性因素

网民作为政府回应过程的主体之一,也承担着传递信息的角色,其地位日益提高，作用日益明显，并决定着政民互动的持续发展。在实践中，网民的表现并非尽善尽美，主要原因在于两个方面。

一方面，由于网络平台中政民互动具有匿名性，没有真实身份的束缚，网民在发表言论时自由度过高，常常会出现偏激和失实的言辞。网民发表个人正当想法原本不受法律束缚，但是当以主观意识为主、忽视国家利益的言论大规模出现时，网友会受到煽动，将原本很小的细节放大，通过网友的传播和网络的快速性、广泛性、公开性等特点掀起轩然大波。虚拟的网络空间虽然为人们传递信息提供了便利，却为现实蒙上了神秘的面纱，很多网友受到恶意的蒙蔽发表非理性的言论，给政府的工作造成了阻碍，舒缓网友的情绪变得困难。

另一方面，网络平台给了网民发表意见的途径，也成为发泄情绪的出口，很多网友在发表评论时没有考虑到严重的后果，措辞也因为个人情绪变得尖锐。每个网友的亲身经历不同，网友们因为个人状况对一些新闻比较敏感，在发表言论时难免过于冲动，甚至出现失去理智的行为。政府可能会因为网友不走心的评论承担所有的指责，因此网友在评论之前还应三思而后行。

3. 缺乏完善的政府回应机制

第一，民意筛选标准模糊。网络民意获取后，政府缺少一套具体的诉求甄别和筛选标准。由于网络上的信息错综复杂，真假难辨，如果政府此时仅依靠工作人员的个人经验及信息表面所展现的重要性程度来作为网络民意收集和筛选的标准，缺乏客观性，难免出现失误。政府应该将需要回应和不需要回应的言论分离，当言论过多时，优先回复最有价值的评论，同一个类型的或者同样的问题选择一部分回应，没有具体内容的评论直接筛除，提高民意收集的质量和效率。

第二，政民信息不对称。政府在回应网络民意过程中，信息公开机制的欠缺是政民信息不对称造成的。在经济学的概念中，信息不对称是指政府掌握的信息与民众掌握的信息量不平衡，具体体现在数量、真实程度上，信息的数量和质量决定信息主体的主动性。政府拥有管理社会事务的权力，近年来各种媒体的出现使信息传播的速度迅速提高，民众可以在足不出户的情况下了解社会新闻，政府也可以通过官方的途径向社会传递信息，但是事实上政府和民众之间的信息量差异依然很大。

第三，网络平台运营管理制度不健全。健全网络平台的运营管理制度是回应中低层次网络民意最有效的方式，这一制度实行的效果在很大程度上决定着政府回应网络民意的效率。但是目前很多政府完善网络平台运营管理制度的频率没有跟上网络时代进步的速度，运营管理中管理人员的技能和网络思维较差，在收集网络民意的过程中，缺乏挖掘关键信息的能力；在处理网络民意时，缺乏网络沟通技巧和应变能力。一些政府回应平台的运营人员缺乏与网民互动的技巧，不熟悉网络用语，缺乏互联网思维，这在一定程度上影响对网民表达意思的理解，影响政民沟通效果。

第四，反馈和评估机制缺失。政府搭建网络平台采集民众的意愿，目的是通过评论了解到社会需求，从而"对症下药"，满足人民的需求，提高社会与政府交流的有效性。但是反馈和评估机制的缺失使得政府回应有效性难以得到保证。很多政府人员仅仅把网络平台的互动作为信息源，在充分了解民众的需求之后迅速做出相应改变的情况很少。因为没有反馈和评估，政府回应工作的有效性也难以评判。政府完成对诉求的回复并不意味着这项回应工作的终止，一项回应工作的终止应该源自诉求人的良好反馈。

六　完善政府回应网络民意的建议

（一）善用互联网思维，拉近政民互动距离

习近平同志强调指出："各级党政机关和领导干部要学会通过网络走群众路线，经常上网看看，潜潜水、聊聊天、发发声，了解群众所思所愿，收集好想法好建议，积极回应网民关切、解疑释惑。"[①] 网络舆情热烈，说明公众对事件的关注度高，迫切希望及时听到权威准确的"声音"，迫切希望政府部门的积极作为。政府部门在回应网络民意方面，要充分认清做好网络民意回应工作对维护社会稳定的重要性，通过网络走群众路线，善用互联网思维，学会利用网络语言与网民沟通交流，了解

---

① 《习近平谈治国理政》第 2 卷，外文出版社，2017，第 336 页。

民意、开展工作，让网络成为优化党群干群关系的桥梁纽带。

根据"中山民情互连网"的经验，一方面，政府要以新心态走近网民。随着网民数量的成倍增长，政府部门应以较之过去不同的心态来看待网络，对待网民更应该端正态度，真挚诚恳地看待网民。高新科技的发展正在逐渐改变人们的生活方式，政府理应认识到未来社会的发展方向，各个领域与互联网的联系将愈加密切，一味地躲避甚至打压互联网的发展不但对于社会发展无益，甚至会给人们的生活带来诸多不便。此外，网络世界亦是倾听民生诉求的重要领域，当然，倾听并不是最终目的，切实关心民之所需，并为之付出努力，为民众谋福利才是广大政府部门成员的根本目的与追求。在"中山民情互连网"中，无论从概念打造还是体系建设等方面无一不渗透着"互联网+"的思维。另一方面，以新语态与群众交流。开展网络环境下的思想和技能教育，政府部门在通过网络进行政民互动时，要摆脱"打官腔"，不能把自身的姿态摆得过高，尽量将自身融入群众中，尽量运用群众熟知的网络用语，如此才能与群众打成一片。网络语言是政府与网民沟通的重要工具，如若不能有所掌握，政府在理解网民的诉求与想法时便会受到层层阻力，无法拉近与群众的距离。故而，政府部门要经常关注一些时下新潮与流行度高的网络用语，具体可以关注一些热门网站以及论坛等，这些网站的评论区往往是民意较为集中的地方，政府部门对此留意，亦有益于和网民进行友好互动，进而在网络环境中发挥最大的沟通效果。

（二）加强公众宣传教育，实现民意有序表达

伴随着网络技术的急速发展，网络民意的有序表达成为实现有效政府回应和良性政民互动的重要前提。但是，网络上每个人的素质和价值观是不同的，这就直接决定了网民发表的观点和言论的倾向性不同。有些网民在进行诉求表达时，仍然带着个人的主观情绪，呈现非理性的言论。这也就不难理解网络上会出现一些无厘头的争端和一些可以被煽动起来的荒谬谣言，造成政府和公众之间的互动失序。民意没有有序地表达，政府就抓不到民生的"痛点"，有效的政府回应更是无从谈起。

根据"中山民情互连网"的经验，要解决网民主观性强和民意表达

失序的问题：首先，要加强网民的伦理道德规范教育，逐步培养网民的公民意识，进而促使每一个人明白自己在网络平台中的责任及义务，持续提升自身素质与内在修养，避免因思想道德水平不高所造成的负面影响；其次，提高民众对网络信息的辨别能力，相关部门和组织可以开展多层次、多内容、多形式的宣传活动，如张贴海报、社区主题宣讲等，还可以采取一些创新的宣传活动，比如联合主流媒体播放关于如何正确使用网络问政平台的微电影，帮助网民不断提升其思想道德水平；最后，政府应加强对于网民发言管理的法律、制度、规章的完善。由于我国网络发展的时间较短，在许多方面仍存在缺失，尽管政府始终在不遗余力地加强对网络秩序以及环境安全等的建设工作，但尚有很长的一段路要走。以法律法规来规范公民言行，维护网络秩序，需要在以下三方面有所加强。其一，学习西方先进的有关网络的法律规章，并结合当下我国的网络环境，建立和完善相关的法律法规。其二，针对公民在网络上参与政治的相关活动，政府应予以法律上的约束，以此来规范公民网络言语，引导公民更好地表达自身观点与看法，便于政府了解并解决民生问题。其三，加强对网络公民的普法教育，提升网络公民的法律意识与法律素质，进而以法律武器维护网络秩序与网络治安。

（三）规范政府回应流程，健全民意回应机制

1. 建立网络民意筛选机制

网络在我国的覆盖范围越来越大，其间包含的民意诉求也愈加丰富。当政府在应对庞大民意信息时，试图对所有的民意诉求予以回应，显然缺乏现实性和可行性。因此，政府需加强对网络民意筛选工作的监督与管理，科学合理地设定筛选机制与限制标准。在此过程中，有关民意诉求的时间、严重程度以及涉及群众的数量等，均成为过滤网络民意的重要方法与手段。

根据"中山民情互连网"的经验，要建立完善的网络民意筛选机制。首先，对网络民意的诉求信息进行科学的分类，即按照诉求的主体、内容、紧急性、重要性和复杂性等不同的标准划分为不同的类别，大致可以归纳为投诉、咨询、意见建议和求助四个主要类别。公众选择适合自

身诉求的类别进行申请，政府会对每类诉求依据其内在要求和属性进行二次分类，为民众提供有针对性的处理方式。其次，安排专业技术人员，对网民诉求信息进行分析处理，将关键词出现次数较多的问题标注出来，视为民生重点关注项目，交由指定部门处理。最后，加大技术和资金投入，不断完善信息处理系统，提高数据处理能力，增加数据分析的便捷性和分析结果的直观性。此外，还可以吸收与借鉴国外关于网络民意筛选与政府回应的相关经验，加强民意筛选的公平性、公正性，使得网络民意筛选逐步科学化、有序化，进而提升政府的办事效率，为今后更好地解决民意诉求打下良好基础。

2. 完善政府回应网络民意的信息公开机制

政府回应网络民意的过程是实现主体间（政府与公众间）的政治态度的交流、利益诉求的交换、政治思想的传递等的信息流动。知情权又称信息权，是公民知悉、获取信息的自由与权利。政民互动的关键是信息，信息准确对称是政府回应的必备前提。网络民意所表达的是一种信息，信息通过网络传递到政府，只有进行准确信息的准确传递，才能形成一个完整的解决公民利益诉求的回路。在政府回应网络民意的过程中，在政府回应网络民意的诸多环节当中，只有信息确认真实可靠，政府与公民的沟通才不会流于形式。至于如何保证信息的真实性，笔者以为，政府在搜集、汇总、筛选、处理以及整合信息的整个过程当中，均不能忽视信息真实性这一问题，只有保证了信息的真实性，才有可能谈及政府的回应性问题。

根据"中山民情互连网"的经验，为了满足人民群众日益增长的要求信息公开的需求，政府必须在信息公开的工作上下一番功夫。首先，政府需要将信息进行分类整合，实现信息的可查性，进而向群众公开，建立阳光政府。而每当涉及有关商业机密乃至国家机密时，政府应明确地告知群众不会公开的理由。其次，政府必须提高信息的准确度。对于民众而言，政府是领导者，对其信赖的程度，很大一部分要受其公布信息真假的影响。公众需要的是真相，而政府有责任也有义务向公众提供真相，维护公众的知情权与信息权。政府不该也绝不能伪造信息以愚弄大众，如此不但会降低在群众心中的地位，而且会影响日后与民众之间的关系，甚至造成社会秩序的紊乱。最后，网络的发展带动了国内各个领域的发展，境外的不法势力一直对我国虎视眈眈，因此，政府必须抓住信息公开的时机，以免因信息延误，使得不法分子有机可乘。

3. 健全政府回应网络民意的运营管理机制

一方面，政府要加强对新型科技人才的培养，为政府部门的发展提供源源不竭的后续力量。人才的供给有利于提升政府的工作效率，使得政府部门在搜集、整合以及处理信息时更为准确。此外，人才可以为团队提供技术支持，采用先进的方式与手段对信息进行加工，将信息按轻重缓急分为不同等级，并采取不同方法予以处理。再者，专业人才的加入，有利于对信息进行正确的筛选与处理。如，什么样的信息可以发布，什么样的信息背后暗含不良影响，应及时处理和删除等。专业技术人才团队拥有更为先进的技术，对于网络信息的传播把控方面的能力更强。只有及时准确地遏制虚假信息，删除不良信息，才有可能降低网络低俗、网络暴力等不良现象的出现，进而使得网络社会更为清明。

另一方面，政府应完善相关的监督与管理的规章程序。其中，要建立由公众进行评价的相应机制，并将其与政府网络民意部门工作人员的绩效成绩相联系。公众对政府网络民意工作进行监督，不但有利于调动群众的积极性，而且能有效限制政府回应平台的工作人员在同公众互动中的行动，促进阳光政府的建设，推动政府更好地为民服务。例如，政府可以设立相应的诸如留言和回应平台等服务，用以了解公众对政府回应的态度与看法。其中，回应平台满意度调查结果可通过网络自动进行统计，既方便又快捷，而留言则相对于前者表现出来的内容更为丰富，不过相应地处理起来花费的时间亦较长。政府在运用二者的时候，可以将二者有机结合起来，使得网络评价的机制更为完善，更能真实便捷地反映民众的诉求。

4. 建立政府回应网络民意的反馈和评估机制

建立政府回应网络民意的反馈和评估机制是为了更好地了解网民对政府回应结果有效性的接受程度，以此作为政府是否需要对回应做进一步解释或修正的指导，并为政府回应评估做准备。

根据"中山民情互联网"的经验，首先，要对民众对于政府回应网络民意的看法与满意度进行调查，选取的对象应是网络参与度较高并对此有所关注的热心群众，有利于提高反馈的真实性。其次，政府需要对获得的信息与反馈加以整理和分析，进而判断政府工作有哪些地方存在不足、民众对政府的期待如何，对获得大多数公民满意的政府工作则继续坚持，以期真正做到为民谋福利和为人民服务。政府回应网络民情建立相应的评估与反馈机制，对于政府提高自身工作效率、完善服务机制亦有帮助。政府在处理信息的工作上应注重民意，维护公众的信息知情权，建立阳光公正、公平公开的政府，密切与群众之间的联系，增强自身在群众心中的满意度。最后，在对政府网络民意工作人员绩效进行评估时，可将反馈和评估机制的结果列为参考项，将其作为重要的考核标准，有利于提升政府的工作质量和效率。

图书在版编目(CIP)数据

东北地区地方政府创新研究/刘雪华主编. -- 北京：社会科学文献出版社，2020.4
（政府创新研究丛书）
ISBN 978-7-5201-5947-0

Ⅰ.①东… Ⅱ.①刘… Ⅲ.①地方政府-行政管理研究-东北地区 Ⅳ.①D625.3

中国版本图书馆CIP数据核字（2020）第012381号

政府创新研究丛书
东北地区地方政府创新研究

主　　编／刘雪华
副 主 编／董伟玮

出 版 人／谢寿光
组稿编辑／曹义恒　岳梦夏
责任编辑／岳梦夏
文稿编辑／程彩彩

| 出　　版 / 社会科学文献出版社·政法传媒分社（010）59367156
地址：北京市北三环中路甲29号院华龙大厦　邮编：100029
网址：www.ssap.com.cn
| 发　　行 / 市场营销中心（010）59367081　59367083
| 印　　装 / 三河市龙林印务有限公司
| 规　　格 / 开　本：787mm×1092mm　1/16
印　张：19　字　数：292千字
| 版　　次 / 2020年4月第1版　2020年4月第1次印刷
| 书　　号 / ISBN 978-7-5201-5947-0
| 定　　价 / 128.00元

本书如有印装质量问题，请与读者服务中心（010-59367028）联系

▲ 版权所有 翻印必究